南イタリア観光紀行

回想のローマ、ナポリ、シチリア

杉野圀明

Sugino Kuniaki

文理閣

はじめに

私が、海外留学として世界一周の旅に出掛けたのは一九八一年七月二八日である。それが私にとって最初の海外旅行であった。今からざっと四〇年以上も昔のことである。

その年は、横浜からナホトカへ渡り、ソ連、モンゴル、ポーランド、東ドイツから東欧諸国を巡り、翌年（一九八二年）の正月をトルコのアンタリアで迎えた。トルコ、ギリシアを巡検した後は、アテネからカイロへフライトし、エジプト各地を踏査した。

さらに日航で、カイロからローマへ到着し、一九八二年の二月三日から二月一八日までの一六日間、南イタリアの各地、具体的には、ローマ、ナポリ、カプリ島、ポンペイ、バリ、タラントなどを巡り、続いてシシリー島のメッシナ、シラクサ、パレルモを見学した。

言うなれば、本書の内容は、南イタリアの各地をめぐる見聞録であり、連続した一六日間の旅日記である。また別の視点からだと、エジプトの主要な観光地を記した『ツタンカーメンが微笑む』（文理閣、一九九〇年）の続編であり、南イタリアを巡る観光紀行である。表題もそのようにした。

もっとも、最初の二日間は、マグレブへ旅する準備のために費やした。したがって、本文の内容も、この二日間に限って言えば観光的要素が少なく、読者には味気ないかもしれない。

南イタリアを巡検した後、パレルモから船便で北アフリカのチュニジアへと向かった。その乗船時点で、日本を出発してから数えると、実に二三〇日を経過したことになる。

北アフリカ、いわゆるマグレブ三国の旅を終えたのち、モロッコのタンジールからジブラルタル海峡を渡り、スペインとポルトガル、そして南フランスの海浜リゾートやモナコの旅を経てから後、ジェノバ、ピサ、ミラノ、トリノをはじめフィレンツェやボローニア、ベニスなどの北イタリアの諸都市を巡る旅をした。

ちなみに私がローマを再度訪れたのは二〇〇六年で、この旅には妻も同行した。この時はミラノを起点としてローマやフィレンツェ、シェナ、アッシジ、ベニスそれからサン・マリノ、オーストリー、スイス、南ドイツ（ロマンチック街道）などを巡った。なお、この旅については、『ヨーロッパ浪漫紀行』（文理閣、二〇〇八年）として既に刊行している。

ところで、実際の旅から四〇年も経たのちに、本書を刊行するに至ったのは、それなりの理由があった。その理由を説明するのには、私の世界旅行との関連で刊行した「旅行記」のことを順次的に紹介しておく必要がある。

繰り返すことになるが、私の世界旅行は、一九八一年七月に横浜からバイカル号でナホトカに渡り、のちシベリア鉄道を利用してイルクーツクへ、そこからモンゴル、中央アジアを経由してモスクワへ到った。この間の旅は『バイカル号は夢をのせて』（窓映社、二〇〇四年）として刊行した。ソ連には約二カ月滞在したが、その記録は『クラスナヤ・ストレーラ（赤い矢）』（窓映社、二〇一六年）として公刊している。ソ連から東ドイツまでの途中で、ワルシャワを経由したが、それは『守護神シレナの街』（窓映舎、二〇二一年）という小著で最近発表した。東ベルリンに到着してからは、東ドイツの各地を一カ月巡歴したが、その記録を『懐かしのウンター・デン・リンデン』（窓映社、二〇一四年）で明らかにした。

その後、チェコスロバキア、ハンガリー、ユーゴスラビア、ルーマニア、ブルガリアなどの東欧諸国を巡る旅をしたが、それらの旅は『ドナウを越えてバルカンへ』（窓映社、二〇一七年）で、続くトルコの旅は『イスタンブールはガラタ橋』（文理閣、一九九五年）で、さらにギリシアは『オリンポスの神々が笑う』（文理閣、一九九一年）で、エジプトについては『ツタンカーメンが微笑む』（文理閣、一九九〇年）、マグレブの旅は『サハラに紅いバラが咲く』（窓映社、一九九七年）として、発表してきている。

以上のように、日本を出てからモロッコまでの旅は、上記計九冊の紀行文として刊行している。だが、この連続した期間のうち、南イタリアを旅した記録だけが欠落している。もし、南イタリアの紀行文を刊行したなら、横浜からタンジールまで続くおよそ二五〇日という連続した旅の日記が出来上がる。それを目的として刊行したのが本書である。

おそらく、こんな長期の旅を、しかも連続する旅の日記として刊行した紀行文は、これまでの歴史にないのではあるまいか。さらに機会があれば、目下執筆中の『情熱と哀愁のイベリア』を刊行したい。これを加えれば、旅の記録はさらに長くなる。出来れば西欧や北欧、続いてアメリカ大陸横断、ハワイ、関空という四〇五日の世界一周紀行文を完成させたい。

だが、自分の記憶は断片的で、かつ漠然としている。それを改めて記述することは極めて困難である。しかも、既に私は八五歳の老翁、残された余命は余りにも少ない。

そんな訳で、せめて、太平洋岸の横浜から大西洋岸のカサブランカまでは、連続する旅の記録を残しておきたい。それが本書を刊行するに至った動機であり、目的である。

本書の内容は、自分が実際に経験した旅の日記である。四〇年の月日を経ているものの、当時の驚異と感動は生々しく、現在でも、それは変わらない。また内容は学術的な部分もあれば、滑稽一人旅という性格もあり、さらに旅の実務としても役立つものである。

本書の刊行によって、世界各地に居住する人々の相互理解がさらに深まり、世界の平和と繁栄に寄与することができれば、これに過ぎる喜びはない。

二〇二一年九月二一日　杉野圀明

回想のローマ、ナポリ、シチリア

―南イタリア観光紀行―

目次

南イタリア観光紀行要図

アドリア海
ローマ
フォッジア
バリ
カンパニア
ナポリ
サレルノ
ポンペイ
カプリ島
サレルノ湾
リコザ岬
ブリンディジ
タラント
レッチェ
オトラント
オトラント海峡
プリヌノ岬
タラント湾
ティレニア海
パオラ
カラブリア
ストロンボリ島
リパリ島
メッシナ
ヴィラ・サン・ジョバンニ
・ディ・カラブリア
レッジョ
チェファルー
パレルモ
エトナ山
カターニア
シラクサ
イオニア海
シチリア（シシリー）島
地中海
0
50
100
200
300
400
km

第一日　ローマへ到着

午前三時半にカイロ発という深夜便だったたから、日航機が地中海へ出たころから、眠ったらしい。それでも、機内にあった二月二日付けの新聞では、選抜高校野球のこと、画商の脱税、通り魔のことなどが記載されていた。だが、旅する身には、いずれも無関係なので、興味は湧かなかった。『日本経済新聞』に「トルコの経済」が掲載されており、自分の経験と関連させてみると、成るほどと思う点もあり、これは面白かった。

目が覚めると、眼下はもう緑と茶色の陸地。なだらかな山岳地域である。おそらくイタリア半島のアペニン山脈、そのどこかであろう。まさかギリシアではあるまい。

なだらかな山々が続いている。山頂は樹木に覆われているが、中腹は牧草地のようである。もっとも今は、ここがイタリア半島のどこか、全く判断がつかない。

時計をみると、あと三〇分ほどでローマへ到着する予定になっている。もし、そうだとすれば、機の左手窓からナポリ湾やカプリ島が見えるかもしれない。

窓の外は、もう夜明けである。だが、眼下には小さな山々が連続するだけで、それらしい景観は全く見えない。

それから五分も経ったであろうか、急に密集した多くの民家が見えてくる。これ位の都市だとなれば、これはもうローマしか考えられない。多分、そうだと思う。

ビル街、寺院らしいドーム、やがてS字状に流れる河、そして近代的な競技場が眼下を過ぎていく。ローマ空港は都市の北部に位置しているのであろうか。機は翼を斜めにして、左方へ大きく旋回（ローマ国際空港はローマの西南三六キロに位置している）。

午前八時、いやイタリア時間では午前七時。巨大な空港、多分レオナルド・ダ・ビンチ空港と思うのだが、その空港へ無事着陸。さすがに日航機、乗客に危機感を抱かせることなく、見事なランディング。思わず、「ハラショー」と叫びたくなる。

何故か、永らく異国を旅していると、ロシア語やドイツ語、それからアラビア語までが勝手に口から出てくる。不思議なものだ。

ゴビ砂漠からウランバートルまでのフライトではモンゴル・エア、そしてアスワンからアブシンベルまでは、エジプト・エアを利用したが、いずれの場合にも、「これは、もうあかん」と観念するような局面を経験した。だから、外国の航空便を利用するのは消極的になり、割高だが、カイロからローマまでは日航機を利用したのである。

日航機だと、日本人の乗客も多く、最近の新聞は読めるし、必要なときには日本語も通じる。なにかと便利で、気分も落ちつく。結果的にだが、フライトも快適であった。

ローマ空港での税関および入国手続きは、至極く簡単であった。日の丸のラベルを貼ったトランクを受け取り、カッサへ。カッサというのは、ロシア語でもそうであったが、ここイタリア語でも「金銭関係の出納所」で、商店の場合には「レジ」であった。もともとはラテン語の「会計」という意味だったのであろう。

このカッサで、二〇〇ドルをイタリア・リラに換金。手にしたのは、約二四万リラ。これだとイタリアの一〇〇リラは日本の二〇円に相当する。ポーランドのワルシャワでもそうだったが、こんな交換比率だと、なんだか大金持ちになった気になる。しかも、ワルシャワや東欧の場合と違って、闇ドルではなく、公式レートでの交換だから安心である。

リュックを背負い、重いトランクを曳き擦りながら、地下から地上へのエスカレーターに乗る。さすがに文明国である。現代の技術からすれば、いや、先進国であれば、この程度の施設は当たり前だが、東欧やエジプトを旅してきた後では、このエスカレーターがいかにも文明の利器であるように思えた。

エスカレーターの出口には、タクシーが待っていた。「ローマ」まで、三万リラで行くと言う。三万リラだと日本円にして約六〇〇〇円である。ローマの中心部まで、どれほどの距離があるのか知らない。だが、六〇〇〇円の出費は大きすぎる。つまり、この六〇〇〇円は妥当な料金かもしれないが、今の私の気持ちからすれば、高い。「大金持になった」という気分が、俄に薄れていく。

私は空港からローマの中心部までの距離を知らな

いが、それほど遠くないと思っていたので、何と法外な値を吹っ掛ける運転手かと思う。こんな雲助まがいのタクシーは、モスクワにもカイロにもいたし、トルコの田舎にもいた。だから、世界の各地にいることだろう。

ともかく、ここは空港バスを利用する一手。幸い、空港バスターミナルはすぐ近くだった。空港からローマ市街地までの料金は九〇〇リラ、そして荷物料が三〇〇リラ、計一二〇〇リラ。高いと思ったが、邦貨にして二四〇円なので安心。どうも、貨幣単位が大きすぎると、商品の購買意欲が減退するのではあるまいか。これは経済心理学の問題である。

バスの発車時刻まで若干の時間的余裕がある。トランクをバスの横腹にある収納部（これもトランクと言う）に押し込み、空港の周辺を散歩してみる。

午前八時三〇分、その時、すぐ上空にジェット機の轟音。私がカイロから乗ってきた日航のジャンボ機だ。銀翼に日の丸が、遠い青空へ飛んでいく。そして日本が私から去っていく。思わず、オゥッーと声にならぬ声を発す。

祖国が、故郷が、そして母や子供や妻が、私から去っていく。オォー、私も一緒に連れていって欲しい。なぜ、私を置いていくのだ。恥ずかしながら、目に涙。ジィーンとして日航機を見送る。

軍国主義の象徴であった日の丸が、あれほど愛しいとは思わなかった。国家共同体という言葉があるが、それにしても不思議な私の心情である。

日本を発ってから一九〇日。もう六カ月以上も日本を離れているのだ。正直な話、カイロから日航機に乗ったとき、このままロンドンまで飛び、そして日本へ帰ろうかと弱気になっていた。だが、西ヨーロッパの国々や北アフリカのマグレブ諸国、それからアメリカの各地を見学するには、まだ半年は掛かりそうだ。弱気になって、ここで旅を止めては、自分の信念が挫折、いや私の人生が負けとなる。負けるのは嫌だ。ここは断固として頑張るしかない。

幸いにして、身体の調子はまずまず。所持金も、ワルシャワやアテネで盗難や強盗にあったとはいえ、まだ一〇〇万円ほど残っている。だから、節約した旅を続ければ、三月の中旬にはマドリッドへたどり着くことが出来る。そのマドリッドには、それ以降の旅に必要なドルを妻が、日本から送ってくれる手はずとなっている。

空港からのリムジンバスの旅は、快適であった。

トルコやエジプトのように、砂埃の多い道ではなかったからかもしれない。暫くは、田園風景が続く。道路に沿って、ポプラ風の並木。糸杉かもしれない。「ローマ郊外」という題名のついた絵画を思い出す。あれは、地理学関連の書物に掲載された挿入写真だったかもしれない。いずれにせよ、記憶にある糸杉の並木風景だ。

そうした風景は、やがて小さな丘の中に埋もれてしまう。道路は大きなカーブを描いて、住宅地へと続いている。この辺りは、町工場が点在している。ここはローマ市街地のはずれ、おそらく北部になるのであろう。正直に言って、位置関係は依然として判らない。

やがてバスはビルが建ち並ぶ市街地へ入る。ローマは初めての訪問であり、また、市内地図を持っていないから、ここがどこなのか、全く判らない。特異な建物を見ても、それが有名な遺跡かどうかも判らない。

バスが大通りを走り、眼前が開けたと思ったら、そこがコロッセウム。これは誰でも判る建造物。車窓からとはいえ、古代ローマの代表的な遺跡であるコロッセウムに、かくも簡単に出会うとは思わなかった。それだけに、本当にこれが有名なコロッセウムなのか自信がもてない。

そのコロッセウムをバスはゆっくりと巡る。ローマらしい都市の雰囲気を感じる。再び大通りに出て、今度は右手の狭い道路に入る。金融街といった感じだが、これも直観による判断。車が多いので、バスは徐行、そして左折し、右折する。

バスが徐行運転しているので、どうやらバスターミナルに近いらしい。大きな建物の傍で、バスはストップ。ここが、あの有名な終着駅、すなわちローマ・テルミーニ駅だということは、私にも察することができる。

ともかくローマ空港からテルミーニ駅まではリムジンバスでやってきた。ローマ、いやイタリアに知人はいない。まずは自分で宿を探すことが先決。都合のよいことに、このバス停から三〇メートル先に、インフォメーション、すなわち宿の紹介所があった。

窓口の係員は英語を話すので助かる。「チィパー、バット、クリーン」のホテルはないかと尋ねる。係員は一軒のホテルを紹介してくれた。

「チィパー、バット、クリーン」というのは、大学院の先輩であり、同じ学部に勤務する三好正巳教授に教えてもらっていた、旅の常用句である。

紹介されたホテルの名前は「トレ・アピ」。一泊の料金は三万三千リラ。日本円にして六千六百円。まずまずなので、「オーケー」と言って、三泊の契約をする。ホテルは、このテルミーニ駅から近いというので、そこまでタクシーを利用することにした。

ローマのタクシーはすべて黄色に塗っているようだ。タクシーは直ぐに来た。ホテルの住所を見せると、運転手は「オーケー」という。「オーケー」というのは、どうやら万国共通の世界語になっているようだ。

車はテルミーニ駅から大通りを西へ向かって走る。それから五分も経ったところで坂を下り、小さな路地に入ると、そこがホテル、トレ・アピであった。タクシーの料金は、これが初乗り料金かどうか判らないが、六〇〇円。イタリアのタクシーは危ないと聞いていたが、ともかく第一回目は安全だった。

ホテルに着いたのは、ちょうど午前一〇時。路地裏の小さなホテルである。だが、感触としてはザグレブのシティ・ホテルやベオグラードに泊まったときのホテルと同じ程度だから、とくに問題はない。

料金は、インフォメーションで契約した通りだった。それにしても、このクラスのホテルにしては料金が高いと思う。だが、今は、料金の高低云々ではない。大切なのは、眠ることである。エレベータがなかったので、狭い階段を三階まで登る。

予想したよりも広い部屋であった。バス・トイレ付きの部屋だから、この程度の料金は止むを得ないだろう。鍵穴が大きいので、やや不安だが、まずは睡眠第一である。カイロからの機内で、仮睡したとはいえ、昨日の午前九時からほとんど眠っていない。眠いのも当然である。

部屋に案内してくれたボーイにチップを渡し、部屋の中から鍵を掛ける。よほど疲れていたのであろう。まるで破れ雑巾のように、ベチャーと寝てしまった。

目が覚める。午後二時。寝床の中では、ここがローマであるという実感はない。これまでに一三カ国を巡ってきたこともあってか、ここは何処だろうと半分寝ぼけている。だが、空腹には敏感である。私のお腹は文句が多いから、直ちに対応せねばならない。

ベッドを離れ、身の回り品を整理して部屋を出る。もっとも、パスポートやトラベルチェックは肌身離さずである。

この外出は、ローマの本格的な見学ではなく、第一の目的はローマの市街地図を買うこと、第二には、アルジェリア大使館の所在地を確かめること、第三に、ローマ市内の概略を頭の中に叩き込むことである。もっとも、これらは、食事を済ませてから後のことだ。

ホテルを出るとき、トレ・アピという名前が気になった。受付で尋ねてみると、なんと「スリー・モンキー」という返事だった。「三匹の猿」というのは、日本では、見ざる、聞かざる、言わざるということになっている。日光東照宮の「三猿」が有名だし、私の記憶するかぎりでは、山口県の俵山温泉のトレードマークにもなっている。

トレ・アピが日本の「三猿」と関係があるのかどうか、これが日本のそれと関係があるとすれば、「猿」は「ザル」と同音なので、先程の駄洒落のようなことになる。だが、イタリアではどうか。

もし、イタリアでも日本と同じ「ザル」であれば、このホテルは「連れ込みホテル」ということになるではないか。場所的にみても、ちょっとした路地裏なので、「ラブ・ホテル」としての立地条件に恵まれている。

だが、そんなことはどうでも良い。ローマへ発つ前に泊まっていたカイロのロータス・ホテルも同じようなものだったし、料金を別とすれば、それほど悪いとも言えない。

ホテル前の路地から大通へ出る。左手は坂になっていて、車の往来が激しい。また、右手は、もうローマの中心地ではないかと思われる程に、人も車も多い。ここで大きな欠伸が出る。そしてローマのゴミゴミとした空気を吸い込む。

右手の方に一〇メートルほど歩くと菓子屋があって、その裏手のほうはレストランになっていた。まだ昼食があるはずである。なにせ、イタリアでは正午に昼食という習慣はないと聞いている。

菓子屋の二階がレストランだった。日本流に言えば、大衆食堂。だから、ボーイを呼んで席に案内されることもない。客も少々あったが、自分の席を勝手に見つけて、そこに座る。

イタリアと言えば、マカロニかスパゲティだが、今の私にはそんなものには食欲が湧かない。空腹だが、パンとスープ、それからウィンナー・シュニッツエルを注文する。ウィンナー・シュニッツエルというのは豚肉のカツレツである。略して豚カツ。この料理は、東ドイツに滞在して以来、実に四カ月にわたって注文し続けた。東欧はもとより、トルコやエジプトでも注文できたから、外国旅行者は覚えておくと便利である。ところが、ここには、そのウィ

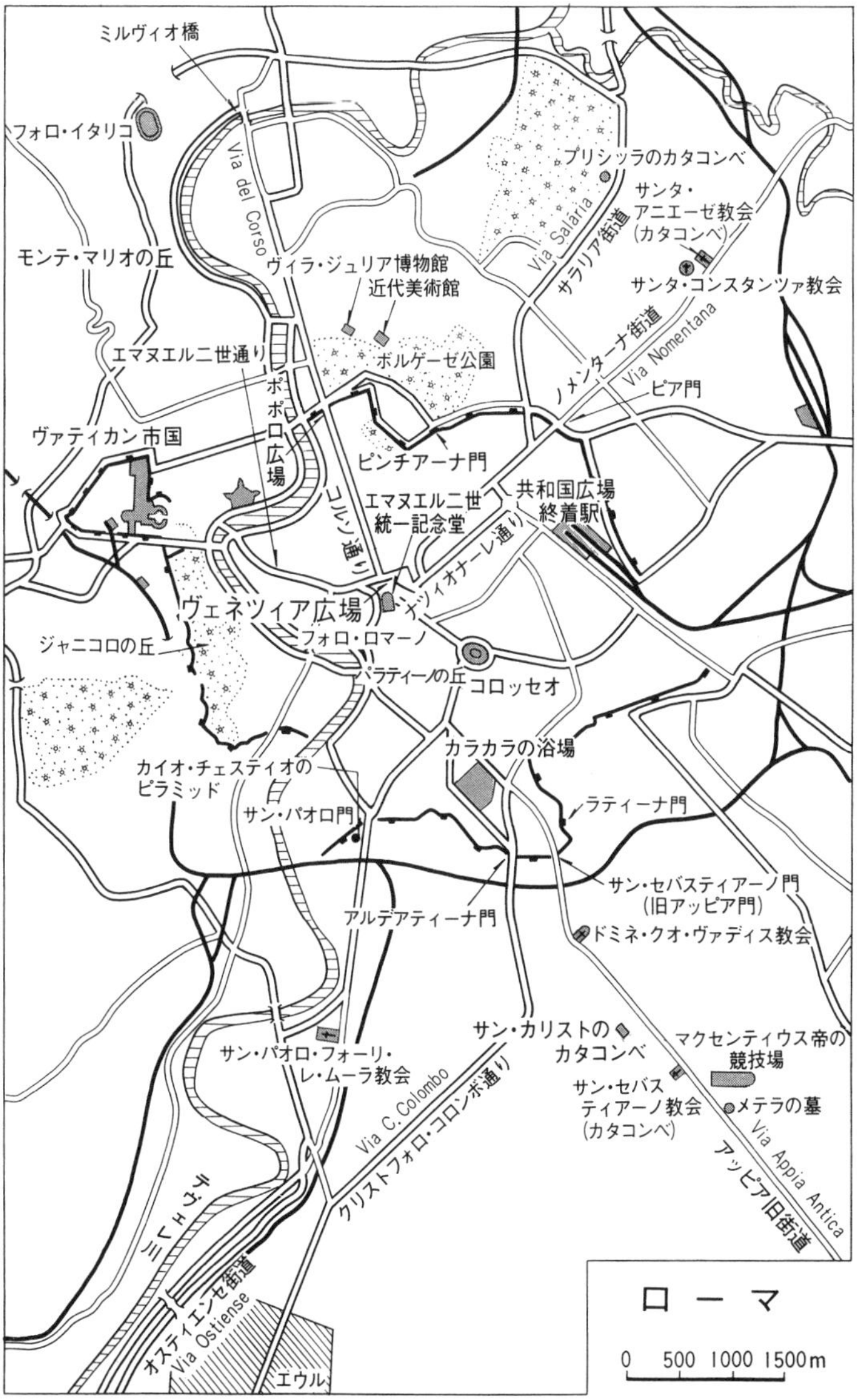

『ローマとイタリア』ブルーガイド海外版／日本航空監修
（1979年実業之日本社）

ンナー・シュニッツエルがなかった。無念だが、仕方がない。そこで、英語流で「ツディス・メニュー」を注文する。この食堂には外国人も来るらしく、店頭の看板には、英語で「本日の献立」と値段を付したメニューが出ていた。

いよいよ食事。無事イタリアへ到着ということを祝って、ワインを追加注文する。結局、パンにスープとワイン。それに突き出し程度のもので、昼食を済ます。

その頃になって、イタリアの事務労働者、いやサラリーマンらしき人々が、食堂の中へドヤドヤと入ってくる。昼食時なのだ。

この店を単に菓子屋と言ったが、日本流に言えば洋菓子屋である。沢山のチョコレートを売っているが、バレンタインデーと関連があるのだろうか。その洋菓子の売り場で、食事代を支払う。ワイン代も含めて、全部で五五〇〇リラ、日本円にして約一五〇〇円であった。まず、まずである。

さて、これからはローマ市内の探究だ。特定の調査目的はないから探究というのは表現に適切さを欠く。だからと言って、単なる見学というのも軽すぎる。古代ローマの遺跡については、それらを見学する予定だが、それよりもローマ市域で、何か珍しいもの、とくに日本では見られないものを探してみたい。そうなると、やはり探究ということになる。

洋菓子屋の隣が土産屋だった。ローマの伝説上の創設者であるロムルス兄弟を育てた狼のミニチュア、それからコロッセウムのミニチュア（金属製）も売られている。どちらも日本では珍しいから土産品として買っておく。ローマの絵葉書、旅行者用のローマ市街地図もこの店で調達。

早速、ここがローマのどこになるのか、確かめておかねばならない。土産屋から少し歩いた地点で立ち止まる。ここはウーンとしか言えない。そんな光景が展開する。

そこは広場で、目前に、大きな「白亜の殿堂」。それが何の建造物か判らないが、日本ではこれまでに紹介されていない、いや正確には、私の知らない「白亜の殿堂」だ。それが突如として現れたのである。「白亜の殿堂」という言葉は、この建造物のためにあるのではないかと思う。

建物の左右は、一〇〇メートルもあろうか。その両側に向けて、古代ギリシア風の彫刻を施した列柱が一八本も並んでおり、両端は小神殿となっている。その小神殿の上屋（屋根）には、御者と天使の四頭立ての馬車（大理石）像。何とも見事な構図。一八本の列柱の高さは約六メートル、その列柱群を支える土台（大理石）の高さが四メートル位、そのまた基台部分が三メートルほど。

　実に堂々とした白亜の殿堂である。それを背景にして、一つの騎乗将軍像。いや皇帝かも知れないが、何とも見事な騎馬像（青銅製）だ。

エマヌエル２世統一記念堂

　先程購入した市街地図で、調べてみることにする。ところが、このイタリア製の地図では、どうもよく判らない。テルミニ駅から西側へ約一五〇〇メートルほど離れた場所であることは間違いない。

　日本からコピーしてきたガイドブックの地図では、多分、あくまでも多分であるが、ここはベネチア広場の北側で、白亜の殿堂は、エマヌエル二世統一記念堂であるらしい。もし、そうだとすると、私が今いるベネチア広場からは、右手の東側にナツィオナーレ通りに続く大路、左手、つまり西側にヴィットリオ・エマヌエル二世通り、北へ通ずる背後の大通は有名なコルソ通り、そして南側が「白亜の殿堂」ということになる。それにしても、芸術の粋を集めた殿堂を誰が設計し、誰が建設したのであろうか。

　ローマといえば、コロッセウム、バチカン市のサン・ピエトロ寺院、それからトレビの泉と「真実の口」といった名所しか知らない私である。だから、こんな芸術的な殿堂を見ただけで、偉大なローマ、そして古代ローマの偉業と栄光というものに感嘆せざるをえない。この殿堂を見ただけで、ローマにやってきた甲斐があったというものだ。

　さて、そこより右手の方へ曲がって、歩き始める。地図の上では、この通りはコルソ通りである。この通りを一二〇〇メートルほど真っ直ぐに突き進むと、ポポロ広場に出る。広場の中央にはオベリスクがある。解説書によれば、紀元前一二～一三世紀のもので、アウグストゥス帝が建てたとされている。ここにはライオン像の口から水が二方向に噴き出す噴水があるのだが、周囲の建物の豪壮さに目が眩んで、私はそれを見落としてしまった。それだけではない。ローマは初めてだから、また、あちこちに教会や神殿があるので、これまで歩いてきた道筋でも、いろんな名所旧跡を見落としているだろうと思う。

これより銀行などの金融機関を左右に見ながら、四〇〇メートルほど雑踏の中を歩くと、左手にコロンナ。ここには高い塔があって、なにやら修理中であった。工事中の足場などは日本で見るのと余り変わらないが、その塔に刻まれている彫刻をみると、これはどうやら、ある皇帝の戦勝記念碑らしい。マルクス・アウレリウス帝の記念柱であると解説書の地図に記されている。

これより右手に曲がる。約一五〇メートルほど歩くと、そこがトレビの泉であった。周辺には建物が密集しており、道路も狭く、入り組んでいるので、土地勘がないと迷うおそれがある。

この泉は世界的に有名な観光対象であり、さすがに観光客が多い。それだけに、この泉の周辺は観光土産店が多く、カメオなども売っている。また、路上には小さな露天商も多い。だが、今日はカメラを持ってきていないので、街並みの概況を頭の中に入れておいて、この場を去る。

小さな路地を北上すると、今度はトリトーネ通りへ出る。この通りは賑やかで、先程のコルソ通りが紳士だとすると、この通りは旅行者のような印象を受ける。もっとも、この通りに旅行者が多いというのではない。トリトーネというのは、英語のトリトン、いやギリシア語だったかもしれない。だが、その言葉のもつ響きがイルカの名前、あるいは半人半魚の海神だったか、何かそのような意味だったと記憶している。

このトリトーネ通りを横切り、一〇〇メートルほど北へ歩くと、今度は商店街に出る。ここは人が多く、人の往来はおそらくローマ第一だろう。ウィーンの中心街と同じような雰囲気だ。

地図でみると、東西に走るデラ・メルケーデ通り、デラ・ビィテ通り、フラティナ通り、それから南北に通ずるプロパガンダ通り、マリオ・デ・フィリィ通り、ボッカ・デ・レオーネ通り、ペルシアナ通りなどの区画である。

明らかに観光客と思われる人々が大勢歩いている。それらの観光客を相手にした商店街なのだが、商店だけではない。猫を抱いた子供たち、アコーデオンを弾く子供、踊るような芸をする数人の子供たち。その子供たちが、投げ銭を求めている。

猫といっても、そこらにいる猫ではない。シャム猫なのか、そんな可愛い猫たちで、見ていて微笑みたくなる顔つきである。アコーデオンの演奏や見世物の芸も上手で、投げ銭するだけの値打ちがある。だが、今のわたしは、ケチケチ旅行に徹しないと破産するから、そうするだけの余裕がない。

このローマの子供たちは、陽気で明るい。通行人に投げ銭を強制するといったことはなく、旅行者にそうした雰囲気を感じさせない点でも好感がもてる。ウィーンの芸人たちは子供たちだけでなく、大人も銭ほしそうな顔をしていたが、ここはそうでない。

これはゲルマン民族とラテン民族との違いであろうか。陽気で、楽天的といわれるイタリア人。そう、ソ連の旅行中に、旅客機の中でイタリアの添乗員と口論したことがあったが、今になって、それを思い出す。どうも、日本人と性格が合わないような気もするが、彼らの明るい性質だけは素晴らしい。

この東西の通りに、レストラン東京があった。懐かしい店名である。同じ名前の店がウィーンにもあった。そこでは的場昭弘さんに会った。またレストラン東京はカイロにもあった。そこは吉村栄治さんが経営しており、また早稲田大学ODの近藤二郎さん（現早稲田大学教授）にも会うことができた。このローマでも、若い研究者や日本の人達に会えるかもしれないと期待する。だが、残念、まだ開店前であった。

このレストラン東京の近くに、日本の料亭らしき「濱清」と言う名の店もある。いかにも江戸の「粋」を活かしたような店名だ。外国旅行をしていて、このような店に入るのは、相当の度胸と大きな財布が必要だろうと思う。それにしても、これほど立派な料亭がローマで営業を続けていることを考えると、それなりの利用客がいるのだなぁと感心。

日が暮れかかる。レストラン東京や濱清のある区画から、再び西へ後戻りする。建設中の建物があって、トタン板で囲いのある場所を廻ると、ポスト・オフィスがあった。

銀行のような郵便局である。ここからだと、日本へ荷物を郵送できるに違いないと覚えておく。なにせ、あれこれの理由で、エジプトから荷物を送ることは面倒、いや不可能に近かったので、お土産品などの荷物が手元に沢山溜まっている。

ともかく、この郵便局では、各種のイタリア切手と日本へ絵葉書を送るのに必要な切手を買うことにした。ちなみに、日本までの航空郵便（葉書）の料金は四〇〇リラ、日本円にして八〇円だから、日本よりも安い。

この郵便局の回転式ドアが珍しく、この建物がすっかり好きになった。明日は、ここから日本へ電話しようと思う。市街地図を入手し、レストランと郵便局が判ったので、ローマでの日常生活は、それほど困ることはなかろう。テルミーニ駅も知っている。あとはアルジェリア大使館と日本交通公社（ローマ支店）を探す仕事が残っている。だが、それは明日のことだ。

アルジェリア大使館に行く理由は、イタリアからチュニジアに渡り、チュニジアからアルジェリアへの旅を予定しているので、そのためには入国ビザがどうしても必要なのだ。なにしろ、サハラ砂漠の真ん中まで行ってみたい。一抹の不安はあるが、サハラ砂漠を旅したいという意欲は強烈である。ちなみに、チュニジアとモロッコの入国ビザは日本人には不要である。

郵便局を出ると、もうすっかり日が暮れていた。時刻は午後五時半である。郵便局の前にはちょっとした広場があり、その広場はもとより、その先の通りまで、若い男女でいっぱいである。この郵便局は、デイトの場所になっているのであろうか。相手を待っている男女も多かった。

郵便局前の広場からコルソ通りに出てくる辺りは、近代的な商店街になっている。書店もあったが、今日はちょっと覗いただけで通りすぎる。

もう歩き疲れた。だが、このままホテルへ戻るのには早すぎる。コルソ通りからトリトーネ通りへと曲がり、食事の摂れる店を探す。

このトリトーネ通りも、車や人で混雑しているが、コルソ通りほどではない。街灯も、そして店舗の照明も暗い。このまま歩き続けるのは、いささか不安だ。なにしろ、この通りがどこへ続いているのか判らないのだ。市街地図で確かめるのも億劫。途中で引き返すことも考慮しながら、もう少し歩き続ける。

やがて、立像のある小さな噴水のところへ出た。そこから地図で道を確かめもせず、東の方へ歩いてみる。ところが、その先は坂になっていたので、ここでギブ・アップ。

街灯だけでなく、店の照明が一段と明るくなった店があった。菓子屋だった。喉が乾いていたので、パインジュースを飲む。それなりに美味で、量もたっぷりあったが、値段は一二〇〇リラ。二四〇円だから、高いのか安いのか判断に迷う。量的にみると安いのだが、一二〇〇という数字に惑わされて、高いという感じになる。慣れてくると問題はないのだが、インフレの結果として、大きな貨幣単位になると、消費者の購買意欲を減退させることになるのではないかと思われる。このことは前にも述べた。

この菓子屋で、ほかに何か買うものがないかと、目で探してみたが、ここには洋菓子だけしか売っていない。ジュースをもう一杯とも考えたが、イタリア語で「もう一杯」という言葉を知らないので、それも諦めた。いや、その程度だと、人間語でも通じるから、本当はジュースを飲むのは気がすすまなかったのである。

ホテルへ戻ったのは、午後八時であった。なんだか、時が経つのも、夜が更けていくのも早いような感じだ。

イタリアの第一日。その一日を振り返ると、無闇と歩き回ったが、何だかチグハグで味気ない感じ。だが、見知らぬ土地を見学する初日としては、こんなものだろう。そう割り切ると、あとは、下着類を洗濯し、明日からの行動予定を考えることにする。

午後十時。床に入ったものの、空腹を覚える。そうか、夕食を摂っていないのだ。外へ出れば、まだレストランは開いているだろう。だが、いまさら億劫だ。エジプトで買った飴、それからソ連のチョコレートでなんとか空腹を凌ごう。これも手荷物の整理だ。

チョコは買ってから、もう半年にもなる。だが、万一の場合を考えて、これまで保持していたものだ。西欧世界に来た以上、このような緊急食品は必要ない。だが、皮肉なことに、その第一日にして緊急食が必要になった。我ながら可笑しくなって、苦笑。

それはともかく無事にローマへ着いた。このことを神仏に感謝し、再び床に入る。

一九八二年二月三日（水曜日）

第二日　マグレブへの旅準備

午前八時半に起床。この部屋はトイレ付である。だが、そのトイレは狭く、物置を改造したような感じだ。水洗である点は助かるが、周辺の壁が汚れている。これで一泊六六〇〇円とは高すぎる。

九時になって、身なりを整え、階下に降りる。このホテルは朝食付なので有難い。一階に降りると、食堂は地下なので、もう一階下へ行けと教えられる。

地階の食堂に入ると、すでに数人の客がいた。奥のほうの席が空いていた。ゆったりとした気分で腰掛ける。品の良いおばさんがやってきて、「カッフェ?」と尋ねるので、ここは「シー」と対応。

テーブルを見ると、コップにたっぷりの牛乳とコーヒー。驚いたことに、パンはなんと三日月形。形だけではない。中身がスッカラカンなのだ。栄光に輝く古代ローマ。だが、現代では、それも失せつつある。それが、このパンにも表れている。そう思うと、微笑みたくなる。

その時点では確かにそうだった。三日月型のパンがクロワッサンというものだとは知らなかったのだ。パンというよりも洋菓子。自分の無知を棚に挙げて、いい気なもんだ。

この三日月型のパン（クロワッサン）だけでは満腹にならない。そのことはイタリア人も知っているとみえて、別の箇所には普通の食パンが用意されている。バターをたっぷり塗って食べることができる。流石に西欧だと思う。もとより、朝食として合格。

おばさんに、牛乳のお替わりを注文すると、イタリア語で「ナントカ」と言いながら笑顔で対応してくれた。日本を発って以来、胃の調子が良くない。吐血したこともある。こうして牛乳をタップリ飲めることは、大変有り難い。他のホテルではこうもいくまい。そう思ったので、このホテルに長逗留することに決める。

さて、腹拵えは出来た。本日の行動目的を確認する。第一に、アルジェリアの大使館で入国ビザをもらうこと、次にチュニスへ行く船便の切符を確保すること、この二つである。いずれも、イタリアからマグレブへと、旅を続けるための準備である。世界旅行を続けていくうえで大切なことは、先々の旅行予定をふまえて、早めに準備を整えていくことだ。そうと判っていても、物事はそう簡単には進まないものだ。

何はともかく、フロントの係員に手伝ってもらい、電話番号でアルジェリア大使館の所在地を確認し、それを市街地図に記入してもらう。その大使館は、正確な場所を忘れたが、市内北部のアントニオ通りだったと思う。

それから念のために、このホテル、トレ・アピの住所が印刷されたパンフレットを二部もらっておく。ベネチア広場近くのマンチノ通りというのが、このホテル前を通っている小路の名前らしい。このパンフレットの表紙をみると、なんと、トレ・アピというのは「三匹の蜂」。

「三匹の猿」と「三匹の蜂」とでは、随分と違う。昨日の係員が「三匹の猿」といったのは、相手を日本人とみて、揶揄したのだろう。

パンフレットをみると、何処か判らないが、帆立の貝殻を施した彫像のある噴水があって、その彫像の取付け台の真ん中とその左右に、あわせて三匹の蜂がとまっている。その三匹の蜂を、このホテルの名前にしたらしい。私がそのことを指摘すると、係員は微笑しながら、「スリー・ビーズ」が正しく、「スリー・モンキーズ」ではないと言う。彼の英語は随分と達者だ。

さて、ホテル前の小道からベネチア広場に出てタクシーを拾う。地図で示して、「アンバサダー・オブ・アルジェリア」と言う。それで運転手は判ったのだろう。車は勢いよく走り出した。

ローマの街路は、他の都市とは違って、どこか歴史の重さを感じさせる。一つ一つの街角に、それぞれに個性をもった歴史的な建造物を見ることができる。また、道路交差のほとんどが直角ではない。遺跡が多いからか、複雑な形状となっている。

地図を見ていると、タクシーは五月二四日通りから九月二〇日通りを走り、右手に立派な彫像のある教会の前を通り過ぎる。おそらくサンタ・マリア・デッラ・ヴィットリア教会だと思うが、そうだという確固たる自信はない。やがて車は、ヴェネト通りを走って、ピンチアーナ門を出る。

このピンチアーナ門は、古代ローマ時代のものだと思うが、余りにも整然としているので、後世のものかもしれない。それはともかく、このピンチアーナ門は、ローマ市街地とその外部との境である。この門の外へ出ると、そこは濃い緑が一杯に拡がっていた。

公園であろうか、単なる緑地なのか。地図では確かめなかったが、車は有名なボルゲーゼ美術館に近い場所を走っている。

北へ向かっている、この大通りも名前はピンチアーナである。ローマの街は、京都などと違って、大通りを真っ直ぐに走っていても、途中で名前が変わるから注意を要する。タクシーは急に左手の狭い道に入り込み、急坂を登っていく。そこから三分で、車は大きな扉のある邸宅の前で停車。そこがアルジェリア大使館だった。

大使館前の通りにも、また肝心の大使館にも、人の気配がない。どうも妙な具合だ。見れば、大使館の扉に一枚の貼紙。それには英文で、アルジェリアへのビザ給付は、今日は駄目で、明日の午前中と記されていた。

ここへ来たのは無駄骨だった。それでも、大使館の場所と給付業務の時間が判ったので、自分なりに納得。

時計を見ると、まだ午前一〇時前。この大使館へは明日もう一度来ることにして、先程通ってきたピンチアーナ門まで歩いて戻ることにする。

大使館の直ぐ近くに、下方へ続く階段があった。あのピンチアーナ通りに出てくる道に続いているはずである。なぜか、急にそこまでは歩く気がしなくなり、流しのタクシーを待つことにする。

エジプト煙草のネフェルチチを吸いながら、タクシーを待つ。だが、なかなか来ない。それなら、この間の距離をのんびり歩いて、少しでも料金を節約しようと思う。なんとも根性がみみっちい。

南のほうへ五分間も歩いただろうか。タクシーがやって来る。手を挙げて、運転手に「ピンチアーノ」と告げると、彼は頷いて、私を拾ってくれた。

途中で車が渋滞している場所があったが、このタクシーはぐるりと方向を変えて、左手の小さな小路に車を入れる。そして、ここが腕の見せ所とばかりにスピードをあげて、渋滞箇所を駆け抜ける。ローマの街を余程熟知しているのであろう。車は三分ほどで、ピンチアーノ通りに出てくる。いささか遠回りだが、運転手の勘のよさとタイミングのうまさに感心する。

ピンチアーノ門。その横に拡がった規模の大きさからみて、やはり歴史的な建造物だろう。それだけの貫禄がある。ところで、この門の下を、車が、市街地から、また郊外方面から、次々と通り過ぎていく。私がこの門に寄せるイメージに比べて、どこか違和感。だが、そこは古代と現代の違いとして納得するしかない。

暖かい日差である。二月といえば、季節は真冬。それに北緯四二度だから、北海道の札幌とほぼ同じだ。それなのに、この暖かさは異常だ。北からの寒い風がアルプスによって遮られ、同時にアフリカからの熱風が地中海を越えてくるからだろう。ともかく、今日のローマは初夏なみの気温である。

ピンチアーナ門の北側は、公園や運動場になっていて、多くの人がスポーツを楽しんでいる。遊園地があるのか、向こうの方に観覧車も見える。

時間があるので、土手の草むらに腰をおろし、柔らかい日射を愉しむ。子供たちがローラスケートで遊んでいる。青空には真っ白な胴体の飛行船。宣伝用のものだが、これは珍しい。流石にローマは都会である。

これまでに幾つかの国々を旅してきたが、その中でイタリアは先進国である。逆に先進国という視点からみれば、飛行船で宣伝とは、いささか時代がかって、野暮ったい。いつもと違って、私の思考も転々と変わる。確固たる信念に欠けるからだ。

地図を見るまでもなく、ここはボルゲーゼ公園。実に長閑な、そして、広々とした風景である。右手は濃緑の木立が続き、白い建物が見え隠れする。ローマは世界でも有数の都市だ。しかも、これだけの緑があるとは、なんとも羨ましい限りである。そう言えば、京都にも御所や二条城があり、船岡山や双ケ丘、さらに桂川や鴨川の河川敷もあって、緑地には恵まれていると、改めて思う。

午後となる。どこかで昼食をと思いながらも、次の旅日程であるパレルモからチュニスまでの乗船券を確保しなければならない。この乗船券を入手するのにチュニジアのビザは必要ないが、何と言っても、この航路を運行している船会社とその日程を調べておかねばならない。困った時の神頼みという言葉があるが、ガイドブックの地図にあった日航ローマ支店へ行き、チュニス行き航路の情報を入手しようと思う。

市街地図で見ると、日航支店はこのピンチアーナから見ると南になるバルベリーニ通りにあり、そこはバルベリーニ宮殿（国立絵画館）の前になる。歩いて行けない距離ではないが、どんな突発事故があるか判らないので、タクシーを利用することにする。経費は掛かるが、そうした方がローマ市街地の概況を知るのにも好都合だ。

タクシーは直ぐに掴まえることができた。車は、ピンチアーナ門から西へ走り、ローマ時代のものと思われる城壁に沿って坂を下っていく。

イスタンブールの城壁が無残だったのに比べると、ローマの城壁は立派なもんだ。おそらく後世に何度も修理したのだろう。

ところで、コンスタンチノープル攻防戦というのは聞いたことがあるが、ローマ攻防戦というのはあったのだろうか。第二ポエニ戦争で、ハンニバルがローマを攻めたときでも、ローマ市街地へは侵攻しなかったと記憶している。だとすれば、ローマの城壁はそれほど多く痛んではいないはずだ。コンスタンチノープルの城壁はオスマン・トルコによる城市の占領によって、相当に破壊された。それでも、あちこちにかなりの部分が残っている。ローマの場合は、そうでなかったにせよ、今日までの年月を考えると、城壁は風雨によって、相当の破壊ないし倒壊があったとみるべきであろう。

ローマに来てからは、歴史的事実がどうも気になる。既に、ギリシア、エジプトという古代文明については見学してきた。しかし、現代まで活き続けている歴史都市といえば、ローマを除いて他にあるまい。それだけに、ローマでは歴史を気にするのだろう。

車は、前面に大きな寺院を目にしてから、楕円形のポポロ広場に出てくる。ここは昨日も通っている。「ポポロ」という名前は、私の耳には東大の「ポポロ事件」として記憶に残っている。

確か、あれは私が高校生時代だったと思う。詳しい事情は知らないが、学生の劇団ポポロ座が東大で公演しようとして官憲から禁止された事件である。あれが戦後におけるレッドパージに関連した思想統制の最初だったのではあるまいか。そのポポロ座というのは、多分、このポポロ広場に由来した名前だろう。ただし、このポポロという名前自体の起源となると、私は知らない。

ポポロ広場が歴史的にみて、自由の広場だったのか、それともポポロという言葉自体に自由とか解放という歴史的な意味があるのか、それも知らない。

今にして思えば、ポポロ門の隣にあるサンタ・マリア・デル・ポポロ教会の名前に由来したものだろう。だが、それでも、そのポポロというのが人名なのかどうか、おそらく聖人の名ではないかと思うが、そこまで詮索するのは止めた。

ポポロ広場から、コルソ通りを南下し、記憶にあるトリトーネ通りで曲がって東へ。地図で見ると、随分と遠回りだが、私の頭の中では市街地の概要が次第にクッキリとしてくる。

車は、ゆっくりと坂道を登って、ビル街で停止。ここで下車。確か、この近くに日航の支店があるはずだ。だが、ぐるりと見渡しても、あの赤い鶴のマークがどこにも見当たらない。地図に記載された場所はもとより、周辺地域を歩いて探してみるが、日航支店はなかった。

時刻はもう一一時。どうやら、今日は「先負」に違いない。「仏滅」や「三隣亡」ではなく、「先負」としたのは、午前中は悪くとも午後は運が良くなるようにと願を込めてのことだ。

そうは言っても、今の今は仕方がない。前方正面に見事な彫像のある寺院、そう、今朝、タクシーで通ったときに見た、ヴィットリア寺院。差し当たり、することもないので、この寺院の彫像でも見学するかと歩き始める。もう、各地の博物館、美術館などで、いろんな彫像を見てきたので、通常の彫像には関心がない。それなのに、この寺院の正面にある彫像たちは、如何にも由緒ありげな風格をもっており、興味をそそられる。特に正面の立像は、台座が三メートル、本体が五メートルもある立派なものだ。姿態は、王冠を被り、長い髭を生やし、両足で大地を踏ん張っている。一見しただけで、これは王か皇帝だろうと思う。それだけの威厳があった。

この立像は、随分と年月を経たものであろう。白の大理石がほとんど茶色に変わっている。大きな立像の左右に小さな彫像群があるが、これらについては全く興味が湧かなかった。あの王者のような彫像がもつ威厳だけが、私の心を惹きつけるのだ。なお、この時点で、私は寺院の名をメモしていない。それは寺院ではなく、国立絵画館（バルベリーニ宮殿）だったかもしれない。

ガイド無しの旅だから、都市観光をするのにも無駄が多い。この「寺院」の前には、黄色い小型車が並んでいる。タクシーの客待ちである。

これより暫く歩いて、道路を横断する。全く偶然だったが、そこに私は「ＭＩＫＩトラベル」という文字を見つけた。ミキ旅行社である。若い店員が日本語で対応してくれたのが嬉しかった。このミキ旅行社は、ローマの他に、ロンドン、パリ、マドリッド、ジュネーブでも営業している。

ローマのミキ旅行社は、日本人の経営で、主として日本人団体客を対象にしたツアーを斡旋したり、会社としても独自にツアーを組んで、個人旅行者の参加を募っている。それだけでなく、他社によるツアーも紹介し、それへの参加者を募集していた。

やや面倒だが、今後の旅に役立つ旅行関連の情報なので、それらのツアーを紹介しておこう。

アンクル・ミック・バス会社では、ローマの市内観光とナポリ・ポンペイの一日観光（昼食付）を日本語で案内することになっている。また、この会社は、ローマ市内をめぐる観光コースをいろいろと世話している。市内コース（Ⅰ）は午前中で、ボルゲーゼ公園、クィリナーレ宮殿、トレビの泉、ベネチア広場、ナボーナ広場、聖ペトロのバシリカ（教会）、バチカン市国。市内コース（Ⅱ）は、共和国広場、鎖に繋がれた聖パウロ（ミケランジェロによるモーゼ像）、コロッセウム、聖パウロのバシリカ、カンピドリオの丘、フォロ・ロマーノ、ベネチア広場で、これは「午後の部」のツアーだ。

同社のコース（Ⅲ）は、共和国広場、ボルゲーゼ公園、スペイン階段、ポポロ広場、バチカン博物館と美術館、ラファエロの室屋、システィンのチャペル（礼拝堂）を午前中に巡るコースとなっている。

これらの各コースの料金は、いずれも一万二千リラで、第Ⅲコースだけが、二千リラの入場料を追加して支払うことになっている。つまり、邦貨にして二四〇〇円程度である。これらのバスコースを見れば、観光客としてローマの見るべき一般的な名所旧跡がおおよそ判るというものだ。

上記以外にも、いろんなコースがある。カタコンベと古代アッピア街道をめぐる半日コース、チボリ・コース、チボリ夜間コース、夜のローマ・コース、それから市外であるナポリ、カプリ、ポンペイ、ソレントへ行く二日間コース（一一万七千リラ）、フローレス（フィレンツェ）への一日コースは五万五千リラである。

他のバス会社や旅行社によるコースも、あまり大差はなかった。それにしても、ある会社では、アメリカ大使館に寄るコースがあった。アメリカ大使館を観光対象とするのは難しいので、これには特別の理由があるのだろう。

もっとも、私の旅は貧乏旅行だから、いや足で知識を稼ぐ旅だから、こんなバスツアーを利用するわけにはいかない。ただし、私がローマで、またイタリアで、どこを見学すれば良いかを、少なくとも観光という視点からは把握できた。ローマに関しては、十分な見学時間を予定していないが、それでも幾つかの場所を既に歩いている。また南イタリアとの関連では、ナポリ、カプリ、ソレント、ポンペイなどを見学すれば良いし、それらは私の「旅行ノート」にも観光対象として挙げている。

さて、このミキ旅行社では、日航の事務所の所在地が最近になって変わったということを知る。また、パレルモからチュニス行きの船会社は、仕事の分野が違うので良く判らないと言う。さらに「日本人で市内を観光する客があったら、私の会社を利用してください」と言う。健気なもんだ。礼を述べて、この店を出る。

次の頼りは、ここで教えてもらった日航で、それはオローラ通りにある。地図を頼りに、もと来た道を引き返し、ヴェネト通りの坂道を登っていく。空腹だったので、途中のパン屋さんで簡単な食事を済ませる。

再び坂を登り始める。右手に骸骨寺。それからまた少し登り、日航のローマ事務所へ辿り着く。やっとのことで捜し当てたものの、ここは、なんだか勝手が違う。

モスクワそれからアテネやカイロの日航支店は、ちゃんとした店舗だったが、ここは余り目立たない、つまり外からは見えないビルの二階を借用した事務所であった。

どうやら私の頭の中では、日航の事務所と営業所である支店、さらには日航と交通公社とを混同しているらしい。

対応に出てきた日航の若い女性の職員は、なぜ私が事務所へ来たのか不思議に思っている。いや、むしろ当惑した顔をしている。

モスクワの日航事務所では日本の新聞が読めたし、アテネやカイロでは日本人の旅行者から現地の諸事情を聞くことができた。だから、日本航空の海外支店は、私にとって現地の旅についての情報を集めるのに恰好の場所だったのである。

しかし、このローマでは勝手が違っていた。しかも、頭の中には、事務所と支店との混同があった。

ここは全くの事務所で、航空券を発売するような店舗ではなかった。だとすれば、東京からカイロ、そしてロンドンへフライトする南回りの日航機がローマに寄るので、それに対応するローマ支店がどこかにあるはずである。

この女性事務員は、初めのうちはやや冷たい態度であった。だが、私がパレルモからチュニスへ行く船会社を探しているということを知って、あちこちの旅行会社に電話してくれた。そして「ティレニア」という海運会社を見つけ、その所在地を教えてくれる。

有り難い。しかも「ティレニア」というのには聞き覚えがある。おそらく「ティレニア海」のティレニアであろう。そこはイタリア半島の西側に展開する海域で、コルシカ、サルディニア、シチリアに囲まれた内海域だ。あの有名なストロンボリ活火山もある。目の前がパーッと明るくなる。これでチュニジアへの旅がやや現実味をもってくる。

「突然に訪れて、大変ご迷惑をお掛けしました。また、ご親切に教えていただき、大変有り難うございました」と頭を下げて、日航事務所を出る。

ヴェネト通りへ向けて南へ歩き、近道をするために石の階段を降りる。ここで骸骨寺の見学をと思って立ち寄ったが、今日は何故か閉門していた。

午後からは良いことばかりが続くと期待していた。その最初の第一歩が、先の日航事務所でチュニス行の海運会社が判ったことだ。だが、この骸骨寺を見学できなかったので、「午後より良し」という「先負」の期待は外れた。暦占はどうも当てにならないようだ。

ところで、今日はもうすることがない。アルジェリアのビザは明日の午前中に確保することになり、海運会社ティレニアに寄っておきたいが、これも明日にしたら良い。アルジェリアのビザを確保してから、チュニス行きの乗船券を入手するのが手順だと考えたからである。

骸骨寺のある坂を下っていくとバルベリーニ広場があり、さきほどタクシーを降りたのはバルベリーニ通りで、その西があのトリトーネ通りである。

バルベリーニ広場から、ブラリ、ブラリと南のほうへ歩いていると、日本の三越百貨店ローマ支店があった。ここでは主として日本製品を売っている。また日本人向けには、イタリアのお土産品を売っている。懐かしい。だが、店には申し訳ないが、日本製品もイタリア土産も買うつもりはない。この三越では、荷造用のダンボールが欲しかっただけである。

若い日本女性が対応してくれた。気楽に話をしてくれるのが嬉しい。しかも中々の美人である。東ドイツでは、荷造用のロープを探すのに散々苦労したので、「細紐も合わせて欲しいのだが」と頼む。

ところが、この店員さんは「ピョンボを持っていますか」と面白いことをいう。「ピョンボ？ ピョンボって一体何ですか」「ピョンボ、そーね」と暫し彼女は考え込み、そして次のように説明してくれた。

「イタリアではきちんと荷造りしていても、荷抜きされることがあるので、それを防ぐためにピョンボという鉛の玉を付けるのです。その鉛の玉は、穴が二つ開いていて、それに紐を通すのです」

「ピョンボ」という言葉の響きが面白い。語呂が麻雀の「チョンボ」に似ているし、「ジャンボ」や「バンビ」といった動物的愛嬌さえも感じられる。もう一度、「ピョンボ」と口ずさみ、思わず微笑む。

ところで、このピョンボは三越では売っておらず、近くの文房具店で買えば良いとのこと、なんとも親切な娘さんであった。

この店員さんは、「私のほうで段ボールを二つ用意しておきますので、近くの店でピョンボを買ってきたらどうですか」と勧めるので、素直にそれに従うことにする。

この三越の東に面した小路を北へ登った所に一軒の文房具店があった。そこで「ピョンボ」と尋ねると、その店にピョンボはなく、もう少し先にある店へ行くようにと教えてくれる。さらに三〇メートルほど歩くと、交差点に出る。その角に大きな文房具店があった。

店内に入り、日本では見られない何か珍しい文具はないかと物色する。しかし、日本の文具に比べると、デザインが古臭い。それに原色が多すぎてケバケバしい。どうも、イタリアの文房具には好感がもてない。

店の奥に入って、おばさんに「ピョンボ」と言うと、「ナントカカントカ」と尋ねるような言葉の調子。多分、「何個？」と聞いているのだと思うから、片手を挙げて、「ファイブ」と英語でいい、次に「ヒュンフ」とドイツ語で言う。さらに暫くしてから「チンクェ」と言ってみる。

イタリアに到着した昨日から、俄覚えでイタリア語の一から一〇までの数字を覚えたのだが、まさに泥縄式だから、いざとなると思い出せない。

おばさんは、「シー、シー」と言いながら、ピョンボなるものを出してくれた。確かに鉛の玉である。そして穴が二つある。簡単に説明すれば、魚釣用の錘と同じである。ただし穴が一つではなく、二つあると思えばよい。そこで考えたのが、このピョンポは日本への良い土産になるということだ。そう考えると、このピョンボがもっと欲しくなった。

そこで改めて、両手を拡げて「デカ」と言う。たしかイタリア語では「ディエーチ」だったと思うが、ここは「デカメロン」(「十日物語」)の「デカ」は一〇のことだと思うので、この際、恥を厭わず使ってみたのである。

両手を開いてみせたので、おばさんも理解したのであろう。一〇個のピョンボを目の前に揃えてくれた。後で考えてみると、「デカ」というのはイタリア語ではなく、あれはラテン語の一〇ではなかったか。そう思うと自分でも可笑しくなる。言葉の通じない外国では、やはり人間語が一番通じるのではないかと思う。

それからもう一つ、気づいたことがある。ピョンボの穴はとても小さいから、三越の店員が用意してくれる細紐では無理かも知れない。東ドイツのロストックで調達した紐をまだもっているが、あれも無理だろう。そこで細紐を二束ほど買うことにした。ピョンボは北アフリカ(マグレブ諸国)からスペインに至るまでに、もし荷造りすることがあれば、きっと役立つに違いない。

これより三越へ戻る。先程の店員さんはダンボールを二つほど用意していてくれた。有り難う。流石に同胞というのか同じ民族であるというのか、限りない信頼感と親しみが湧いてくる。自分が日本人であるということを誇りに思う。

段ボールに細紐、それからピョンボを揃えて、大満足。これで今夜の仕事ができる。そのついでに、あのビッソラティ通りにあるというティレニアという海運会社の所在地を確認しておきたいと思う。

再び、あの文房具店の前を通り、ベルナルド広場を横切り、バルベリニ通りを渡って、ビッソラティ通りを下る。

広い通りを小さな車がひっきりなしに通る。人と車がごったかえすカイロ(タハリール広場)と違って、ここは日本的な、いや欧米風の大都会らしさを感じる。ここはイタリアの首都、ローマだという実感が今頃になって湧いてくる。

シチリアのパレルモからチュニスへの航路をもつ海運会社「ティレニア」の店は、狭い道路に挟まれた小区画の角にあった。店頭には棕櫚の鉢があり、大きな文字でティレニアという看板が出ていた。店内に入って、チュニスへの航海日程、船賃を確かめる。念のために、航路のパンフレットをもらう。なるほど、ティレニア海を中心とした航路を幾つも持っており、マルセーユをはじめナポリ、サルディニアのカリアリ、シチリアのメッシナ、パレルモ、トラパニ、そしてチュニスなどを結ぶ網の目のような航路をもっている。

この店は、英語が通じるから、乗船切符を入手するのは問題なさそうだ。チュニス航路の概要も判ったので、アルジェリアの入国ビザが取れ次第、ここへ来て切符を入手すればよい。だから、アルジェリアのビザは明日にでも取らねばならない。

ティレニアの店を出て、坂を登る。すると、あのヴィットリア寺院の前に出る。教会前の立像に、心のなかで挨拶し、共和国広場へ出る。

この共和国広場の周辺風景は、現代イタリアの象徴とでも言ったら良いであろうか。道路は広く、広場周辺の建物の素晴らしさには驚かされる。

地図でみると、ナツィオナーレ通りを西南に行くとベネチア広場だ。そのナツィオナーレ通りは、ローマを代表するビジネス街と言っても過言ではなく、均整のとれたビルが建ち並んでいる。ゆっくり見学しながらベネチア広場へ戻ろうと思った矢先、俄の腹痛。

この腹痛は、馴染みのある生理的なもので、日本では全く心配しなくて良い。だが外国だと、ちょっとばかり面倒だ。ホテルか駅舎、あるいはその近くにいる場合には問題ない。いざとなれば、どこへでも飛び込んでトイレを借用すれば良い。だが外国だと言葉が通じないので、その点がいささか厄介だ。急いでホテルまで戻ることにする。言うなれば、ホテルまでの我慢、辛抱である。

こうなると、もう外の風景を愉しむというわけにはいかない。ただ、頭の中で数を数えるだけである。

一つの通りを横切り、また次の通りを横切る。思ったよりも、トレ・アピホテルは遠かった。ゆっくりと、しかし、心の中は大急ぎ。通りの左右は、かなり大きなビルが建ち並んでいるが、それを一つ一つ味わうだけの心理的余裕はない。

バンドを緩め、下腹をゆっくりすると痛みは和らぐ。この調子だと、ホテルまで何んとか持ちこたえられそうだ。

そう思ったのも束の間、また下腹から突き上げるような痛みがやってくる。もう、ベルトを緩めても、それほどの効果はない。額に冷や汗が流れる。

ナツィオナーレ通りから坂になったロータリーを右のほうへ行き、やや狭くなった道を降りていく。見覚えのある小路からホテルに入る。この時は、痛みが一段落していたので、ホテルの受付では、ゆったりとした態度で対応できた。

ルームナンバー四五の鍵をもらい、部屋に入り、トイレに飛び込む。「ウーン」と頑張る必要はない。「待ってました」とばかりの凄まじい勢いである。そしてスカッとする。

「溜飲を下げる」という言葉があるが、胃に溜まったものを吐くのも、腸や膀胱に溜まったものを下すのも、原理は同じだと思う。いや、そんなことはどうでも良い。腹痛が治り、スカーッとしたところで、エジプト煙草のクレオパトラを一服。

今日の目的は半分達したというものの、いずれも中途半端なままである。それからギリシアやエジプトで買った、あるいは収集した品物を荷造りし、それを日本へ送らねばならない。イタリアの郵便局をどこまで信頼できるかという問題もあるが、ピョンボも買ったことだし、これから旅するマグレブ諸国と比較すると、このローマから送るのが安全最適だろう。ゆっくりち立ち昇る紫煙の中で、そんなことを考える。

さぁて、随分と疲れている。それに空腹だ。出すものを出してしまうと、今度は食べたくなる。自然の理とはいえ、どうも勝手なものだ。夕食にしては、まだ時刻が早い。

ここでちょっと一休みとばかり、上着を脱いで、ベッドの中にもぐり込む。欧米の生活様式は、どうも「ぐうたら」か「ずぼら」な者に適していると思う。日本スタイル、つまり和風では、畳の上に座ることはできても、ごろりと横になって仮睡をとることは出来ないからだ。いや上着を脱げば出来んこともない。そんなことを考えているうちに、眠ってしまったらしい。……。

目が覚めたのは午後五時三〇分。ちょっとした仮睡だったが、体調はすっかり回復。

五時四〇分になってから、昨日見つけていたレストラン東京へ出掛ける。だが、レストラン東京の開店は午後七時であった。

食堂が午後七時からというのは、日本的感覚ではどうも理解できない。さすがに、ここはイタリアだ。外国を旅していて、嬉しくなるのは、ここが日本ではないという実感を味わったときである。しかし、これでは私に不都合だ。

私の欲求不満が募る前に、レストラン東京の隣、つまりその西側には「にっぽん家」という大きな宣伝板があった。この店の名は、ガイドブックの地図にも出ており、安心できる店だ。開店していたので、迷うことなく覗いてみる。

ここは、言うなれば日本式大衆食堂。ラーメンから味噌汁まで、色々と揃っている。日本を出発して以来、和食には飢えている。久しぶりの日本食と言いたいが、一昨日のカイロで食べているので、そうも言えない。和風レストランは、ウィーンやカイロをはじめ、ライプチッヒの「さくら」、アテネの「美智子」や「京都」などかなり利用してきた。だから、特に珍しいわけでもない。だが、日本式レストランがあると、それがよほど高級な店でない限り、「後学のため」という理由をつけて必ず利用することにしている。考えてみると、パンとビーフ、それにコーヒーといっただけの食生活が毎日続くのは、私たち日本人には単調すぎて耐えられない。

午後六時では、イタリアの夕食としては早すぎるのだが、ラーメンならば大丈夫とばかり、チャーシュウ麺を注文する。ところが出てきたのは、ラーメン（博多風）ではなく、私に言わせれば、それは「中華そば」であった。

第一に、麺がラーメンではない。拉麺の拉（ラー）は引っ張るという意味で、出来合いは極く細い麺である（その実演は蘭州の「蘭州飯店」で毎朝行われている）。だが、この麺は包丁で細く切り並べたもの（切麺）だ。第二に、スープが豚骨を煮込んで作ったものではなく、単なる醤油味では義理にもラーメンとは言えない。日本のラーメンは昭和二五年頃、久留米市で始まったとされ、市内「六門」近くの藩陽軒がその嚆矢とされている。私は昭和二九年にそれを食している。それまでの人生で味わったことのない豚骨スープという珍妙な味、それに細麺に焼き豚片を添えたチャーシュー麺。それは抜群に旨かった。それ以来、私のラーメンという概念は、この藩陽軒のラーメンとなっている。

ここ「にっぽん家」のラーメンは、値段が三三〇〇リラ、日本円で六六〇円だったから、まずまずだ。それにビール一本が一〇〇〇リラ（二〇〇円）、これは安い。

ちなみに、領収書をみると、この「にっぽん家」は、ローマ東京レストラン（日本料理）、パルカッチア（ブティック）、ポポロ屋（日本食品）とチェーン店になっていた。

ところで、この店には、とびっきり可愛い日本娘がいた。整った目鼻と豊かな眉毛に大きな瞳。それに烏の濡羽色をした黒髪が美しい。名前も聞いたが、ここでは必要ないので割愛する。

さて、この店を見つけて、これでローマ滞在中の食事には苦労しなくて済む。海外における日本食堂は、日本人旅行者にとって、まさしく灯台のある補給基地である。それだけに、海外にある日本式レストランに対して、日本政府は相応の援助もしくは補助金等を出しても良いのではないか。特に、東欧やアラブ圏域では、文化面における国際交流という点からみても、和風レストランに対して一定の援助をする必要があると思う。

どうやら、こんな甘い発想が出てくるのも、あの黒髪の娘さんに気を奪われたからかもしれない。だが、こんな着想では、大学の講義内容としては駄目だ。

ともかく明日からは、今後の日程、とりわけマグレブ旅行を念頭におきながら準備を進めねばならない。この「にっぽん家」では、若干の席料、それから一二％のサービス料を加えた六三〇〇リラを支払って外へ出る。

帰途、あの郵便局から日本へ電話し、女房に元気で旅を続けていると伝える。女房も、そして受験生の長女祐祀子も元気だったので安心。電話料金は八二〇〇リラ、約一六四〇円で、東側諸国からの通話料に比べて遙かに安い。

午後七時三〇分、ホテルに戻る。風呂に入って、洗濯。これで今日の仕事は終了。どうやらローマでの観光も順調にいきそうだ。

一九八二年二月四日（木曜日）

第三日　聖ピエトロ寺院とスペイン広場

今日はどうしてもアルジェリアへの入国ビザとティレニア社でチュニス行きの乗船券を入手したい。それと併せて、ローマ市内の観光もそろそろ始めたいと思う。

目が醒めたのは、午前八時。まだ早いが、ベッドを離れる。身だしなみを整えて、地階の食堂へ。小さなホテルだから、木製のテーブルが六つあるだけの食堂。冬の季節なのに、明かり採り用の小窓から強い日差しが入り込んでいる。

ミルクたっぷりのコーヒーが嬉しい。これまでの旅で悩んできた持病の胃潰瘍も快方へ向かっているようだ。あのクロワッサンには閉口するが、ドイツ式のパンは独特の風味があって、中々の美味。

サービス係のおばさんは、時間制雇用で働いている。それだけに素人臭いが、愛嬌がある。私のような外国人の旅行者にとっては、家族的な雰囲気なので、気持ちが安らぐ。

午前九時二〇分。今日はアルジェリアの大使館へ行くので、身支度をきちんとする。国境を越えるときとか、外国の大使館で入国ビザを取得する場合には、このようにしている。

ところで、昨年の暮れだったか、トルコのカイセリーで床屋さんに行って以来、散髪していない。だから、頭髪はかなり伸びている。ヘアー・クリームがないので、調髪はチックとポマード。この二つは、日本から持ってきたものだ。不精者だから、半年も経過しているのに未だ使い残している。

ホテルからベネチア広場へ通ずる道路へ出て、タクシーを拾う。アルジェリア大使館の所在地を言い、地図で確認してもらう。イタリアのタクシーはメーターがあるから、カイロに比べれば安心できる。

タクシーは、ナツィオナーレ通りから左に折れ、ピンチアノ門を通って、アルジェリア大使館の前に停まった。料金はメーター通りである。日本では、イタリアのタクシーについて、その悪評を随分と聞かされていたが、それは一部であって、全てではないのだ。

モスクワで、東洋学研究所のノビコフさんが「何処にでも良い人と悪い人がいますよ」と言っていたように、ローマでもそれは例外ではあるまい。

アルジェリア大使館の門扉は開いていた。そこへちょうど、一人のアラブ人が門から出てきたので、どうやらビザの交付が行われているらしい。それだけで、ホッとする。

大使館の中に入ると、右手の狭い道を歩く。突き当たった建物の右手に小さな部屋があり、そこに受付があった。パスポートを出し、入国日と滞在予定日数を告げる。ここでの係員は英語で対応してくれた。

一〇分ほどで、パスポートが返された。アルジェリアのビザというのは、パスポートに大きなスタンプを押したもので、それにはフランス語とアラビア文字が併記され、別の箇所には収入印紙が貼られている。ビザの番号は六〇の八二。多分一九八二年の六〇番目という意味だろう。人員は、もとより一名。旅行目的は観光。それから旅行ナントカとあるが、これは読めない。フランス語だからだ。滞在期限は三月の五日まで。それから私のパスポート番号と発行年月日。

ビザの発行手数料は二〇DA。アルジェリアの貨幣単位はDナントカと言うのであろう。もっとも、ここはイタリアだから支払いはリラで、日本円に換算して約二千円だった。

アルジェリアのビザのサイズ、つまり捺印（スタンプ）の大きさは、パスポート一ページの半分以上を使っている。それに収入印紙の分を加えると、これまでに入国したいずれの国のそれよりも大きい。なお、ソ連のビザは、各国のパスポートに捺印なし添付するのではなく、別の用紙を発行するので、それを除外しての話である。

東ドイツ、チェコスロバキア、ポーランド、ハンガリー、ルーマニアのビザは、いずれも三分の一サイズの捺印型である。モンゴルのは小さな捺印型である。これらに対して、トルコ、ギリシア、エジプトなどでは、日本人の場合、ビザが不要であり、私のパスポートに出入国した日付の捺印（スタンプ）があるだけである。

こうしてみると、私のパスポートも、各国ビザが並んできた。それより重要なのは、アルジェリアの入国ビザ（観光ビザ）を入手したので、イタリアからチュニジア、アルジェリア、モロッコ、そしてスペイン、ポルトガル、という一連の旅行ルートが開けたのである。ともかく嬉しい。

もっとも、このマグレブ三国の旅は、サハラ砂漠への旅も含んでいるので、私の世界旅行にとっては最大の難関になることが予想される。しかし、そんなことを心配しても始まらない。これまでにも、トルコ、ギリシア、エジプトといった難関国を旅してきたではないか。ポーランドやルーマニアの旅も決して楽ではなかった。

「なんとかなるだろう」という楽天性と「ええやんか」という忍耐性という心の余裕があれば、それこそ何とかなるもんだ。そんなことを考えながら、アルジェリア大使館の左手にある階段を降りていく。次は、ティレニア海運に行って、パレルモからチュニスへの乗船切符を入手しなければならない。

平坦な道に出ると、折よく通り掛かったタクシーを停めて、それに乗車。タクシーは行き先までの最短距離をきちんと走りティレニア海運会社の前で、ピタリと停めてくれた。

ティレニア海運の店内に入る。前面に広いカウンターがあって、そこで係員が対応してくれる。係員はパソコンを使って客の注文を整理し、乗船券を発行している。

思ったよりも簡単に乗船券を入手できた。口に出さぬが、内心はホクホク。

乗船する日時は、二月の一八日、午後一二時。乗船地はパレルモ、行先はチュニス。船室は一等、料金は予約料金なども含めて六万四一〇〇リラ。日本円にして約一万二八〇〇円であった。船室と寝台座席は乗船券とは別に係員から指示された。

今日の午前中はアルジェリアへのビザ、それからチュニス行きの乗船券を確保したので大満足。おそらく今日は大安か先勝であろう。あるいは友引かもしれない。これでローマでやっておくべき旅の準備が全て終了。

これよりは、今月の一八日まで、つまり約二週間、ローマやナポリをはじめ南イタリアの主要な観光地を巡ることになる。観光地を巡ると言っても、単なる名所・旧跡を見物するのではない。イタリア南部は北部に比して後進地域であり、その地域間格差をいかに是正するのかという問題を世界は注目しているのである。詳しいことは知らないが、バノーニ計画などがそれである。その地域格差の是正策の一つとして南イタリアにおける観光振興政策が注視されている。そこで具体的な日程はともかくとして、今は行きたい場所だけを挙げておく。

ローマに続いてはナポリとその周辺地域、すなわちカプリ島、ソレント、ポンペイの見学。ただし、ここまでは中イタリアで、南部ではないと思う。それからアドリア海に面した東南部のバーリ、南部のタラント、最後にシシリー島（シチリア）における観光開発の現状を中心に、都市景観、古代遺跡、産業開発、農林漁業、各種の博物館を見学したい。

シシリー島の見学を最後にしたのは、パレルモがチュニスへ行く乗船地ということもあるが、それだけではない。シシリー島はかって北欧のノルマンに支配されていた時期があり、その歴史と文化を知りたい。これは海運史、とくにバイキング・シップの航海史という点で興味が高まる。さらに、シチリアは、マフィアの故郷であり、それを育んだ経済的風土の雰囲気を味わってみたかったからである。

南部イタリア、それからマグレブ諸国の旅、続いてはイベリア半島の旅、フランスや西ドイツの旅、北欧の旅と、夢は限りなく続く。だが、現実に戻ると、今の今は夢の儘にしておいて、これからの予定を考え、午後はローマの観光名所や旧跡をゆっくりと楽しみたい。

再度、タクシーに乗って、ホテルへ戻る。部屋では、入手した乗船券をトランクの中にきちんと仕舞って紛失しないようにする。

午後は市内見学。そのため、歩き易い靴に履き替え、カメラは何時でも取り出せるように、バッグの中に隠し持っておく。

見学前の腹ごしらえは、隣の通りの二階へ。「本日の献立」と英語で掲示しているので、ここは利用し易い。スープとパン、それにミートとサラダという定食で済ます。

さて、これからバチカン市国を訪問し、聖ピエトロ寺院を見学しようと思う。地図で見ると、ホテルから二キロか三キロしか離れていない。これだと、歩いてでも行ける。

私を観光客とみたのか、タクシーが傍へ寄ってくる。「バチカンまでハオマッチ?」と尋ねたら、「一万リラ（約二〇〇〇円）」と運転手が言う。私を甘く見て馬鹿な値段を吹っ掛けてくるのだ。これだとローマにおけるタクシー業界の信用を失墜させるのではないか。それを思うと怒るというよりも情けなくなる。だが、今は紳士。怒鳴る替わりに、「二〇〇〇リラでどうか?」と言ったら、タクシーはそのまま走り去ってしまった。

さてっと、ベネチア広場の前面に聳えているエマヌエル二世統一記念堂の美しさに見とれる。「白亜の殿堂」というのは、まさしく、この建造物のことであろう。この記念堂の素晴らしさについては、ローマに到着した初日に記しているが、今日は、この記念堂の近くへ寄ってみたい。

この記念堂は古代ローマの遺跡ではない。観光的にはそれほど有名ではなく、私自身、ローマにこのような建造物があるとは知らなかった。しかし、この建造物こそはローマの象徴と呼ぶのに相応しいのではないか。

ベネチア広場を横切り、この記念堂に近づく。見上げれば、威風堂々とした騎士像。これはイタリアを統一したエマヌエル二世らしい。この記念堂に近づいてみて驚いたことは、そこが無名戦士の廟（墓）になっていたことである。

無名戦士の墓は、ハバロフスクからはじまってモスクワ、ベルリン、アテネなど数多く見てきた。ここでも、廟の前には兵士が立哨している。考えてみると、これは日本人にとっては実に不思議な光景である。

日本は、新憲法によって、戦争を放棄し、戦力をもたないことにした。また、国の交戦権はこれを放棄している。だから、憲法上は、いかなる兵士も存在しないし、武器も持てないことになっている。当然のことながら、自衛隊の存在は明らかに憲法違反である。通常の理解力があれば、そのことは容易に理解できる。だが、最高裁や高等裁判所では、これを合法としている。もし、合法なら、むきになって憲法を改正する必要はあるまい。

ところが自衛隊の存在については、次のような事情がある。その当時の日本は連合国の占領下にあった。しかも東西両陣営の冷戦下にあって、かつ朝鮮戦争、とりわけ北朝鮮が京城をはじめ韓国の大部分を占領するという緊迫した事態が生じた。このような戦況のもとでは、日本という国の存在そのものが危機に瀕したのである。

占領軍総司令部の強い要請があったとはいえ、また警察予備隊、のち保安隊、自衛隊と名称を変更していくが、実質的に日本は再軍備し、軍隊を持つことになった。事実、それは、日本国民に一定の安心感をもたせた。例え、それが憲法違反であっても、その存在については国民の間に暗黙の了解があったと言えよう。

ところで、自衛隊員が勤務中に事故死した場合、どのように祀られるのであろうか。

日本には靖国神社があり、ここには戦死あるいは戦病死した軍人の英霊を祀っている。それと同時に、戦犯となった旧帝国軍人の将官も合祀している。その限りで、靖国神社は宗教的存在であり、無名戦士の廟ではない。また日本の各地に忠魂碑があり、また護国神社もあるが、これらも無名戦士の廟ではない。

無名戦士の廟に、いささか強すぎる関心を寄せたが、それは私の父が戦病死しているからである。戦争という人間社会における最大の罪悪をいかに根絶するかが、世界中の人々の関心となっており、その現れの一つが「無名戦士」の廟ではなかろうか。敢えて、兵士を立哨させているのは、「祖国防衛」という栄誉を表したとも考えられるが、それよりもむしろ「無名戦士」というところに力点があり、反戦平和という意味を持たせているからではなかろうか。

これは後に知ったことだが、『ローマとイタリア』(ブルーガイド一九七九年版)によれば、このエマヌエル二世記念堂でムッソリーニが政務をとったという文章があった。こうなると、「無名戦士の廟」というのも、どう評価したらよいのか判らなくなる。

さらに、私が高校生時代に習った「世界史」の授業では、イタリアを統一したのはガリバルディと習ったが、それとエマヌエル二世とはどんな関係があるのだろうか。これも後に知ったことだが、ガリバルディはシチリア王国を征服したのち、これをサルディニア国王のエマヌエル二世に献上したらしい。だが、それだけでサルディニア国王がなぜイタリア全土を統一したことになるのか。この疑問は今でも残っている。

さて、この巨大な白亜の殿堂に圧倒されて、建物よりも他のことをあれこれと考える結果になってしまった。さらに、この殿堂の場に来て、もう一つ感じたことがある。それは、今いる場所が、ハンガリーのブダペストの街にいるのではないかと錯覚したことだ。ドナウ川に面したブダの王宮、ライオン橋、漁師の砦など、ここローマのベネチア広場とは随分と違っているが、何故だかそんな雰囲気を感じたのである。「白亜の殿堂」という点で共通していたからかも知れない。ただし、これは単なるフィーリングだから、理屈は抜きである。

「白亜の殿堂」、その前がベネチア広場、その前方に走るコルソ通り、そして左手にベネチア宮殿。このベネチア宮殿というのは、どこにでもありそうな建物なので、私の興味を惹かなかった。また、左手のほうを見ると、直ぐ近くにはフォロ・ロマーノ。これは古代ローマの中心地、その遺跡である。当時の建物がそのまま保存されている。

　このフォロ・ロマーノの向こう側に、あの有名なコロッセオ（コロセウム）が見える。いずれも、ローマを代表する観光名所だから、明日か明後日に、ゆっくりと見学しよう。

　記念堂の正面中央にあるエマヌエル二世像の台下には、美しい彫像が円をなしてぐるりと並んでいる。エマヌエル二世に関連した人々の像らしい。それにしても立派なもんだ。そんなことに感心していたら、いつまで経っても、この場を離れられない。

　また、ここは記念堂に近すぎるので、記念堂の巨大さや全体構成の素晴らしさを写真に収められない。しばらくして、この場を離れる。

　西側にある大理石の広い階段を登ってみる。またしても、一つの感動。階段を登り詰めた場所に大きな彫像が相似形で左右に飾られている。ローマの栄光になんらか寄与した二人であろう。ひょっとするとグラックス兄弟ではないかと想像する。ここでは私の乏しい知識の総動員である。勿論、なんの根拠もない。

　だが、片手に馬を曳き、巨大な一物を露にしている大理石の像は、この階段を登る旅人の目を驚かす。さらに続く階段を見上げると、中央前面に時計台のある建物が見える。この建物は、ミケランジェロが設計したと言われる市庁舎だ。

　階段を登り切ると、ここがカンピドリオ広場である。それを市街地図で確かめる。ここの雰囲気は、ザルツブルクの大ドーム前の広場に似ている。しかし、荘重さというのか、荘厳さというのか、その点では、ここがローマ建国の丘といわれるだけあって、歴史の重みがあり、観光対象としては、このほうが一段と格上である。

　この広場には、青銅の騎馬像が中央にあり、それを取り巻くように左右の古めかしい二つの建物が、この場の雰囲気をぐっと引き締める。これが実は世界的に有名な博物館なのだが、そんなことは知らないから、建物の中に入ってみようという気にはならなかった。

二つの建物の正面玄関には、それぞれ現代的な催し物をしているらしく多色刷りの看板が出ていた。それを見て、「なんだ、つまらない」と簡単に引き下がったのが、大きな失敗だった。

念のために、地図で確かめると、二つの建物の名前は、コンセルヴァトーリ博物館とカピトリーニ博物館であった。特に後者は世界最古の博物館であり、そこには「瀕死のガラテア人」という有名な彫刻があるようだ。そうと知っておれば、無理をしてでも、入館していたことだろう。惜しまれるものの、今となっては、どうしようもない。

正面にある市庁舎は、その土台部分が記録保存所になっているそうだが、どんな記録を保存しているのであろうか。そんな疑問はあっても、中に入って確かめる程の興味は湧いてこなかった。余り長く旅を続けていると、神殿や博物館などにはあまり興味を感じなくなる。食傷気味になるのだろう。

この市庁舎は補修中であった。建物の全体が鉄パイプの枠組で覆われている。立看板やパイプの鉄構、それらが、このカンピドリオ広場の雰囲気を台無しにする。実に残念。だが、それほどに落胆しなかったのは、二つの博物館やこの広場がもつ歴史的な重みを知らなかったからだ。不幸中の幸いとも言えるが、余り褒められたことではない。

このカンピドリオ広場では、中学生たちが写生をしていた。自分の子供たちと同年代のようだ。ふと、自分の娘たちはどうしているだろうかと日本へ想いを馳せる。

子供たちの絵を覗いてみる。皆が描いていたのは、建物の絵であった。上手な絵、下手な絵。もう描くのを諦めて遊んでいる子供、建物の線を真っ直ぐにしようと頑張っている女の子、人の絵を見て批評している子供たち。いずれも、日本で見られる子供たちの写生風景である。なんとも微笑ましい。

市庁舎から西の方へ歩いていくと、左手は地崩れした一〇メートル位の崖。ここからはパーッと展望が開ける。フォロ・ロマーノである。古代ローマ帝国の中枢部だ。

カンピドリオから眺めるフォロ・ロマーノの景観こそ、古代ローマ人がもっとも誇りにし、その栄華を讃えた場所ではあるまいか。コロッセウムが遠くに見える。その手前に神殿跡とみられる三本の列柱。これは双子神の神殿跡だ。その左手には神殿の痕跡と見られる建物があり、その正面には六本の列柱がある。石柱や石塊が、オリーブ樹の向こう側に散在している。フォロ・ロマーノ全体の印象は、「廃墟」と呼ぶのが相応しい。

アテネのパルテノン神殿に相当するような巨大な建造物は見当たらない。コリントのような整然とした美しさもなければ、デルフィの神聖な雰囲気もない。それでいて胸を打つのは、古代ローマという歴史のもつ重さであろう。

フォロ・ロマーノについては、いずれ近くに立ち寄って見学する予定なので、カンピドリオの丘を反対側に降りていく。オリーブの樹であろうか。その樹木の間に通ずる道を歩いて降りると、広い道路へ出た。

この道の左手に赤茶色の塔をもった古い建物がある。この塔はさほど高くはないが、四角の塔で、六ないし七つの層から成っている。中世の修道院のような建物だ。見ると、ブルーの観光バスが停まっている。きっと何かの名所だろうと思って近づく。

そこで見たのは、何とも嫌悪すべき光景であった。破廉恥というのか、日本の若い観光客が観光バスを前にして、キャア、キャアと騒いでいる。生徒というより、まるで幼児だ。何という阿呆らしさか、明らかに国際的な常識を逸している。これには日本人だけでなく、騒ぎが好きなイタリア人でも驚くだろう。京都の金閣寺や龍安寺を訪れる外国人は多いが、観光バスを前にして、これほどに騒ぐ観光客はいない。

この日本人観光客のグループは、ジャルパックで来ているようだ。添乗員がまるで幼稚園の先生のように世話をしている。それでいて、「時間がないから早く乗車しなさい」と急かしている。

それを横目で見ながら、先へ進むと、薄暗くなっている建物の陰から、OLらしい三人の日本娘が急ぎ足で飛び出してくる。何事かと、その場所を覗いて見たら、なんと、そこに、あの有名な「真実の口」があった。一瞬、これは偽物ではないかと疑ってみたが、「顔」の右上にヒビが入っていたので納得し、「ウン、間違いない」と確信する。

ここは映画『ローマの休日』(一九五三年)で、グレゴリ・ペックがオードリー・ヘップバーンをからかった有名な場所である。

見物客が列をなしているので、並んで待つ。ジャルパックの連中に続いて、イタリアの老婦人と子供。右手を口の中に入れて、すぐに引っ込める。そ

サンタ・マリア・イン・コスメディン教会と「真実の口」

して、皆さん、いっせいに笑っている。そこをパチリと写真。

私の順になったときは、もう周辺には誰もいなかった。そうなると、この異様な面相が俄に不気味となり、怖くなる。

口の中に、ソッと右手をいれてみる。どこか冷たい感触。それだけで、スッと手を引っ込める。そして「大したことはない」という安堵感。人のことだと、それを嘲笑していても、いざ自分のことになると真剣になる。いや、こんな単純なことで子供染みてくるのがなんとも不思議だ。

今は、私一人。周辺には誰もいない。この「真実の口」をもった怪人の顔をフィルムに収めて、「さよなら」をした。

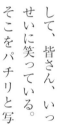

この「真実の口」がある寺院の名を市街地図で見ると、サンタ・マリア・イン・コスメディン教会である。だが、ベネチア広場からバチカン市国へ行く道からは、南のほうへ外れるので、やや遠回りになる。タクシーに乗ろうかと思うが、どうも中途半端だし、それに運賃を不当に吹っ掛けられるのも癪である。ここは、川に沿って歩くことにする。

この川の名前を、ローマ字風に読むと、テベレ川となるが、それが正確かどうか判らない。しかし、昔に勉強した時も、そんな川の名だったような気もする。川の水はそれほど多くないが、川に沿った道路が素晴らしい散歩道になっている。人通りは極めて少なく、これがイタリアの首都ローマかと疑いたくなる。まるで、ウィーンの秋といった風情である。そう、映画『第三の男』（一九四九年・原作はグレアム・グリーン）の最終場面、木枯らしの並木道を一人の女が無表情で歩いている、そんな寂しい情景である。靴音が周囲に響く、静かさの中を北へと向かう。

　左手の川中にティベリーナ島を見る。橋が架かっている。川畔の歩道には、なんという名か知らないが、巨樹が植えられている。その枝は、大きく高く伸び、歩道の上をトンネルのようにしている。つまり枝先が川面の上へ垂れているのだ。

　この街路樹は、ローマが世界に誇れる名所として自慢しても良いのではあるまいか。ローマの名所は、史跡、旧跡だけでなく、こうした街路樹をはじめ、古風な建物や多くの広場も立派な観光資源となっている。

テベレ川の風景（上・下）

　カメラのレンズから覗くと、一〇〇メートル毎に人影がみられる程度の閑さ。対岸にも、こうした街路樹があるから、この並木道は相当に手の込んだものと言えよう。

　川があって、橋が見える。その向こう側に、サン・ピエトロ寺院のドームが見える。なんともローマらしい風景だ。あそこまで歩くとなると大変だが、この静かな散歩道を歩くのも、まんざら捨てたものではない。

　大都市の名所、旧跡を訪ねて歩くのも良い。しかし、観光案内書などに全く紹介されていない素晴らしい好景を発見した時の嬉しさは、また格別である。

どの位、歩いただろうか。眼前に、ヴィットリオ・エマヌエル二世橋。その袂に着く。今は午後一時を過ぎて、もう二時に近い。

市街地図で見ると、ベネチア広場からバチカン市国へ行くには、エマヌエル二世通りを真っ直ぐ歩いて、西北へ向かえば良かったのだ。だが、あのエマヌエル二世記念堂、市庁舎、さらには「真実の口」がある教会へと、つまり南の方へ歩いたものだから、それだけ遠回りしたことになり、また時間も掛かった。

ここはエマヌエル二世通りの西北端で、同名の橋の袂。ここから眺める景観も実に古都ローマらしい。右手前方に、一見すると、牢獄のような、要塞のような奇妙な建造物が見える。何か歴史的に由縁がありそうだ。ガイドブックの地図を見ると、サンタンジェロ城というのだそうだ。

この建造物の中央部に円形になったテラス状の塔があり、その塔には避雷針と並んで、何かの像が建てられている。これまでに見たことのない異様な構造物である。気に懸かるが、今は、先へ、先へと進むしかない。

やっと、デラ・コンシリアツィーネ通りに出る。ここからは真っ白なドームのサン・ピエトロ大寺院が間近に見える。この通りは、長野市の善光寺前の通りに似ている。いわゆる門前町、いや門前通りである。とにかく、参拝者を目当てにした土産屋さんが多い。

違っているのは、通りの幅が広いこと。またこの通りの両側の建物が、いずれもガッチリとした石造だから、どことなく威厳があることである。その威厳をさらに高めるのが、通の両脇に等間隔で立っている柱状の街灯だ。

流石に、世界に名高いサン・ピエトロ大寺院、カトリック教会の総本山である。いわゆる宗教が社会に及ぼす影響力の大きさを典型的に保持しているのが、このカトリック教会の総本山、ローマ法王庁である。日本との関係では、一六一八年、伊達政宗が市倉常長をメキシコ経由で、このローマへ派遣したことは余りにも有名である。その労苦の一端は、後に城山三郎が『望郷のとき』（一九八九年）でも部分的に触れている。

サン・ピエトロ広場には、三〇メートルもあろうかというオベリスクが立ち、その周辺は高さ二〇メートルもある円柱の回廊で囲まれている。ガイドブックによれば、この円柱の数はなんと二八四本もあると記されている。驚きの一語。

　これまでに、トルコ、ギリシア、そしてエジプトなどを巡り、数多くの寺院や神殿を見てきたが、こんな円柱回廊は見たことがない。円柱の回廊上部には、幾多の聖人像が並んでいる。全部で一〇〇体もあろうか。ともかく壮麗である。

サン・ピエトロ大寺院

サン・ピエトロ広場とオベリスク

　それにしても、このオベリスクはエジプトの何処からもってきたのか、また円柱の回廊がいつの時代に造られたのか、見ているだけでは判らない。ただ広いというだけの広場ではない。正面に見える大寺院と調和して見事な建築美をつくり出している。
　ともかくも、この広場を東から西へ、ゆっくりと通り抜け、正面の大寺院、聖堂へと向かう。中央部に見える白いドームを除くと、博物館のようだ。
　午後一四時二〇分。敬虔な気持ちで、大聖堂の中へ入る。一歩、中に入ると、内部は驚くばかりの大広間。それでいて、実に荘厳。
　それぞれの建設時代が異なるので、単純な比較はできないが、自分の見た感じでは、イスタンブールのアヤソフイア大聖堂やブルーモスクよりも広い。しかも参拝者が多く、まるで公園の中を散歩しているようだ。天井は高く、金色に輝く数々のモザイク。そして周囲を取り巻く側壁には数々の彫像。その一つ一つが歴史的遺産である。

周辺上部のドームは、実感だと高さが四〇メートルもあろうかという見事さ。広場の中央部には、地下に造られた聖壇がある。そこは四本柱の天蓋。高僧によるお説教は、ここでなされるのであろう。そして、その上部が、遠くから眺められた大ドームで、その高さは五〇メートルにはなるだろう。

中央奥の大聖壇は、鳩を中心に数百条の光が三方に輝き走り、天使が遊び戯れている。その天井部分にある半円のドームにはキリストを描いた数々の聖画があり、これまた金色に輝いている。左右にパイプオルガン。修理中の工事音が、その音響効果によって、聖堂内に喧しく響く。

中央左右の半円ドームにも金色の聖画、そして聖壇と聖人たちの大きな彫像。八角形のモザイク模様は、その数知れず。各柱は、その中に聖人像を刻みながら天井へと伸び、その柱頭には華麗な飾りが施されている。なんともはや、大聖堂の何もかもが、凄まじい迫力でもって、私の精神を圧倒する。それが信仰としての神、ローマン・カトリックの力であろうか。それはそれとして納得できる。

この時、突如として思い出したのが、スエズ運河に面したイスマイリア駅での出来事である。その駅長は私を駅舎に連れ込んで、「キリスト教や仏教は偶像を崇拝している」と真剣に語った。その時、私は正直、「成程」と感心した。

この大聖堂もそうだが、仏教各寺院の仏壇のキンキラキンもそれに似ている。確かに、信仰には観念性が伴う。その観念性のために、神や仏をキンキラキンで具象化する必要があるのだ。それと同時に、イスラム教にも問題があるのではないかと感じた。そこで私は彼に対して、「定刻になると、メッカに向かって礼拝するという、あの形式主義はどうなのか」と質問してみた。ところが、駅長は急に怒りだし、問答無用とばかり、私に向かって「出てゆけ」と怒鳴りだした。そんな昔のことではない。ほんの一カ月前のことだ。

いやいや不謹慎であるが、ローマン・カトリックの大聖堂の中で、こんなことを思い出していたのである。なにしろ信仰心の薄い異教徒のことなので大目に見て戴きたい。

　私は宗教を批判しているのではない。宗教は観念世界における最高の発明である。何人も、他人の信仰を妨げてはならない。また宗教が存続していくためには世の中が平和で、人々は平等でなければならない。

　大聖堂の中では、あれこれと考えさせられ、また周囲の見事さに魅せられてキョロキョロするばかり。だから、どうも系統的な見学をすることができない。

　この大聖堂の真ん中辺りに、地下室への入口があった。地下墓地、地下礼拝場である。ここは美しいとか綺麗というよりも、清楚、淡白という感じであった。死後の霊魂も、ここなら安息できるであろう。

　それにしても、巨大な地下墓地である。立派な棺が安置されている。大理石の棺の中には、過去の聖人やローマ法王たちが眠っているのであろう。だからと言って、死者に対して、特別の印象を抱くこともなかった。

　これまでの人類史を通じて、どれだけの多くの人が生まれ、死んでいっただろうか。それぞれの死は、第三者からみれば、美であり、醜である。歴史に名を残す者もいるが、その多くは、名もなく、忘れ去られた人々である。自分の名を永遠に残したいと思った人々、それでも残せなかった人々、本人が死んでから、その名が世間に知れた人たち、人の死と棺。それから墳墓。それらは全て自然の流れである。

　日本を出発して以来、何度それらを見てきたことであろうか。サマルカンドの広大な墓地に始まって、エジプトの「王家の谷」に至るまで数知れない。ローマ法王の棺といっても、なにも感動しなかったのは、石棺、木棺などはもとより、プラハのユダヤ人墓地、ベオグラードの集団墓地、東ベルリンの共同墓地など、もう見飽きているのだ。少なくとも、ツタンカーメンの黄金の棺を収めているカイロの考古学博物館以上のものを見ない限り、墳墓や棺に感動を覚えることはあるまい。

　そうは言っても、この大聖堂は人類の宝である。これだけ見てきたのだから、自分としては、もう十分である。ところで、これからどの方向に行ったらよいのかちょっとまごつく。正直な話、これから予定している、あのシスティーナ礼拝堂がこの大聖堂の何処にあるのか知らないのだ。それに今は午後二時三十分、時間もだいぶ経っている。

サン・ピエトロ大聖堂の見学もさることながら、あの美術品の数々を見たい。だが、何処へ言ったらよいのか迷っている。

この迷いが、この大聖堂の大天蓋へ登ってみることも、また聖堂内の装飾などについて、一つ一つメモすることも忘れさせてしまったのである。

今にして思うと、この大聖堂の内部には、幾多の彫像があったし、また聖画にも、随分と写実的な絵も飾られていたと思う。だが、おぼろげな印象しか残っていない。情けないが、そうなのである。繰り返すようだが、この大聖堂自体の見学に未練が残ったのも事実である。

それはそうだが、今はシスティーナ礼拝堂がどこにあるのか探さねばならない。どうも私が持っている地図では、それが判然としない。どうやら、入口は「美術館・図書館入口」と書いている北の方らしい。ひょっとすると、この近くから行ける場所があるかも知れない。そう思って、周辺をキョロキョロと探してみる。だが、それも無駄な骨折りであった。イライラしてくる。うむ、こんな目にあうのが一人旅の辛いところなのだと得心。

大聖堂から出て、左手の回廊がある場所へ出てみる。そこに二階、いや三階までも続いているような階段があった。ひょっとすると、ここが礼拝堂への入口かも知れぬと思って、登ってみる。

二階まで登ってみると、そこに衛兵がいた。その姿にびっくり。中世のヨーロッパに逆戻りしたのか、あるいはオペラにでも出てきそうな姿の兵隊さんである。一瞬、映画かテレビの撮影中かと思う。ナポレオン時代のものかと思われる黒い帽子を被っているのは未だしも、奇妙なのはその中世風の衣装と色彩の華やかさである。

衛兵は青、赤、黄の三色を一〇センチ幅の縦縞に配色したズングリ型の衣装を着用している。玩具箱を引っ繰り返したら、「こんな兵隊さんが出てきたよ」と言ったほうがピッタリした表現かもしれない。しかも、この兵隊さんは、右手に長い槍をもっている。まるで、ウィーンの武器博物館から派遣されてきたようだ（四六ページ参照）。

兵隊さんの傍まで行き、写真を撮る。「事は序」とばかり、「中に入っても宜しいか」と身振りで尋ねたら、無言で「駄目だ」と左手で制せられた。この時、何かトラブルが起こったのではないかと思ったのか、別の兵隊が駆けつけて来る。

驚いたことに、これらの兵隊は、バチカンの兵士ではなく、スイスの兵隊であった。ドイツ語が通じるので、いま困っていることについて尋ねてみる。その結果、幾つかのことが判った。

バチカンの美術館は、この建物から外へ出て、五〇〇メートルほど北へ歩くと、そこに入口があるということ、それから午後五時に閉館するので、今から行ったのでは無駄になるということ、従って、明朝早く出て来なさいということであった。

久しぶりに、「ダンケ・シェーン」（有難う）というドイツ語を使って、礼を述べ、この場を立ち去る。

このバチカンでは、サン・ピエトロ大聖堂の内部を見学できたこと、それから珍妙なスタイルのスイス兵を見たこと、この二つで満足するしかない。イライラした割に、得たものは少なかった。それにしても、サン・ピエトロ寺院を見学できたことは嬉しい。これで、自分の人生暦に箔が付いたというものだ。そんなことを考えながらサン・ピエトロ広場を東へ下がって行く。

途中、神父さんが、私の傍を通り過ぎる。近くで見ると、神父さんたちの顔はふっくらとしており、人間的にまろやかな印象である。聖人近くになると、あのような顔になるのであろうか。生活が安定して、悩みが少ないからであろう。貧乏では、あんな豊満な顔にはならない。

だが、私の心理は微妙である。片一方で、そんな尊敬の念を抱きながら、心の底では、神父一般を観念論者とみなして軽視している。いや、最近では、神父や僧侶一般に対して、四つも五つも異なった見解をもっている。そして一体どれが自分の本当の考えなのか判らなくなる。時と場合によって、物事を考えを適当に調整すればそれで良いのかもしれない。「君子豹変」という言葉もある。

こんな発想になる発端は、高校生時代に、『ドン・カルロス』（書名不正確）という本を門司の三光寺で読んだことにあるらしい。西明晃雄さんが京都で買ってきた本である。その本では、イタリアの神父さんが同時に共産党員であるという二重人格者として描かれていた。それ以来、なにもかも、一義的に捉えるのではなく、多面的に把握するという癖がついてしまった。それにしても、私はおかしな種類の人間らしい。

デラ・コンシリアツィーネ通りに出る。ここまで来て、やっとシスティーナ礼拝堂の見学を諦める。駄目なものは駄目として、本日の見学は中止し、再びローマ市中へと引き返す。

この通りには、土産店が並んでいる。店頭にアイスクリームを売っている店があった。喉が乾いていたので、立ち寄る。値段は、一〇〇〇リラ、日本円だと二〇〇円だった。日本よりも、やや高めだが、これだと許容の範囲だ。この店には、先程見たバチカンの、いやスイスの兵隊さんのミニュチュアが並んでいた。やはりバチカンの名物だけに、人形としても売られている。その態様や衣装の柄などが比較的精巧に出来ている。値段は、一個が四〇〇〇リラ(八〇〇円)。あの兵隊さんの印象が強烈だったので、ここは観光土産として買っておく。

格式のある石造の建物が並ぶデラ・コンシリアツィオーネ通りを抜けると、左手はサンタンジェロ城である。ブルーガイドの解説によると、ハドリアヌス帝が紀元二世紀に建造したもので、ルネッサンス時代に大改造がなされ、要塞になったとあり、こ

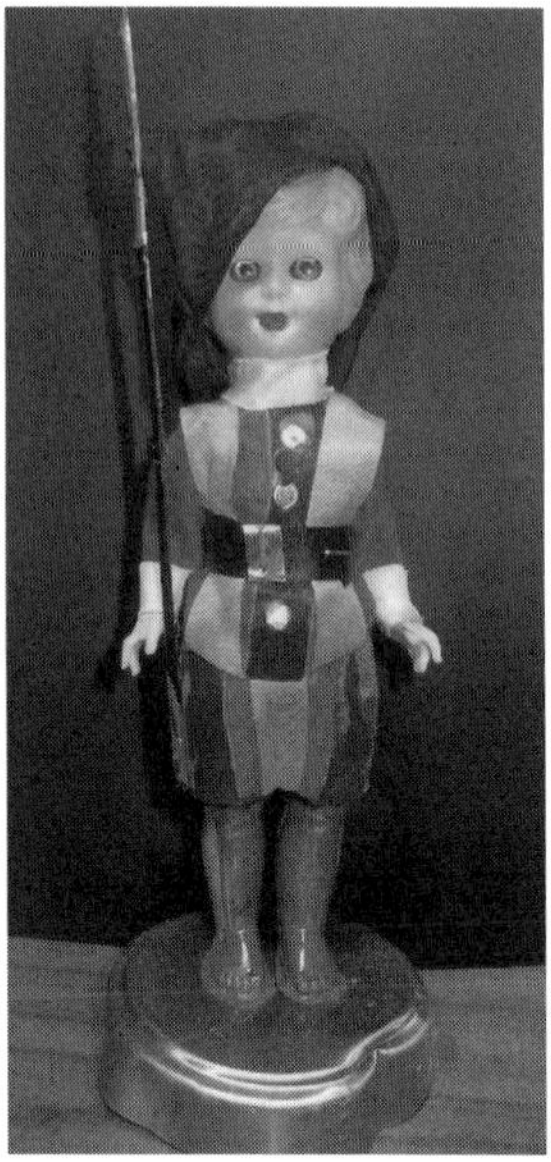
スイス兵の玩具

重厚なサンタンジェロ城とその上塞

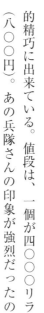

の城塞の中に、ジョルダーノ・ブルーノが押し込まれたと書いている。

紀元六世紀に、ローマにペストが流行したときに、この城塞の上に天使が現れ、剣でもって悪疫を打ち払ったので、人々はこの城塞を「聖天使城」を呼ぶようになったという。「サンタンジェロ」はサンクト・アンジェロ（聖天使）の略だったのだ。

私はブルーノという人名もこの城塞の経歴も知らなかった。ただ、この異様な建物は、あのエマヌエル二世記念堂と並んで、現代のローマでは双璧をなす歴史的建造物ではなかろうか。私にとっては、それぞれが実に印象的な建造物である。エマヌエル二世記念堂は、壮麗で豪華、白亜で絢爛、一語で言えば派手である。これに対してサンタンジェロ城は単調だが地味、黒茶色で鈍重、これも一語で言うなれば重厚である。

聖天使城の印象は前記の通りであるが、ただ一つだけは違った点がある。それは現在、避雷針として使われているかどうかは判らないが、この城の最上部に天使の像が立っていることである。これがいかにも目立つ。旅人からみて、異様な建物だと思うのはこのためである。


それだけに、この建物の中に入ってみたい。そこで、この城塞へ近づいてみたのだが、どこが入口か判らなかった。午後も遅くなっているので、見学者用の門を閉じたのかもしれない。先程のブルーガイドには、この城は現在、武器博物館になっているという説明があった。

暑い。今はまだ二月というのに、ローマは暑い。ノンビリと歩いてもよいのだが、なぜか急いでいる。システィンの礼拝堂も、そしてこの天使城も見学できなかったので、イライラが募ってきているのだろう。

天使城を過ぎると、四角張った大きな近代的な建物。これは裁判所であった。自分が何処へ向いてあるいているのか判らなくなって、地図を広げて確かめ、これより北東の方向になるポポロ広場を目指すことに決める。腹具合は十分、まだまだ歩ける。

ティベーレ川に沿って北へ歩く。車の通行量が多いためか、妙に埃っぽい。ティベーレ川をカバーン橋で渡る。この東岸も自動車道で、交通量が多い。左右に注意しながら、東側の歩道へ移る。ここには巨大な記念館がある。そこは新しく建造されたもので、何かの保存館のようであった。そうなると、人一倍の好奇心が湧きだして、中に何があるのか確かめてみたい。

ガラス張りの近代建築の中には、大きな石棺があった。白い大理石で出来ており、それがなんとも見事なものだった。既に述べたが、石棺はソ連からエジプトまで数多く見てきたが、これほど素晴らしい石棺を見るのは初めてである。

イスタンブールに、アレクサンダー大王の石棺といわれるものがあり、それを見てきたが、これほどではなかった。もっとも、その真偽のほどは別にしての話である。

いま眼前にある石棺は、その側面に立派な彫刻がなされており、私の目を奪う。その彫刻というのは、ローマ時代の貴族のような衣装を纏った人々が、この棺を背負っている構図だ。おそらくこれはローマ皇帝の誰かの石棺に違いない。

目を凝らして刻印を読む。ラテン語は判らないが、それでもこれがアウグスト帝のものであることだけは判読できた。アウグスト帝とは多分シーザーの養子で、競争相手のアントニウス（クレオパトラ七世と同盟）をアクチウムの海戦で打破した。その後にローマ初代皇帝（プリンケプス）となった人物ではなかったか。

アウグスト帝の石棺を担ぐ人々（彫刻）

どうも私の記憶はあやふやで、定かではない。なにしろ大学受験以来のことだから、三〇年前の記憶である。いや、ひょっとすると手塚治虫の『火の鳥』で復習した知識かもしれない。
それはともかく、ローマへ来るのだったら、予め古代ローマ史を復習しておくのだった。今となっては後の祭である。
要するに、偉大な古代ローマの皇帝、アウグスト帝の石棺だったのである。彼は、後にプリンケプス（第一人者）とも呼ばれたから、独裁者に近い存在であったに違いない。それだけに、その石棺も世界に類を見ないほどに立派なのであろう。

だが、ここで私の反発精神が動きだす。ローマの皇帝はなぜに偉大だったのか、ローマを支配し、かつ戦勝と結びついた政治家だったからであろうか。だが、戦争に勝ち、偉大な皇帝が支配するようになっても、民衆には、どれだけの恩恵があったのだろうか。戦勝国ではまだしも、敗戦国の民衆は全て奴隷（物を言う動物）とされ、市場で売買され、大農場（ラチファンディウム）で酷使された。戦勝国であっても、奴隷は解放されることなく、人権は悉く無視された。貴族とその取り巻き連中のみが偉大なる皇帝のもとで恩恵に浴したのである。そんな政治社会構造を想起すれば、皇帝の偉大さは民衆の困窮のうえに立脚したものでしかなかった。この素晴らしい石棺にしても、皇帝みずからが造ったものではない。しかも、こんな立派な保存館を造るとは、なんと無駄なことであろう。

しかし、この石棺の中に、アウグスト帝の遺骸が収納されているとすれば、これは実に貴重なものだ。人類の宝にしなければならない。いや、石棺そのものにも歴史的な、文化的な価値がある。それを保存することは現代人の責務であろう。

なんとも矛盾した発想だが、凡人の考えることはざっとこんなものである。あれこれと考えてみたが、このアウグスト帝の記念保護館の前にいたのは僅か六分であった。

この保存館からポポロ広場までは狭い道路を歩くことにする。このほうが近道だからである。この通りの名はリペッタというらしい。ポポロ広場まで五〇〇メートル位である。

ローマは暑い。しかも厚着をしているためか、額が汗ばんでくる。疲れてきてもいる。疲れてくると、注意力が散漫となり、周囲の建物がなんとなく平凡に見えてくる。

それでも、この通りの一つ右手にあるのが有名なコルソ通りで、一つの街角を過ぎるごとに、それが接近してくるのが判る。つまり、ポポロ広場から放射線状（扇状）に街路が拡がっているので、ポポロ門に近づくにつれて、二つの道が次第に接近してくるのだ。歩き疲れているので、いまはコルソ通りが近づいてくるのが唯一の愉しみとなる。

アウグスト帝の保存館から歩いて一五分、やっとポポロ広場にたどり着く。広場の中心にラムセスのオベリスクが見える。

ポポロ広場からコルソ通りへの入口の左右に教会がある。それぞれに小さなドームが一つだけの相似形のような教会配置だ。サンタ・マリア・ディ・モンテ・サント教会とサンタ・マリア・ディ・ミラコリ教会である。この二つの教会とコルソ通りについては既に遠望しているので、そこを横切り、さらにジグザグになった細道を登っていく。そこがピンチオの丘である。

ピンチオの丘といっても、そこは公園になっていて、市民や観光客が憩をとっている。私も、ベンチの一つに腰掛けて、煙草クレオパトラを一服。もう、随分と疲れている。

それにしても、緑の多い公園である。西の方を見ると、聖ピエトロ大聖堂の茶色いドームがローマの市街地から浮き出たようだ。これは一幅の絵。そして眼下にはポポロ広場があり、ラムセスのオベリスクが特に目立つ。これもまた一幅の絵であろう。

午後三時五五分。もう夕方に近いから、太陽の光も弱く、力強さはない。それでも、この丘から眺める風景は、疲れた私には、この上なく素晴らしいものであった。


「ピンチオの丘」というのは、私の旅行ノートにも記載されており、ローマの滞在中に必ず寄ることにしている。もっとも、それだけの話であって、「ピンチオの丘へ行け、そうすれば全てが判るだろう」という程度の書き込みである。ポポロ広場や大聖堂のことなどの記述は全くない。いい加減な旅行ノートである。

ここから少し歩くと広場に出た。市街地図を見ると、ナポレオン広場と読める。眼下にはまだポポロ広場が見えるが、西の方は、大聖堂のドームが右寄りになり、その左手にティベーレ川を挟んでジャニコロの丘が連なって見える。ここはローマの市中を眺める絶好の場所の一つであろう。

ここで「場所の一つ」としたのは、逆にジャニコロの丘からこちら側を眺めた場合、ティベーレ川の向こう側に、このピンチオの丘やあれこれの建造物をみることができる。だから、そんな景観美があることを想定してみたからである。

この広場に一台の軽トラックが停まっており、中年の男がジュースを売っていた。疲れもし、喉も乾いているので、「ハオ、マッチ?」と英語で尋ねてみる。すると相手は「一五〇〇リラ」と言う。

ジュース一杯が三〇〇円とは冗談だろう。観光客相手だから、隙があれば付け込もうとしているのだ。「ノー、一〇〇〇リラ」と値切ると、相手は簡単に「オーケー」だった。なんだか馬鹿らしくなった。

これだと五〇〇リラと値切っても「オーケー」だったかもしれない。簡単に値切れたので、逆になんだか悔しくなる。だが、後で考えると、「一〇〇〇リラでオーケー」と思ったのは、私の勘違いで、相手は「一〇〇〇リラ分のジュースを下さい」と受け取ったのではあるまいか。「まぁ、いろいろあらぁなぁ」と思いなおして、オレンジジュースを飲む。

ナポレオン広場を過ぎると、俄に人通りが多くなる。午後五時、ベルベレーデの館。細い階段があって、それを上り詰めた場所がメディチ家の邸宅であった。

中世ヨーロッパの豪商、いや中世の王家と並ぶほどの名門である。ここは中世ヨーロッパの経済史を学ぶうえでも重要な邸宅であるから是非とも見学しておきたい。だが、残念ながら閉門していた。時計をみれば、午後五時五分。ひょっとするとメディチ家の正門は別にあるのかもしれない。そう思って邸の北側になるメディチ通りを東の方へ歩いてみる。

静かな雰囲気である。ここは、「さすがに古都ローマ」という趣を味わえる。小鳥の囀りを耳にする。だが、同時に自動車の騒音も響いてくる。

メディチ通りの東端は、崖になっており、その前方は公園や運動場になっていた。見覚えのある運動場で、その先を少し行けば、ピンチアーナ門になるはずである。眼下の道路もタクシーで走ったことがある。結局、メディチ家の入口を他に見つけ出すことができず、引き返すことにする。

少年たちが、二つの車をつけた一枚の板に乗って、坂道で遊んでいる。何という遊び道具か知らないが、少年たちが遊んでいるのを見ると、心が和む。良くみていると、遊びと見えたのだが、これは一種の競技かもしれない。上手・下手があって、年長者が大声で叱っているような場面もあった。

再びメディチ家の邸宅前へ戻り、トリニタ・ディ・モンティ通りを東南方向に歩く。前方に二つの塔をもった教会が見えてくる。時に午後五時一五分。あの教会の塔は、写真や絵画で見たことがある。そうだ、あの教会は、通りの名と同じトリニタ・ディ・モンティ教会である。そのことを思い出した。

この教会の由来を知らない。この教会に寄ってみたものの、ステンドグラスが美しかったこと、参拝者か観光客か判らないが、ともかく人が多かったということ、それから誰が描いたのか、一八世紀頃の絵画があったということ、最後に入口に寄付金を求める箱があったこと、これだけしか記憶にない。寄付を英語でドーネーションというらしい。

それよりも驚いたのは、Ⓜというマークを見つけたことである。確かローマには地下鉄があったはずである。それなのに、ローマに来てから、地下鉄のマークを見るのは初めてだ。もとよりローマの地下鉄に乗ったことはない。

地下鉄という近代的な交通手段を自由に活用できれば、毎日のようにタクシーを利用しなくてもよいし、行動範囲もずっと拡がる。もとより、私の仕事からすれば、歩いて資料を集め、見聞を広めることが大切であることに変わりはない。

それにしても、ホテル周辺に地下鉄の駅があっただろうか。ホテルに戻ってから、地下鉄のルートも含めてもう一度、確認してみることにしよう。

それから、もう一つ。モンティ教会の前にオベリスクがあった。そのオベリスクの先端には十字架らしいもので飾られていた。キリスト教もよいが、オベリスクはオベリスクなので、細工はせずにそのままにしておいて欲しかった。ローマ帝国は、一体何本のオベリスクをエジプトから奪取してきたのであろうか。エジプトを旅してきた者にとっては、ローマはなんと無情なことをしたのだという侘しい気持ちになる。

オベリスクもそうだが、もう一つ不思議なものがある。それは椰子の樹木がこの教会の周囲に植えられていることである。トロピカル・ムードとはいえ、キリスト教会の前にオベリスクと椰子の樹があるのは、なんとも不自然である。

この周辺は人波で混雑している。そのはずである。このトリニタ・ディ・モンティ教会の西側は幅の広い階段となっていて、それが有名なスペイン広場まで続いている。

言うまでもなく、このスペイン広場はローマでもっとも人気のある場所だ。映画「ローマの休日」にも登場している。

モンティ教会の前から見下ろすと、広場は車、車、車。そして人、人、人でごった返している。

もっとも、カイロのタハリール広場と違って、スペイン広場はそれほど広くはないので、人や車の数は知れたものである。それに押し合いや圧し合いの混雑もない。

眼下に見える階段は、ジグザグになっていて、なんだかソ連のソチを想い出す。具体的には旧ロシア貴族の邸宅跡であるが、ランディラディウム（植物園）やインツーリストホテルにあった庭園を想い出したのである。

今はもうこの階段を下って、今日の日程を終えるしかない。写真を撮りながら、そして若い娘を横目で見ながら、ジグザグ階段を下りる。踊り場では、若い男女、それから老人が坐っている。特記しておくべきは、この階段のあちこちで、若者たちが金属細工品、革製品、金属製品、それからレース編などを並べて売っている。要するに、世界の各地から集まったヒッピー族だ。どちらかと言えば、アラブ系の顔をした連中が多い。しかも念の入ったことに、誰も商品の値段を提示していない。

確かに、若者たちの路上販売は、これまでも見てきた。モスクワでは宝くじ、キエフでは外国煙草、ワルシャワではビニール袋、そしてイスタンブールではあれこれと雑多なもの、ソフィアでは南京豆を娘さんから買ったこともある。だが、このような多勢のヒッピーが路上販売している風景は記憶にない。それだけに、このスペイン広場は世界の若者を惹きつけるだけの魅力がどこかにあるのだろう。

階段の踊り場は三つあった。しかし、この階段がもつ得意な魅力を味わえるような雰囲気はなかった。自分自身の老化と孤独。それが邪魔をしたのであろう。

若者たちを見ていると、軽薄で、無神経という感じを抱くようになった。もはや私には若さがない。爆発的な活動力がない。だから逆に若者たちを妬んでいるのかもしれない。羨望と嫌悪は表裏の関係にある。だが、その本体は同一なのかもしれない。

そんなことを考えながら、ジグザグになった階段を下りて、スペイン広場へ。もう、そこは下界である。巷の混雑と騒音が、いかにも下界らしい雰囲気をつくり出している。

広場の中心に、映画でみたことがある石舟。それがなんと大理石で造られた噴水であった。珍しい。

その傍らに、若者の露天商。この若者もアラブ系らしいが、なぜ売れないのかと困惑した顔をしてい

トリニタ・ディ・モンティ教会

石舟の噴水（スペイン広場）

る。そこへ友人であろうか、二人の若者が革ベルトを持ってきて、なにやら真剣に話をしている。噴水の周辺には、若いカップル、それから老人と子供たち。

ローマの街には、幾つもの広場があり、種々の彫刻をほどこした噴水があった。そういう意味では、「人」というものの存在を強く意識した街造りをしている。古代ローマの遺跡や史跡に加えて、この広場と噴水が、現代におけるローマ市街地の特色になり、観光対象となっている。だが、私は、まだローマ市街地の全域を見ていないのだ。

それにしても、あの石舟の噴水が気になる。市民や観光客に愛される大理石の噴水。あんな石舟の噴水が京都にも欲しい。故郷の門司港にも欲しい。第二の故郷である久留米や博多にも欲しい。大学の校庭などにあれば、学生たちが喜ぶだろう。そう考えると、あの石舟の噴水は、単に芸術家の思いつきではなく、市民の高い文化的意識と幅広い愛情に包まれているのであろう。そんな市民性が羨ましい。これは写真に撮っておく。

さて、ここより階段の方を振り返ってみると、二つの鐘楼をもった教会、そして椰子の木、白いテラスをもったジグザグの階段が重層的に見える。これも写真になる。

なぜ、スペイン広場というのか、ブルー・ブックスの解説を読んでみると、「広場の一番南端の西側にある建物が一七世紀からスペイン大使館として使われていたことに由来する」となっている。なるほどと思うが、この広場に、いつまでも留まっているわけにはいかない。私の目的は、ローマの市街地をできるだけ多く見学することなのだ。

スペイン広場から西へと続く商店街に入る。なんだか、高級品ばかりを売っているような街である。直観だが、ここがローマ第一の商店街ではなかろうか。名称はコンドッティ通りという。そして解説書には「ローマでもっとも高級な商店のあるショッピング街」とある。それでも、夕暮れ時を過ぎているのか、人通りはさほど多くはなかった。

しっとりと落ちついた商店街である。しかし、貧乏旅行者の私には縁が無さそうだ。もっと正確に言えば、ショーウインドーに展示されている諸商品の品質および価格に対する評価をする能力がないのである。つまり、宝石や高級服飾品、あるいは婦人用のアクセサリーについて鑑定する眼識力がないのだ。こうなると、もっと庶民的な街のほうが親しみ易い。

ここで南のほうへ曲がり、五分ほど歩くと、あの「にっぽん家」があった。我が家に戻ったようで、やれ、やれである。それと同時に空腹を感じる。人間の身体というのは、奇妙と言うのか、不思議なものである。

「にっぽん家」は開店していた。空腹の時は、麺類に限るとばかりに、チャーシューメンを注文する。昨日と同じである。それに加えて、白いご飯とみそ汁。喉が乾いているので、ビールも頼む。

イタリアのビールもピルス系であろうか。日本人の喉越しに合うようだ。残念ながら、黒髪の日本美人は店にいなかった。その替わりに、小野さんという若い日本青年と知り合う。小野さんは、このローマでデザインの勉強をしているという。初対面だから、それ以上のことは聞かなかった。それにしても、若い時に海外で習練を積むチャンスに恵まれている人は幸福だ。私としては日本語を話す機会が得られたので、それだけで満足。

疲れていたので、酔いが早かったということもある。それ以降の記憶はあやふやだ。

どうやら、夜も次第に更けてきた。これよりホテルに戻り、直ぐに寝る。疲れとほろ酔い加減で熟睡したようだ。

一九八二年二月五日（金曜日）

第四日　システィナ礼拝堂とカタコンベ

今日も晴天だ。地中海性気候というのは、年中晴天なのだろうか。まさか、そうではあるまい。それはともかく、今日が晴天であれば、それで良い。

昨日はどうも歩き過ぎたようだ。その疲れが今も残っている。だが、ローマの見学を怠るわけにはいかない。私の感覚では、ローマ見学は未だ五分の一ほどしか済んでいない。今日も、頑張るしかない。

朝食は午前九時。今日はなんとしても、バチカンの博物館、とりわけシスティナの礼拝堂を見学したいと思う。

九時三〇分にタクシーを拾って、サン・ピエトロ寺院の北側に着く。当然のことながら、タクシーの運転手は、バチカンの美術館が大聖堂の北側にあることを知っていた。

この美術館というのか、博物館というのか、入館料は二五〇〇リラ。一瞬、高いと思ったが、日本円に換算して五〇〇円だから、それほどでもない。

ここでも、入口には槍を持った兵士が立哨していた。紺と赤と黄色のストライプが入った制服は同じだから、おそらくスイス兵であろう。もっとも、イタリア兵が協力しているとも考えられる。しかし、今はそんなことに構っておられない。世界の名画、聖画を見学できるという期待と愉しみで一杯だ。

一〇時二〇分、博物館の入口に、小豆色の大きな石棺が二つある。それを横目で見ながら、階段を登る。いろんな彫像、なるほど立派な博物館のようだ。天井に六角形の聖画。

長い廊下に出る。両側に巨大なゴブラン織の聖画。イエスの誕生、生育、復活を織り込んでいる。それから、シーザーの暗殺場面。ここでは「ブルータス、お前もか」という絶叫が聞こえるようだ。ところで、右側の壁に掛かっているゴブラン織の絵は何を描いているのか、私には説明できない。

そして、長い廊下。天井と両側の壁には、赤、黄、白、緑、青、金色で描いた絵がおよそ三〇〇点。その一つ一つを紹介することなど、とてもできない。

扉を開けて、次の部屋に入る。天井には八角図形、側壁にはゴブラン織の聖画。

次に、マテユコの大きな絵。これは戦勝を祝って凱旋している絵である。両側面の壁には、中世における海戦の鳥瞰図。その他、イタリア各地の地図。

地域経済学、あるいは経済地理学を専門とする私にとって、地図は大切な研究資料であり、とくに大航海時代のそれは宝物だ。それらを丹念に紹介しておこう。

タラント周辺、シシリー、アプブリア（APVLIA）、サルディニア、アプルティウム（APRUTIUM）、コルシカ、アンコニタンブス、アゲール。最後の地名はその位置からみて、アンコナの別名であろうか。地図はまだまだ続いている。地図の歴史については学問的に深い関心をもっているので、嬉しくなる。それと同時に、地図もこれだけ多いと、説明するのは大変だ。正直、厄介なことになってきたという気持ちもある。ともかく、メモした地図を一つ一つ紹介する。

以下は、いずれもイタリアの地図だが、大凡の地方は推察できても、その正確な位置は判らない。

カラブリア・フレテリオル、ピイセンブム、カラブリア・チィティオル、ブルヒニ・ドレチャトブス、レブカニア、フラミニア、プリンチノパトブス・サレルニ、ボンオニンシス・ディティオ、カンパニア、フェラリアエ・ドフトカブス、ラティウム、サビナ。

最後のサビアという地名は、「サビニ」というローマの先住民のことだろうか。カラブリアという地名は、イタリア半島最南端部の呼称である。現在でも、レッジョ・ディ・カラブリアという地名が残っている。いずれにせよ、私が所蔵しているプッツガーの『世界歴史地図』を見れば判ることだと思う。地図はさらに続く。

マントヴァエ・ドウカトウス、ウンブリア。このマントヴァエというのは現在のマントバであろう。ウンブリアというのはイタリアの中央地方になる。プラセンチァ、パルマエド・ウ・カトス、パトリモニウム・ス・ペトリ、ホルウム（イウリー）。これらは初めて聞く地名であり、その位置は判らない。なお、地名と地図はまだまだ続く。

ペルウスシンウス・アク・ディフェルナス、トランスパドナ・ベネトルム・ディティオ、エトルリア、メディオラ・ネシィス・ドウカトウス、レイグウリア、ペデモンティウム、フェラトウス。ここに出てくる「ベネトルム」というのは、現在のベネチアのことであろう。いや、勝手な推測は止めておこう。地名のカナ表記も我流なのだから。

ここで留意すべきは、これらの地図が、横五メートル、縦三メートル五〇センチの大きさであり、それが額に入れられて壁に掲げられているということだ。私にしてみれば、大変な驚異である。

普通サイズの地図なら、「地図〇枚」と片づけるところだが、これだけ大きな地図になると、そうもいかず、丹念にメモする気になったのである。

書き忘れたが、この部屋には、イタリア・ノヴァとイタリア・アンティグアという二枚の大きな地図があった。新イタリアと古代イタリアの地図である。もっとも、新イタリアと言っても、それは一六世紀頃の古い地図である。

これまでは、直立したままでメモしてきたので、いささか疲れた。それでも、先を急がねばならない。次の部屋も、また驚きだった。

地上には法王、そして天界にはキリストが光臨する壁画。この壁画は、高さが七メートル、幅が一五メートルという巨大なものである。ルーブル美術館にある「ナポレオンの戴冠式」という絵が巨大だと聞いているが、それと比べると、どうなるのだろうか。これはルーブルを訪れたときの愉しみとして残しておこう。

陳列棚の中を見ると、そこには『教宇上諭』という題名の書物があった。中国で印刷された本かもしれない。珍本らしいが、それ以上のことは判らない。

続いては、側壁に聖画を描いた部屋が二つ。そして奥の広い部屋に入る。高い天井には十字架に架けられたイエスの彫像。その前には、一つの石像が倒れ、頭、手、足がバラ、バラに千切れている。この石像は、おそらく邪宗者なのであろう。この絵図によって、イエスの偉大さを反面的に誇示しようとしたのであろう。あとは「チャロスクリ」の部屋。アンジェリコのチャペル。

これより階段を降りる。左手には小さな部屋。そして側壁に三つの聖画がある部屋。さらに奥の部屋には見学案内用のパンフレットと彫像。

このパンフレットを二部頂戴し、中を開いてみると、ここにはバチカンの美術館と博物館があり、システィナの礼拝堂は少し離れた場所にあるようだ。

今いる場所は、バチカン美術館の入口だった。現代芸術というのか、モダンアート（絵画と彫刻）の部屋が地下、それから地上へと続いている。それに展示されている作品の数はざっと数百点。これらの作品の中には、優れたものもあろうが、私自身に興味がないので、全体をぐるりと見渡しただけで、ここは終える。

午前一一時二〇分、もう一時間ほど見学している。だが、肝心のシスティナ礼拝堂の見学はまだ済ませていない。相手が逃げ出すわけではないから、ここは鷹揚に構える。とは言っても、内心はひどく焦っている。

ここに清潔なトイレ。そして、その傍の控室は、喫煙室。いや、有り難い。ここで一服できるのだ。今日の煙草はネフェルチチ。これもクレオパトラと同じくエジプト製。

「CAPPELLA. SISTINA」までの道は遠い。これまでに十数回も、その道標や矢印を見てきたのだが、その礼拝堂へは中々行き着かない。そう思ったら、不思議なことに、このトイレから階段を登って右に入ると、そこがシスティナの礼拝堂であった。礼拝堂の中は暗く、それでいて観光客、いや失礼、見学者は一〇〇名を下らない。

天井の高さは二〇メートル位である。見上げると、全体の形状は長方形で、その中に四角形の枠組が整列。また、壁と天井の境には三角形の枠組も見られる。大切なことは、その枠組の中に、それぞれ絵が描かれているということだ。それは何かの歴史、例えばキリスト教の歴史などを描いているのだろうが、一つ一つの断片を見ると、何のことか全く判らない。

これは想像だが、アダムとイブが林檎を食べて、人間が生まれ、それから人類の歴史が始まり、そして世界が終わりに近づき、「最後の審判」を迎えるという構成になっているようだ。それはそれとして、私自身は歩き疲れたので、この礼拝堂の右手側壁にある椅子に坐ったままで動かない。

実は、私が坐った側壁の左手、つまり祭壇正面の壁に「最後の審判」が描かれているのだ。疲れも幾分とれたので、この余りにも有名な絵画を鑑賞する。以下は素人の目でみた感想だから、関心のある方は別の専門的な解説書を参照されたい。

まず、構図の雄大さに驚かされる。それと同時に、各構成部分がそれぞれに動的なタッチであることに感嘆。次に、構図の各部分が、最下部、中段、上段、最上段という階層性をもっている。そこに作画の巧妙さと苦心を感じる。

最上段は天井になるのだが、そこには天を仰ぐ巨大な人間が描かれている。この男が誰なのか知らない。その両サイドは天空を舞っている人々。これも逞しい男たちなので、天使ではあるまい。左手には十字架を担ぐ人、右には一本の大きな柱に人々がしがみついている。何故だろうか。多分、上段の天国へ行っても、地獄に落ちる可能性があることを示唆しているのであろう。天国が、こんな状況では死んだ人も安心できないだろう。何かの教訓かもしれない。

上段の中央には、右手を挙げた若い男がいる。おそらく、これがイエス・キリストで、「最後の審判」を下しているのであろう。ここが、この絵の中心点である。

キリスト教の信者が、キリストを単なる伝導者としてでなく、神として信ずるのは自由である。従って、この図柄でもなんら問題はない。

しかし、異教徒からすれば、何故にイエス・キリストが最後の審判を下す権限をもっているのかという疑問を抱くだろう。例えば、仏教徒の場合、閻魔大王が黙っていないだろう。また、イスラム教の場合にはアラーの神が、そしてヒンズー教の場合だとシバ神も苦言を呈するであろう。天国と地獄、あるいは地獄と極楽、そうした黄泉の世界があるということは宗教がもつ一般的性格である。だが、それを司る最後の審判者となると、キリスト、釈迦、アラー、シバなどに分かれるのが宗教世界のもつ特殊性である。問題は、その特殊性にある。

第三者的に宗教をみれば、黄泉の世界があるという一般性については共通性がある。だが、その特殊性になると、自らの宗教が最高であると信ずることが必然的となり、ややもすれば、他の宗教を非難し、結果として各宗教が対立し、あげくの果ては宗教戦争を引き起こすことになりかねない。もっとも、宗教間における理念の対立だけで紛争に至ることは少なく、その紛争の背後には経済的利害関係が絡んでいることが多い。これでは困る。

各宗教は、お互いに平等であり、相互に尊敬すべきである。信じる宗教の違いで人を差別すべきではない。観念世界では、宗教がその最高の発達形態だからである。

エジプトにおけるコプト教のことが念頭にあったので、思わず脱線してしまった。元へ戻ろう。

「最後の審判」の中央に位置するキリストの傍には聖母マリアが顔を背けるようにしている。キリストの左右にいる人々は列をなして、中央へと押し出してきている。これらが最後の審判を仰ぐ人々であろう。

中段の画面は、中央ではラッパを吹奏する人々、左手は上段へ、上段へと舞い上がっている人々。そして右手は苦悩し、悶えながら下層へ転落していく人々。いわば、この中段が天国と地獄への分かれ道となっている。

下段は、地獄。怪獣どもが人々を痛めつけ、もはや人間たちは生きる力を失っている。そんな残酷な絵柄。左手の方は岩上に、そして右手の方は小舟の中に、その地獄絵が展開されている。

ミケランジェロは、この「最後の審判」で何を主張し、なにを訴えたかったのか。私には、この絵が単に、来世の苦楽を思想的な餌にして、現世における勧善懲悪を表したものではなく、現実の人間社会における下層と上層との差別、しかも、それをキリスト教が支配しているという宗教批判の絵ではなかったか、と思う。

だからこそ、ミケランジェロは、登場人物の全てを裸体で、とりわけ顔見知りの人物を何気なく描き加えて、これが現世そのものであることを示したのではあるまいか。つまり、ミケランジェロは、宗教が支配する現世を批判し、自然的人間の自由を主張したのではなかろうか。まさしく現世への自由な批判こそ、ルネッサンスの本質だったからである。

この「最後の審判」を全体として見れば、いかにもドロドロとした感じである。だが、その中に、現世に対する批判的精神が活き活きと描かれている。この絵はそうした思想をもち、人々に呼びかけているからこそ、世界の名画なのであろう。見事なものである。

ちなみに、ブルーガイドでは、「ミケランジェロはキリストを初めいくつかの裸体を描いたわけであるが、これが当時スキャンダルの種となり、ピオ四世の命によって画家ダニエーレ・ダ・ヴォルテッラが腰衣を描き加えた。……。天井画とともに『描かれた神曲』というべき、絵画史上の大傑作である」（一二〇ページ）と絶賛している。だが、私にしてみれば、「裸体の排撃」といった、そんな単純なものではないと思う。

この礼拝堂をとりまく側壁にも、大きな絵が描かれている。それを一つ一つ鑑賞したが、メモするだけの余力はもう残っていなかった。

一一時五〇分。この礼拝堂の先にある仕切りを越えて、左側から廊下へと抜け出る。そこはもう博物館の一部だった。

その次の部屋は、十字架、酒盃、十字架上のキリストやマリアの彫像。それから聖器具が沢山ある。素焼の壺や金属製のランプ、焼けた聖布、花瓶。

次は長い廊下。黄色と茶色の大きな整理棚。これが一八本もある。そして二つの鐘。それから旧式の印刷機が二台。

続いては、大きな回廊。その天井には極彩色で、大勢の天使が舞っている図が描かれている。中世におけるローマの概況（主要建築物のみ）を描いた書物が四冊。

それから奥の部屋に入ると、また地図の部屋。疲れているとはいえ、地図の部屋に入ると奮起してくる。自分の研究分野いや講義内容と関連があるからだ。
・一四七二年、トロメオの「コスモグラフィア」（サンタ地域の図）。
・一五三〇年、トロメオの「ゲオグラフィア」。この地図は、南西は中央アフリカ、東はミャンマー（ビルマ）、北はスカンジナビアやイングランドを含んだヨーロッパ地域はもとよりアラビアまでの広域図で、しかもかなり正確に描かれている。
・B. Agnse（一五三六）のエーゲ海（クレタ、マルマラ海を含む）。この地図は方位がはっきりしていて、正確なものに近い。
・B. Agnse（一五四二）の地図は、アフリカ、南北アメリカ、南極があり、マゼランの世界周航などで、既に地球が球形であることが判明している。もっとも、北アメリカ西方とアジア東方は不明のままだ。マゼランの周航は一五一九年〜一五二一年だったから、この周航によってもたらされた地理的知識は余すことなく取り入れられたと判断してよかろう。
・PLANISFERO DI ANDREA WALSPERGER（一四四八）：（アンドレア・ワルスペルゲルの地図）。
この地図は、いわゆるTO図で、私が現物を見るのは初めてである。この地図には、地名が五七〇ほど書き込まれている。紅海を赤く塗っているのが特色。TO図はこれ以外に、イタリア製（一四六九年）、スペイン製（一四七二年）、一四八七年、一五〇八年と種々あるが、地中海周辺部については、いずれも正確に出来ている。

・一五六二年の世界地図は立派である。これはB. OLIVES の研究室で作成されたもので、「アジア、南オリエントの海岸を描いた新しい地図」というような題が付けられている。

日本については、九州の薩摩・大隅の両半島、それから種子島と屋久島が正確に描かれている。しかし、それ以外の部分は判然としない。なお朝鮮半島も描かれている。

地図そのものは、マレー半島、シンガポール、スマトラ、ジャワ、バリ、ロンボク、ボルネオ、セレベス、フィリッピン、それからニューギニアの一部が記載されており、この当時の地図としては世界第一級のものである。

種子島に鉄砲が伝来したのが一五四三年といわれているので、年次的推移からみても、ポルトガル人によって伝えられた地理上の知識が、ヨーロッパでいかに急速に広まっていったか、その凄まじさが判ろうというものだ。

・一五二九年（ローマ製）の大地図。この地図は、アフリカがほぼ正確に描かれており、インドの東にはセイロン島もある。また西インド諸島もキューバやハイチなどを記している点で、環大西洋の地図としては、当代第一級のものであったと考えられる。

・同じく一五二九年（ローマ製）の地図。これはリベリロの作品で、マレーシアや中国は描かれているが、日本は書かれていない。

・一六三二年製の地球儀がある。前述したように、マゼランの世界周航で地球が球形であることが実証されており、法王庁としても、地球儀を作成したり、これを設置することに大きな問題はなかったのであろう。しかし、同じ年に刊行されたガリレオの『天文対話』（地動説）に対しては異端の判決が翌年に出されているので、このことを考えれば、法王庁はなおも保守的だったのである。

さて、この地球儀における日本だが、「ＩＡＰＯＮＩＡ」と記されている。「イアポーニア」、これはキリル文字ではあるが、現代のロシア語「ヤポーニア」に近い。その他の国々では「ＪＡ」と書いたのであろう。そうなると、ドイツ語で「ヤ」となり、英仏では「ジャ」となる。こうしてみると、ここに「ジャパン」の語源を発見したような気持ちになる。

その日本は、四つの島がはっきりと描かれている。しかし、本州の東部に三つの島があるのが気になる。これらは小笠原諸島かも知れないが、その面積規模があまりにも違いすぎる。北海道は「ＹＥＤＯ」と記されている。ただし、東側にあるはずの千島列島は見当たらない。

以上で、この部屋にあった地図と地球儀の紹介を終える。ここは小さな部屋であったが、当時における地理的知識が一杯詰め込まれた宝の部屋だった。ここには記さなかったが、スペインの東海岸やシシリー島などは、近代的手法によって、実に正確な地図が作成されていた。つまり、宗教は当時の科学的知識を独占していたが、それを民衆に拡げることをせず、「世界はＴＯ図の通り」などと教え、事実を隠蔽することによって、その支配を強めようとしたのかもしれない。

再び廊下に出て、右の大きな部屋に入る。ここは博物館の一部であろう。ここには地球儀も沢山あるし、天体儀、いや天球儀も数多くある。その他、もろもろの物が展示されている。だが、その多さに圧倒されて、その一つ一つをメモする気が失せてしまった。

実をいうと、まだ気力は残っていた。恥ずかしながら、正直に言えば、ここでメモ用紙がなくなったのである。一部は断片的に記録したものの、この大部屋の全容についてメモするだけの用紙がなかった。仕方なく、部屋の片隅に落ちていたバチカン美術館の包装紙を使ってメモを続けることにした。

大きな部屋から再び廊下へ出る。ステンドグラスで出来たマリアとイエスの飾り物が置かれていた。その右手に部屋がある。いろんな彫刻。立像三二点、胸像は六四点、壁にレリーフ。この部屋の出口に続いて、もう一つの部屋があった。

ここはミケランジェロの有名な作品「ピエタ」がある。死せるイエスをマリアが抱いている彫像である。この部屋には、その外に、聖壇画五点、聖画が一六三点もある。巨大なゴブラン織が八点、いずれも聖画を織ったものだが、それらは写実的であった。

ラファエロ（一四八三〜一五二〇）の「昇天図」とイエスを抱くマリア。このマリアには母親の愛情が見事に表現されている。その外に、C・ベルリニ（一四三〇～一五一六）の「死せるイエスを抱く三人」やL・ダ・ビンチ（一四五二～一五一九）の「坐せる老僧」などの作品がある。このドームのある部屋には、イエスやマリア、あるいは殉教者たちを描いたルネッサンス期の作品が多数ある。美術家にとっては垂涎の部屋であろう。

G・S・サッソフェラトの作品は、明るい色調で、マドンナとその子を描いたものが見事。単調ではあるが、この絵には宗教的臭いが感じられない。その意味では、ルネサンス時代の代表作かもしれない。

そして、もう一つ別の部屋。ここにはレリーフや石像、彫刻などが数百点もある。しかし、どこかの部分が欠損したり、欠落しているものが多い。石柱が三〇点余、イエスや十二使徒を描いた側壁のレリーフ。いずれも美しく、見事なものだ。

この部屋より、階下のほうへ廻ってみると、そこが出口。これでメモする労苦から解放されるのでホッとする。やれ、やれだ。

この出口にはトイレ。少し歩くと売店があった。博物館と美術館、それにシスティナ礼拝堂を見学した記念に、絵はがきを数枚選んで買っておく。さらに青銅製の手摺がある大きな螺旋階段。これをぐるぐると廻りながら、下へ降りる。時刻は一三時三五分であった。

昼食の時間はとっくに過ぎている。また疲れている。しかし、今の今は、一秒一秒が貴重なのだ。

直ちに、博物館前に駐車していたタクシーを拾って、アッピア街道へと向かう。

アッピア街道は、古代ローマのアッピア将軍が部下に命じて建設したものである。これには奴隷はもとより兵士も従事させられ、血と汗で造られた苦汗の結晶。

この街道はローマからナポリの方へ、つまり南部へ向かって建設されている。ローマ・オリンピックでマラソンに使用したアッピア街道は新しく建設されたもので、「古代ローマの道」としてのアッピア街道は「ヴィア・アッピア・アンチィカ」と呼ばれている。古代アッピア街道、いや旧アッピア街道と訳すほうが適切であろう。この道路は戦時はもとより、古代ローマの奴隷制を維持するために必要な生活物資をはじめ奢侈品などの輸送に使われた。

旧アッピア街道に関する私の知識はこの程度であ

クオ・ヴァディス教会と旧アッピア街道の石畳

る。しかし、交通経済論の講義のためには、この街道をこの眼で確かめておきたい。言ってみれば、講義の必要上からの見学なのである。

　タクシーは橋を渡ると、ヴットリオ・エマニエル通り、それからベネチア広場から、フォロ・ロマーノを右手にみて、コロッセウム。それからセバスィアーノ門を出る。ここで運転手は「ビア・アッピア・アンティカだ」と教えてくれる。意外と狭い道で、バスが一台通ると、タクシーは脇のほうへ避けねばならない。

　街並を抜けたと思ったら、目の前に小さな教会があった。運転手は「クォ・ヴァディス」と言う。その昔、「クォ・ヴァディス」という映画があり、それには「聖衣」という日本の題名が付けられていた。しかし、この言葉はラテン語で「汝、どこへ行く」という意味である。

　聖徒パウロが宗難を逃れてローマを離れようとした時、何処からともなくイエスが現れた。そこで、「主は、どちらへ行かれますか」とパウロが尋ねたところ、イエスは「ローマへ」と答えられた。それでパウロは大いに恥らい、彼もまた苦難のローマへ引き返したという伝説の場所である。なお、「汝、どこへ行く」と尋ねたのはイエスだったという別説もある。いずれにせよ、ここが「クォ・ヴァディス」教会なのである。

　タクシーはこれより田園風の路を走る。アスファルトの路である。木立のある家々。そして天高く伸びた杉並木。さらに松の木々。畑が見える。こうしてみるとローマの市街地域も意外に狭い。何処まで車で走っても町並が続く東京とは大きな違いだ。

右手に土手を見ながら、暫く走った時、運転手にむかって「ストップ」を命ずる。ここでは、タクシーから降りて、旧アッピア街道を自分の手で点検しておかねばならない。

実際に、この古代アッピア街道を前にしてみると、この街道を騎馬あるいは古代戦車が走ったとは思えない。轍が見えないからである。この街道は、ずっと平たい石を敷きつめるという構造になっている。その石の形状は様々であり、小さいもので二〇センチ四方、大きいもので五〇センチ四方である。平たい敷石だから、ひょっとすると馬車や古代戦車もこの上を走ることが可能だったのかもしれない。それにしてもどこかに轍が残っているはずである。

もっとも現代は、この路の中央をアスファルトで修復、舗装しているので、タクシーで、この旧街道を走っても、全くと言ってよいほど振動を感じない。だから、現代の視点から、この旧街道について詳しく語ることは困難である。

それにしても、古代ローマの将兵がこの街道を通ってローマへ凱旋する有り様はどうだったか。兵を迎える妻や子供、そして老人たちの熱狂と歓呼。それは勝利者を迎える歓喜の声ではなく、無事に帰着したことへの喜びを表す声であったろう。そんな歴史的な光景が目蓋に浮かんでくる。それと同時に、戦いに疲れ、傷つき、重い足を曳きずりながらローマへと向かう兵士たちの無残な姿も見える。遠くのほうでは、ハンニバルの軍隊が迫って来ている。歴史的事実として、ハンニバルとアッピア将軍とはどのような時代的前後関係にあるのか調べてみないと判らないが、そんなことはどうでもよい。観念的だとはいえ、ここには、そんな古代ローマの軍隊行進を容易に想起させるだけの風情がある。それほどに、ローマの郊外あるいはイタリアの田園風景は素晴らしい。

ここから聖カリスト寺院（教会）までは歩いてすぐ近くであった。この寺院はカタコンベで有名である。カタコンベというのは、まだキリスト教徒が迫害を受けていた初期キリスト教時代の墳墓のことである。

私はカタコンベのことを全く知らなかった。私がここへ来たのは、中堂暁美さん（当時は慶応大学院生）から、ローマに行ったら、必ずカタコンベを見学するようにと勧められていたからである。その中堂さんとは、カイロのタハリール広場の近くで偶然出会い、アブキールまで海老を食べに行った。その途中で、アレクサンドリアの小さなカタコンベを見学している。そうした経緯があって、私はローマのカタコンベとして、この寺院のものを選んだのである。

この寺院の中に入ると、既に数人の見学者がいた。しかし、見学時間は予め指定されているので、それまでの間、暫し休憩する。ちなみに、この寺院には、平屋ではあるが、かなり大きな土産屋もある。そこで売られている商品を一つ一つ見学したが、十字架をはじめとする聖具、それからペナントやメダル、絵はがきなどであった。素焼きのランプが欲しかったけども、日本へ送るとなると、壊れるかもしれないので、ここは諦めた。

空腹だったが、食物は売っていなかった。寺院の外は、いうなれば温かい日差しである。陽気というものだろう。庭のベンチに腰掛けて、煙草ネフェルチチを吹かす。

一四時三〇分、まるで時間を見計らったように、大勢の見学者が大型バスでやってきた。寺院の係員は三人で対応する。男の一人はイタリア語、もう一人は英語、残る一人は女性でフランス語。見学者はワイワイ、ガヤガヤと言いながら、三つのグループに分かれる。

私もどれかのグループに属さねばならない。イタリア語やフランス語はもとより英語の解説を聞いても専門用語があるので、とても理解できない。ここは比較的少人数だったフランス語のグループの仲間に入れてもらう。案内者というのか、解説者というのか、年齢は三八歳くらいの女性で、まずは美人の部類に入るだろう。

さて、最初に見学するのは現在の寺院。この寺院にも見学すべき何かがあるのだろうが、私は関心がなかったので、外で待機した。

寺院の見学が終わると、それぞれのグループが寺院より少し離れた小屋のような建物のほうへ廻る。この小屋には小さな入口があって、それがずーっと地下のほうへと続いている。期待しているカタコンベへの入口だ。

地下への階段は、電灯で照らされているものの、裸電球だから薄暗い。しかも相当数の階段で、人がやっと一人通れるほど狭い。

なんとか地下室へ到着。階段は全部で六〇段もあったろうか。振り返ってみると、出入口が小さく見える。フランス語のグループは全員で二五名位。私自身はフランス語を知らないので、自分の目で一つずつ現物を確かめていくしか方法がない。

地下であるから、一つの空間は自ずから一つの部屋を形作ることになる。最初の部屋は、高さが三メートル、幅も同じく三メートル、奥行きは五メートルほど。もとより大小様々な規模の部屋があるが、標準的な部屋の大きさはそのようなもの。いずれの部屋も入口には鉄の格子があり、勝手に入れないようにしている。

集積された無数の人骨。それから隣の部屋には聖人の名前がついた人骨。単純に言えば、人の名前と人骨。その連続である。やや詳しく言えば、ここは古代ローマ時代に迫害されたキリスト教徒たちが隠れて信仰の生活を続けた聖域であり、同時に墓場でもあった。それだけに、その部屋は数十にも達している。つまり、寺院の地下は、一定の間隔で縦横に掘り抜かれており、いうなれば、地下街を形成していたのである。

アレクサンドリアのカタコンベは地下も浅く、略々一二〇平方メートル程度の広さであったが、このローマのカタコンベはどうだ。地下街の広さは、縦横七〇メートルと二〇〇メートルだから、一万四千平方メートルもある。若干の誤差はあるだろう。もとより、このカタコンベはアレキのそれとは比較にならない。まさに驚きの一語である。中堂さんが私にローマにあるカタコンベの見学を推奨しただけのことはある。

ここのカタコンベについて、ひと部屋ずつ紹介することはできない。第一、暗いので部屋に番号があるのかどうか、第二に、展示しているのは人骨だけだから、多少の差異はあっても、紹介する内容は同じである。

英語やイタリア語のグループもこのカタコンベの中にいる。いずれのグループも多人数だから、周囲はドヤ、ドヤとした騒音が流れている。それでいて、皆が無言である。

それぞれの部屋は、中央部に何もなく、テーブルが置けるようになっている。入口を除く三方の壁が寝台のようにくり抜かれて、その場所に石棺が置かれている。木棺もある。また、黒衣に覆われただけの人骨もある。その人骨の数がどれだけあるのか、とても数えきれるものではない。さらに階段があって、その下に別の地下墓地がある。ここも墓と人骨で一杯である。

私は一人で歩き廻って、関心がある部屋があれば、そこをゆっくりと見学することにした。壁画のある部屋もある。壁画そのものは別に素晴らしいとは思わなかった。こんな地下の暗闇に年中いたのでは、灯火があったとしても、陰鬱になるだろう。その解消策としての壁画なのだろう。それも風景画や静物画ではなく、信仰と係わった聖画を描くことになる。ここに宗教と美術の接点の一つがあるように思える。それにしても、考古学的美術品と墳墓との関連が余りにも強すぎる。それは止むを得ないことだ。

印象的だったのは、素焼きのランプがあちこちにあったことである。いずれも素地は赤茶色であるが、油がしみ込んで汚れ、黒く焦げた芯もあり、全体としては黒茶色になっている。この種のランプはこれまでに訪れた博物館で幾千となく見てきているので、別に珍しくはない。しかし、このカタコンベではランプの必要性が十二分に理解できる。

地下墳墓は幾つもの層があるらしい。それを勘案すると、このカタコンベの広さや埋葬されている人骨の数は、とても推測することができない。数万、いや数十万にも達するだろう。このカタコンベには、その実態を知れば知るほど驚かされる。いや、参った。

カタコンベの見学は、英語グループに加わったり、フランス語のガイドさんに近づいたり、なんとも勝手なものだった。それでも、地下には一時間もいただろうか。時が経つのが全く気にならなかった。

見学を終えて、下層から上層へ戻り、さらに地上へと登る。小さくても、出入口が見えてきたときには、ホッとした。人間は地上でないと不安になる。人間が地上に棲息する動物であるということを、嫌というほど実感する。

明るい地上であった。いつしか、このことを中堂さんに報告することもあるだろうと思う。彼女の推奨がなければ、ローマでカタコンベを見学していたかどうか判らない。

再び、現寺院のある場所へ戻ってくる。ここで、第二次世界大戦中は、カタコンベが防空壕として利用されていたとの説明があった。それで、ここの見学は終わり。

この寺院からローマ市街地のある北へ向かって歩きだす。見事な並木道。なんだか、森林公園に迷い込んだような感じである。私の記憶では、ブラチスラバの森林公園が、ここに似た雰囲気であった。

妖精が戯れる「森の小径」と言ってもよいほどに、樹齢三〇年という松並木の直線道。アスファルトを流しているから、乗用車も走っている。でも、それは一台、そして遠くの方に、もう一台という程度である。若い女性たちと擦れ違う。あのカタコンベの見学へ行くのだろう。

遠くの方は、霧が出ている。幽玄とは言えないまでも、神秘さはある。神々の道、否、キリスト教の聖人たちが歩く道、いうなれば「聖なる道」と名付けても良いような道だ。

サイクリングのグループに追い抜かれる。陽気なグループだった。イタリア語で何やら声を掛けてきたが、笑顔でやり過ごす。無意識に「アリデベルチ」（さようなら）なんて喋ったかもしれない。ローマへ来てから「蟻でベル血」と苦心して覚えた言葉である。

カタコンベのある寺院から一〇分も歩いただろうか。左手にグランドが現れ、そして学校らしき建物、尼僧院のような建物もある。何かの廃墟らしきものもあった。それらを一つ一つ確かめるということはしなかった。今は、この道をただ歩くだけで満足。道中に何があったかとメモするなんて、野暮である。いや、その野暮こそ、旅の本髄、そして、この道の良さもそこにある。

新アッピア街道の並木道

随分と歩いたような気がしたが、この道の長さは、およそ六〇〇メートル。右手に寺院をみながら丘を下っていくと、そこが、あのドミネ・クォ・ヴァディス教会のある処へ出てきた。すると、ここはもう新アッピア街道である。

ここで休憩。ともかく、今日はバチカンの博物館、旧アッピア街道、それからカタコンベと、一応の見学は済ませた。いわば、一日のノルマ完遂である。これから先、どこへ行くのか、はっきりとした目的地はない。この有名な教会の前だと、バスかタクシーが来るだろうと、鷹揚に構える。

待つという間もなく、バスがやってきた。どこへ行くのか、行き先は読めない。乗車券もないし、料金も判らない。バスの進行方向からみて、ローマの市街地へ行くらしい。ともかくバスに乗る。ステップの前に、二〇〇リラのコインを入れると、乗車券が出てくるボックスがある。「案ずるより生むが易し」の通り、終点まで乗っても二〇〇リラという料金一律制であった。この方式だと小銭さえ用意しておけば、問題はない。

ところで、このバスは何処へ行くのだろうか。全ての道はローマに通じ、ローマの全ての道はベネチア広場に通ずるから、その点は心配ない。安直な考えだが、そう思わなければ何とも心もとない。

バスの切符（乗車券）は、薄い更紙に青インクでプリントされたもので、まだ乾いていない。それからイロイロと印刷されているが、「ローマ市内交通バス、その日限り有効」といった内容だろう。これを見てもバスの行き先は判らない。

ローマの電車（1982年）

バスはセバスチアナ門を潜らず、東の方へ、つまり古代ローマの城壁に沿って走る。そしてメトロニア門からコロッセウムの方へ走ったかと思うと、そこで停車。終点ではなさそうだが、多くの客が下車するので、私も降りる。

そこは広々とした場所で、背後に小高い丘があり、その麓を市電が走っている。可愛い電車だ。その昔、京都の堀川通を走っていたチンチン電車に似ている。いや、もっと近代化した車両だから、久留米市の日吉町から福島まで走っていた電車がこれだったかもしれない。車体はグリーンというよりも、むしろカーキ色に近いので、日本人にも馴染みやすい。しかし、この電車に乗ってみようという気にはなれなかった。行き先が判らないからである。ちょっとした冒険は、先程のバスだけで十分だ。

さて、ここは何処か。それにしても空腹。近くにレストランがあったが、そこは休業中だった。日曜日ではないのに、休業する理由が判らない。

小さな喫茶店があった。ローマでは、こんな店のことをバルと言う。そのバルで、サンドイッチを食べ、ジュースを飲んで、空腹を誤魔化す。

ここが何処か、正確には判らない。どうもコロッセオの南西側になるらしい。この周辺の地域は、ひっそりとした下町風である。小雨でも降った後なのか、「静かな佇まい」とでも表現したくなる。ただし、建物は第二次大戦以前のものではないかと思う。

こうした建物に囲まれるようにして、教会があった。小雨が降ってきたので、雨宿りさせてもらう。ところが、この教会は見学有料という。ここに来るのは参拝者ではなく、観光客のようであった。

市街地図で確かめてみると、聖クレメンテ教会である。この教会は、最近になって見学者を受け入れるようになったのか、教会の新しい案内図やパンフレットが机の上に展示されている。英、伊、仏の解説書はあったが、日本語のはなかった。英文のパンフを手にして、見学を始める。どうせ大した教会ではないから、三分か五分もあれば見学を終えるだろう。

しかし見学しようと一歩踏み出した途端、なんだか奇妙な気分になる。教会は地上にあるのに、見学者たちは地下へと階段を降りていくのである。一瞬、何故かと思ったが、カタコンベでもあるのだろうと思って、皆さんの後について階下へと降りてみる。

その奇妙な気分がいっそう高まる。ここは地下である。しかし、地下室ではない。地下にあって、地上部の教会とは全く別の教会がある。どうやら古代ローマの遺跡のようだ。規模はそれほど大きくはないが、ここには聖域らしいムードが漂っている。聖画を描いた壁がある。彫刻がある。

これはちょっとした見物である。同じようなローマ時代の遺跡はソフィア（ブルガリア）やコンスタンツァ（ルーマニア）でも見た。しかし、これほどの規模のものはなかった。流石に本場のローマである。古代ローマ時代の遺跡が多い。

なお、この教会に関することは、英文の解説を読めば、正確な歴史が判るのだろうが、今の今は、それを読むだけの気分的な余裕はない。

幾つかの石柱がある。その石柱の上には現代の教会がある。石畳、その上を乾いた音が響く。この遺構の突き当たりまで行くと、そこは地上からの光が届いていた。

水の音。この水はどこから流れてくるのか、どうやらローマの下水のようでもあった。鉄の柵がある。その柵の下を水は流れていく。先程の雨が流れているのかも知れない。見学のための順路はそこまでであった。何だか、貨物船の船底を見学したような気がする。それにしても予期したもの以上に素晴らしかったので、それなりに満足。

遺構を見学した後、また同じ階段を登って、入口へ戻る。そこでは尼さんと思われる人がパンを売っていた。「アリデベルチ」と声を掛けると、優しい声で対応してくれたのだが、その意味はまるで判らない。それでいいのだ。

雨は上がっていた。ローマの雨、そして曇りの空。いかにもロマンチックであるが、一人旅の身には、なんだか侘しい。さらに自分がなぜこんな場所にいるのか判らなくなる。

既に今日の見学日程は終了している。これよりは、そんな侘しい気持ちをほぐすために、「にっぽん家」へ行こうと思う。

ここからは地下鉄Ⓐを利用すれば簡単にスペイン広場へ行ける。ローマにあるもう一つの地下鉄Ⓑだとコロッセオ駅には近いが、テルミーニ駅までしか行かない。それではと、地下鉄Ⓐのある東の方へ向かう。人に尋ねて、やっとマンツォーニ駅を探し出す。

ローマの地下鉄。料金は二〇〇リラ。白地に黒インクで印刷しただけの切符。サイズは長さ八センチで、幅が四センチ余りの大きなものである。これを記念として、日本へ持って帰ることにする。

ローマの地下鉄、取り立てて問題にすることもない。最近に建設されたものだろうか、地代との関連もあろうが、出入口が貧相だ。地下鉄の車両は札幌のものと類似している。ともかく停車場の数にして、五つ目先のスペイン広場まで乗ることにする。

最初の駅、ビットリオ・エマンという駅は記憶にないが、その次の駅が「終着駅」のテルミーニ駅だった。次は共和国広場のレプブリカ駅、それからバルベニーニ駅、そしてスペイン広場駅という順である。

目的のスペイン広場駅に着いて、地上へ出る。ここは広場の何処になるのかと思って、周辺をぐるりと見渡す。大通りの傍に、あの小舟の噴水があった。これで、ひと安心。

だが、この地域はローマ市内でも有数の観光地で、人通りも多い。まだ、夕暮れの明るさは残っているが、スリなどに用心しながら、昨日歩いた道を「にっぽん家」まで辿る。

「にっぽん家」には、昨日の小野さんがいた。知った顔があったので安堵。中華丼、チャーシュー麺、それからビールを注文する。空腹なので中華丼が美味しかった。また喉が渇いていたので、ビールも旨い。だが、チャーシュー麺となると、もう腹一杯。

今日の小野さんは友人と一緒だった。ローマには、もう二カ月も滞留していると言う。若い日本人が海外でいろんな経験を積んでいる。芸術や技術、そして学術を学んでいる。こうした勉強が日本では不可能とは言わないが、若い時代に国際的な経験を積んでおくことは極めて重要である。そして英会話だけは、一年掛けても確実に習熟しておくことが、二一世紀を国際人として生き抜いていく最低限の資格になるだろう。それにしても、私の英語はなんとも貧弱なもんだ。だが、それで挫けてはならない。そこは積極的に、いや人間語を使ってでも、国際化に対応していくしかない。

今日も終わった。ほろ酔い加減で、だが、用心をしながら、夜のローマを歩く。郵便局、それからドームのある本屋さんを横手にし、コルソ通りに出る。銀行や証券会社などがあるが、今は夜店が連なっている。人通りは結構多い。

ベネチア広場の左手、つまり東側に出ると、そこはもうトレ・アピのホテルだ。受付で鍵を受け取って四五号室へ。あアー疲れたとばかり、ベッドにダウン。

明日は、ナポリ行きの鉄道切符を確保すること、それから、コロッセウムやフォロ・ロマーノなどを見学すること、出来ればボルゲーゼ美術館の見学を午前中に済ませたい。そんな明日の日程を頭の中で整理する。これより、シャワーを浴びて、寝ることにする。日本の皆さん、お休みなさい。

一九八二年二月六日（土曜日）

第五日　ボルゲーゼ美術館とコロッセオ

日本を発ってから、今日で一九五日目。半年をやや越えたが、私の旅行予定からみれば、まだ半分程度の日程。これまでに、ソ連、東欧の諸国を巡り、トルコ、ギリシア、エジプトを見学してきた。エジプトからリビア経由でチュニジアへ旅するつもりだったが、カダフィが指導するリビアの入国ビザは入手出来なかった。それでやむを得ず、エジプトからイタリアへ飛び、イタリアからチュニジアへのルートをとることに変更したのである。

それにしても、これまでの期間、胃痛に絶えず悩まされてきた。時には吐血したこともある。おそらく、慢性胃炎であろう。だが、このホテル、トレ・アピでは朝食に牛乳をたっぷりと飲ませてくれるので、最近は胃の調子がすっきりしている。有難いことだ。

九時二〇分に、ホテルを出てタクシーを拾い、ボルゲーゼ美術館へと向かう。エジプトと違って、イタリアのタクシーには、それほど気を使わなくて済むから助かる。

タクシーはあのピンチアナ門を潜り、右手の丘を登っていく。着いたのは、宮殿と見違えるほどの豪邸であった。緑の多いボルゲーゼ公園にひっそりと佇む豪邸。その中に収蔵されている美術品の数々。これらもまた、ローマが世界に誇る文化遺産なのだ。

それにしても、私はボルゲーゼという名の由来を知らない。せいぜいイタリア中世の貴族の一人ではないかと推測するに留まる。

ボルゲーゼ美術館の中へ入る。時に午前九時四五分。見学者の数は、午前中なのに、三〇名ほど。ちなみに、入場料は一〇〇〇リラ、日本円にして二〇〇円だから安い。

入館すると、直ぐに広い部屋。天井一杯に拡がった一枚の絵が目につく。天国は平和、地上は闘い、女性はいずれも優しく、音楽や踊りの中で天使は踊る。縦横は二五メートルと一五メートルという途方もない大きさである。

床の敷石は、古代ローマ時代における野獣狩や剣闘士たちのモザイク。傍の彫刻は、葡萄を右手に高く掲げた若者（やや肥満気味）の像。多分、槍だと思うが、何かを投げようとしている男の像。その隣に優しい顔の女性像、いや、どうも男らしい。円盤を右手に持っている男。そして右手に折り畳み傘を持った男、彼は、何故か怒っている。

この時、団体客がドヤ、ドヤと館内に入ってくる。これでは落ちついて鑑賞できない。右手へ廻ってみると、幾つもの部屋が続いており、それぞれに番号が付されている。

一号室。天井も美しいが、中央にある半裸の女性像が目につく。左手に林檎を持ち、半身は寝そべっている像である。右手を耳に寄せ、口はやや微笑み、目はどこを眺めているのか、虚ろだ。乳房はほどよく隆起している。だが、豊満というほどでもない。苦心しながらカメラに収める。これが、この美術館でもっとも有名な「勝利の女神」であった。

ボルゲーゼ美術館の彫像

二号室。前室と同じく、天井の絵が美しい。中央には両手に投石縄を持ち、目標に向かって鋭い目をしている若者（ダヴィデ）。この部屋に置かれている石棺のレリーフはいずれも素晴らしい。野獣（ライオン、女頭蛇、野牛、猪）と闘う男性の群像。女頭蛇はメンドーサだろうか。半獣神（パン）の傍に侍る女とハープを奏でる女。そしてパン（半獣神）、海蛇、野牛、猪、ライオン、大鹿と闘う男たち。

三号室。中央の彫像に快いリズム感。壁には、若い男女二人（アポロとダフネ）がオリーブの枝葉で戯れている像。

四号室。ランフランコ作の絵。巨人が羊飼の若い女性を捕らえようとしている奇怪な絵だ。「ブロセルピーナの略奪」という画題。

中央背後の広い部屋。ここでも中央の白い彫像が目に付く。ギリシア神話に取材したものだろうが、若い怪人（神）が若い女性を荒々しく抱き去らんとする像である。これらの絵や像を収集した人物はサド的性格の持ち主だったのではないかと思われる。なお、この部屋には頭部を小豆色にした胸像が一八体。

五号室。ブリル作の「パエサジ」。パエサジというのが何か判らない。眠るがごとき若い女性の立像。ベールを持った右手の仕種が心憎い。もう一つの彫像は、若い女性が仰向けに臥しているもの。部屋にはスチームが入っている。この部屋から眺める庭園も、ちょっとした絵画だ。

六号室。中央は、親子三代が一つの像になった珍しいもの。家族的な暖かさを感じさせる。それから、やや変色しているが、満ち足りた笑顔をした女性像。豊満なボディは等身大よりも大きいので、エロチックでさえある。

七号室。中央に鯱《しゃち》を捕まえた少年。オリーブ色をした二つのスフィンクス、それを前にして黒衣を纏った若き女性。

八号室。中央には、円盤をもった男。なぜか、この男には尻尾がある。半獣なのかもしれない。ツッカリの作「死せるイエス」。ホントルストの絵は、商人らしき老人が若い女の下半身を覆っている布を剥ぎ取ろうとしている。女は布をしっかりと手で抑えている。傍にいる二人の男はニタリとして、困惑な顔をした女の顔を眺めている。その顔は、この絵を見ている人に助けを求めているかのようだ。なんともエロチック。これより二階へ上がる。

九号室。ラファエロ作の「ユニコン（一角獣）を描く女」が、この部屋に入ったすぐ左手にある。その対面に、「死せるイエスを抱く人々」。天井の中央には「死にかけた病人とそれを取り巻く人々」。その隣に、親子三代が一緒に描かれている。父親が左手に子を抱え、老父を背負っている絵である。親子三代という絵画のモチーフは、既に彫像でも見ているので、聖書か神話にあるのだろう。

一〇号室。レオナルドの「白鳥とリダ」（レプリカ）、アンドレア・デル・サルトの絵（三三四号）は、良い作品だが、右側にいる男の子は不要だ。

一一号室。小品ではあるが、ヤコポ・ズッチの絵は、豊満で優美な女性群と逞しき男性群が浜辺で漁撈しているのを描いたもの。だが、天国さながらの奇妙な絵である。

一二号室。カンタリニの作品「幼児（イエス？）の手に接吻する男児」は、絵そのものに深さがある。カルロ・ドルチの作品「イエスを抱くマリア」の絵は、逆に軽い。ドメニチノの「音楽と若い王女」は親しめる作品である。

一三号室。入口の扉上部には、左手に小さな袋をもった一人の女と二人の天使。この絵の構図は、サルトの作品に類似しているが、人物の配置は逆になっている。

一四号室。「蛇を踏む男の子」「首を取った少年」「頭蓋骨と記録する老人」。いずれもカラヴァッジョの作品。それぞれが私を惹きつける何かがある。それに対して、アルバニの作品は、どうも捉えようがない。一連の物語のようだが、私には理解できない。

一五号室。バロッチの絵。親子三代を取り巻く状況が具体的に描かれている。彼の作品「苦悩する老人と十字架」が良い。またルーベンスの「死せるイエス」もある。ルーベンスはレンブラントと並んで、私の好きな写実派の画家である。

この部屋から眺める庭園も素晴らしい。老人がのんびりと日向ぼっこをしている。しかし、私のほうは時間に追われているので、気が落ちつかない。ちなみに、この部屋には、トイレがあったので利用しておく。

一六号室。サボルトの裸婦像は、その背景も含めてピーンと感じるものがない。

一七号室。ガロファロの「マリアとイエスを取り巻く人々」は、マリアの目が素朴で、安定感がある。これと似ているのが、マッツォーリノの絵だが、ややイコン的である。両者を比較してみると、ガロファロの方に軍配を挙げたい。だが、それはマリアの顔が美しいからであろう。

一八号室。ルーベンスの絵がある。これは、二人の男が、甘い言葉でなんとか一人の女を裸にしようとしている図。これも神話に由来したテーマだろう。

一九号室。コレッジョの「裸女と天使」。裸女の左足はやや不自然である。ドッシの「バイオリン弾き」はタッチがちょっと乱暴すぎる。しかし、同じドッシの「呪いをかける女」では、女の冷たい顔が良く、左上に描いた呪いの人形も不気味である。ポルデノネの絵は、女性の目つきが良い。

二〇号室。ベロネーゼの作品が三点。だが、いずれも好きになれない。ティツィアーノの作品が四点、「イエス・キリスト」「背中に癰《ヨウ》ができた子供」「黒頭巾の男」「石柱に右手をいれる子供と二人の女」である。これらの作品はいずれも色彩、構図がしっかりしていて、見ていると、気持ちが安らぐ。

以上で、ボルゲーゼ美術館の見学を終えることにする。なお、作者および作品の名は、私の勝手な呼び名であるから、その点は留意して戴きたい。

時刻は一一時三五分、つまり二時間近い見学であった。外へ出ると、温かい日差し。道路に面して、幾つもの胸像が並んでいた。芸術的な雰囲気が溢れている公園である。

二月なので、さすがに枯木や枯葉もあるが、それでいて緑が多いのは、ボルゲーゼ公園の特徴であろう。日本を出発する前までは、いやローマの旅行案内書を読むまでは、このボルゲーゼ美術館のことを知らなかった。それでいて、忙しい日程のなかに見学を組み込んだのは、最初に見た「勝利の女神」の写真に惹かれたからである。ともかく、この美術館が展示している絵画や彫像を見て、心の充実感を覚える。

エルミタージュを初め、これまでに多くの美術館を訪れた。だが、ここはこれまでにない、男と女に関する美の粋を集めたような美術館だった。それを十分に見学できたという満足感で、歩く足も軽くなる。

時刻は正午に近い。この辺りには、レストランがないので、何処かで昼食を摂らねばならない。だが、今日は、そんな暇はない。次には、国立ローマ博物館へ行って見学しなければならない。ともかく、今はタクシーを拾うことだ。

ボルゲーゼ公園から、ピンチアーノ門へ向かって歩き始める。ピンチアーノ門まで来ると、黄色のタクシーがやってきた。

「ムーゼウム、ナツィオナーレ」と行き先を告げると、運転手は「シィ、シィ」という返事なので、直ぐさま乗り込む。車はピンチアーノ門を潜ると、ヴェネト通りへ入り、やがて共和国広場からテルミーニ駅前に出て、北側のほうへ寄っていく。そこが国立ローマ博物館であった。時刻は一二時〇三分。

国立博物館というのだが、ここは感覚的にピーンとこない。全体が「修理中」ということであった。それはそれで良い。ともかく中に入って見学することにした。

廊下の壁には、草葉をはじめ、人身、虎、蛇首などが、モザイク細工で貼られている。二階へ上がると、魚、猫、鴨などのモザイク。なかなかよろしい。レリーフの断片。これらを繋ぎ合わせたものが七点。いずれも精巧。だが、どれほどの文化的価値があるのか素人には判らない。

奥の部屋。壁の四方がモザイクで貼られている。オレンジ、シュロなどの樹園に橋がある。その樹園では、小鳥が戯れている。いつの時代の、どこの出土品か判らないし、その芸術性についての評価はできない。なんとなく南国情緒が漂っているが、それだけのことである。

モザイク模様は、イスラム世界で飽きるほど見てきたので、この程度では別に驚くこともない。二階はそれだけであった。

階下の中庭へ出る。回廊いっぱいに彫像がある。まともに鑑賞できるのは、「キオベの像」「ギオビネタの像」「ダイアナ・カチィアトリスの像」「バッコの像」の四体ぐらいである。それから三人組、四人組といった石棺の彫刻がある。

カバ、ワニ、槍をもった子供たちを描いたモザイク。このモザイクは四メートル四方のもので、図柄といい、スケールといい、珍しいものだ。

それから「横たわる人々」の彫像。これらは石棺の蓋ではないだろうか。円柱と柱頭が多数。中には円柱に枯葉模様を描いたものもある。

回廊の南側には、マトロナ・ロマーナの像、ドンナ・オランテの像、そしてトダトの像がある。ドンナ・オランテの像はほとんど無傷である。

中庭を歩く。数々の石碑、石柱、石頭などが無造作に置かれている。庭が広いので、その無造作が目障りとはならない。

ゆったりとした日差し、噴水の音だけの静かさである。その噴水のある処へは、四つの入口があり、それぞれの入口に動物の像が並べられている。水牛と馬は、それぞれ左右に雄と雌。それから羊は一頭だけ。残りの入口には象と犀の像がある。いずれも白い影像で、それなりに鑑賞にたえられる。しかし、それだけであった。

なお一階には、未公開の作品もあるらしいが、何分にも博物館自体が修理中なので、見学はできない。隙間から覗いてみると、やはり種々の彫刻が並べられていた。その中には世界的に有名なものもあるだろうが、「是非とも見学したい」と申し出るほどの気力も鑑賞能力もない。事前に、この博物館が所蔵する美術品を調べておけばよかったが、今更、ガイドブックを取り出して、それを調べるほど熱心ではない。

これで国立ローマ博物館を出ることにする。博物館といっても、モザイクと影像だけの博物館であった。本当にここが国立博物館なのかなぁと疑いたくなる。素人には、それほど判りにくく、難しい博物館であった。

ところで空腹、これではどうにもならない。ともかくテルミーニ駅へ行き、明後日のナポリ行の乗車券を確保しておくことにする。

テルミーニ駅、ここは映画「終着駅」の舞台であった。実際のロケはミラノ駅だったことは前にも述べたような気がする。それはそれでよい。映画「終着駅」のストリーは忘れてしまったが、あの場面だけは覚えている。

女性を見送った男性が、そんなことはどうでも良いのだと平然とした顔で、改札口へと戻っていく。あのラストシーンだけは忘れることができない。

映画「第三の男」のラストシーンは街路を歩く女性だったが、この映画は逆である。それでも、そこには「愛の喪失」という共通するテーマがある。そうした恋愛映画を観ていたのは大学一年までで、ある出来事以来、恋愛映画や恋愛小説から私は遠ざかった。いうなれば、私の青春は、その出来事のために終わってしまったのである。

要するに、ローマのテルミーニ駅は、私の青春時代の思い出と重なっている。それだけに、この駅は、ロンドンのビクトリア駅、パリのリヨン駅と並んで、私が覚えている数少ない駅の一つである。

だが、改めて、遠くからこの駅を見ると、余りにも近代的、直線的、工学的で無表情だった。駅の前面には、だだっ広いコンコース。平屋だが、正面は約一二〇メートル、奥行は五〇メートル、高さは普通の二階建てと同じ程度である。

駅前には、橙色のバスが五台、水色のバスが二台、計五台が駐車している。それに黄色のタクシー二台。コンコースの背後は、三階建のビルとなり、その先は鉄道駅のプラットホームとなっている。そのプラットホームの右側、つまり西側は、私が空港から最初にローマへ到着した場所である。そこには旅行者向けのインフォメーションがある。テルミニ駅の外観はそのようなものである。

信号に注意しながら、駅前通りを横切る。コンコースに入ると、さすがに人でいっぱい。地下鉄はⒶもⒷも通っているから、人が多くても不思議ではない。

ナポリまでの切符を買うのは、簡単だった。係員に英語が通じたということもある。それよりも、トーマス・クック社のコンチネンタル・タイムテーブルで、ローマからナポリへの列車時刻を調べていたのが役立った。

乗車日は二月九日、発車時刻はローマ一〇時三〇分、座席は一等、二号車、四五番である。鉄道料金は四九〇〇リラ、つまり九八〇円である。なんとも安い。


素人ながら各種の切符を蒐集しており、このローマ→ナポリ間の乗車券が面白いので、それを少しばかり紹介しておきたい。

縦九センチ、横一七センチという大きな薄緑色の乗車券で、イタリア語とフランス語（多分）が併記されている。ローマ・テルミーニ発、ナポリ・ガリバルディ行きである。外国人専用の切符かもしれない。

必要なことは切符の下段に左から印刷されている。それが面白い。まず料金、ここは四九〇〇とプリントアウトされている。次には三〇までの数字があるカレンダーの絵があり、その下に9／2とある。これは二月九日という日付だ。その右の欄には時計の針が三時を示した図があり、ここには10／30と印刷されている。これは一〇時三〇分という発車時刻である。

次は等級（CLASSE）で、ここは当然1である。次の「A／C」は喫煙と禁煙の区別。もとより喫煙車を選択、「G／C」は食堂車での座席、「ナイフ不使用」「ナイフのみ」「ナイフとホーク」という図柄、こんな図柄のある切符は珍しい。食堂車を利用しないので、私の切符は、いずれも無印。

その次は客車の略図があり、ここには2という数字。これは車両番号で私のは二号車という意味だろう。そうすれば、続く欄は座席の番号で、私の切符には四五という数字が印刷されている。最下段の枠には列車番号八八三、それから発駅と下車駅が記されている。

これは後の話だが、不思議なことがある。実は、蒐集した切符は一枚のはずだが、私の手元には、それと同じような乗車券がもう一枚ある。それには座席番号が四六となっている他は、私のと全く同じだから、隣席の切符である。おそらく隣の客が下車するときに、私に譲渡したものであろう。乗車券の収集では、こんな奇妙なことがあるのだ。

さて、私が乗るのは、上記の通りであるが、トーマス・クックの『時刻表』では、列車番号八八三、急行、一等車のみ、全車指定という列車で、ニックネームは「ペロリターノ」と言い、ローマとレッジョとの間は食堂車付である。この列車はローマを一〇時三〇分発でナポリ・ガリバルディには一二時四五分着となっている。

私はそこで下車する予定だが、この列車はその後、シシリー島のメッシナに渡り、そこからはパレルモ行とシラクサ行とに分かれることになっている。まぁ、それはそれ。シシリー島での具体的な旅日程は、メッシナへ到着してから決めようと思う。

明後日のナポリ行きの乗車券は確保した。今日のノルマというか、仕事はこれで終り。あとは、のんびりとローマ市内の見学をすればよい。

考えてみると、ローマの遺跡で、もっとも有名なコロッセウム（コロッセオ）を未だ見ていない。それからカラカラ帝の浴場跡もそうだ。明日でもよいのだが、その明日に何が起こるか判らないから、今日のうちに見学しておくべきだろう。

まずは腹ごしらえだ。駅のプラットホームに出てみると、さすがに広い。また、この駅にはホテルもある。カフェテリアがあったので、パンとカプチーノを飲む。これでなんとか腹の虫を宥め、行動開始。

テルミーニ駅の地下への階段を降りて、地下鉄Ⓑに乗る。行先はピラミッドである。このⒷは、このテルミーニ駅が始発だから、ゆっくりと坐ることができる。車両は比較的新しい。

テルミーニ駅から、カブール通り、コロッセオ、そしてチルコ・マッシモ、その次がピラミッドである。ここで下車。

ピラミッドがローマにあることは知っていた。まさか本物があるとは思わなかったが、実はその本物があったのである。

つい先日まではエジプトでクフ王のピラミッドなどを観てきた後だから、それに比べると、ローマのそれは如何にも小さい。まるでピラミッドのミニチュアではないかとも思いたくなる。とはいえ、エジプトには小さなピラミッドが幾つもあり、それらと比較すると、このローマのピラミッドは決して小さなものではない。

ローマのピラミッド

『ブルーガイド』には、紀元前に死んだ古代ローマの護民官カイオ・チェスティオのピラミッドとあり、その高さは二七メートルと記されている。

いやいや驚いた。このピラミッドは、大きな大理石を五〇段ほども積み上げたもので、風化もほとんどなく、肌色に輝いている。まるで一九世紀か二〇世紀に造られたようだ。ここはローマなのである。ローマにあるものは、観念的だが、全て紀元前か紀元後二世紀までのものと考えれば間違いが少ない。

このピラミッドがあるのは、ローマ旧市街の南、聖パウロ門の西側である。その聖パウロ門が小さく感じられるほどだから、このピラミッドも実際には相当大きなものだということが判る。

時刻は、一三時四〇分。これよりカラカラ帝の浴場へと向かう。地図でみると、およそ一キロだから、二〇分も歩けば見学時間は十分だ。

古代ローマを囲んだ城壁の内側に沿って、東へと歩く。城壁の高さは、場所によってかなりの段差があるものの、全てが緑の木立に覆われている。

歩いているのは、私ひとり。大都会といえども静かなものである。東京や大阪では、公園の中であっても、歩いているのが自分一人という場所はほとんどない。もっとも、城壁の外は自動車の走る音で騒がしい。

　一五分も歩いただろうか。大きな通りに出る。その先はまた公園である。ローマは本当に緑が多い。地図を見ても、カラカラ帝の浴場跡周辺は緑一色に塗られている。

　喉が渇いた。だが、ここは我慢。それにしても、ここは奇妙な風景。これが果してローマの市内かと呆れる。近くの丘陵は見渡すかぎり緑の木立。そして広い自動車道路。広告塔と街灯のあるのが一つの変化だけで、今は人も車も見当たらない。不気味なほどの静けさ。こんな所で、暴漢グループに襲われたら、手の打ちようがない。しかも地図で緑になっている地域は塀や鉄条網で囲われているので逃げ込むこともできない。市街地図ひとつでは、心もとないが、ここまで来たら、先へと進むしかない。

　それにしても随分と歩いたものだ。「ピラミッド」を出てから、もう三〇分も経つ。それなのに、カラカラ帝の浴場跡はどこにも見当たらない。地図が悪いのか、私の判断が狂っているのであろうか。そんなことを悔やんでも、今更どうにもならない。

　エンツォ・フィオリットーという場所から南東のほうへ五分、そこを東に曲がって、丘を下っていく。この道は、アントニアナという名前。ここで、やっとカラカラ帝の浴場遺跡が見えた。

　途中にちょっとしたレストラン。寄ってみようという気になるが、浴場跡の見学が先決なので、脇目で眺めながら、通り過ぎる。このレストランからだと浴場跡がよく見えたかも知れないが、そのことはもう考えまい。

　ヌマ・ポムピリオという場所に来る。ここで、カラカラ帝の浴場跡は、その巨大な姿を眼前に曝すことになる。時に一四時三〇分。ピラミッドを発ってから、なんと五〇分も経過しているではないか。

　土塁のような外壁と建造物、それが浴場の遺跡であった。推測だが、横二五〇メートル、縦三〇〇メートルほどなので、面積はほぼ七万五千平方メートルとなる。そんな浴場なんて聞いたことがない。古今東西を通じて、おそらく世界最大の浴場だったのではなかろうか。

　外壁の高さも一二メートルほどあり、その厚さは約一メートル余り、アーチ式の門が幾つかあって、中へ入れるようになっている。

　だが、今日は、全ての門が、鉄の格子で閉まっている。傍にいた人に尋ねると、なんと、日曜日の見学は午後一時までということであった。これは明らかに私のミスである。事前に、開館時間を調べておくべきだった。明日の日程を決めていないので、明日また来るというわけにはいかない。だからと言って、直ぐに引き返すこともできない。さてさて、どうしたものか。

ともかく、鉄格子の隙間から、中を覗いてみる。中は完全な廃墟となっていて、広間らしき跡は雑草が生えている。また手前の狭い空間部は、おそらく貴族の個室だったと思われるが、そこは土砂で半ほどまで埋もれている。奥のほうに目をやると、至る所に円柱の破片があり、柱頭が転がっている。

世界最大級のカラカラ帝の浴場跡

その昔、カラカラ帝の頃には、世界第一の浴場として、貴族は酒を呑み、美女は踊り、そして奴隷はせっせと働かされたのであろう。湯気がそれらを隠してしまう。同じ人間でありながら、貴族というだけで放蕩し、奴隷というだけで死ぬまで酷使される。なんとも野蛮な社会だったことか。

そうは言っても、今は現在。鉄格子の外から、浴場内のあちこちを写真に撮る。浴場の内部まで入れなかったので、その全貌は掴めない。今はこれで納得するしかない。私の他に、二〇名ほどの見学者が来ていたが、いずれも不満そうだった。

　時刻は一四時四〇分。暫く歩くと、競技場があった。そこでタクシーを拾い、コロッセウムへと向かう。コロッセウムには午後三時ちょうどに到着。

コロッセウム内の観客席と中央の闘技場跡

　コロッセウムは、言うまでもなく、古代ローマの格闘技場であり、現代ローマにおける第一級の観光名所である。今は単に、コロッセオと呼ぶらしい。
　この周辺には、鈴を付けた観光馬車が走っている。馬車はいずれも黒塗りだが、車輪が真っ赤なので、いかにも観光用という感じだ。多分、この周辺を少しばかり走って、一万リラ（二千円）くらいは要求するのではなかろうか。利用客も余り多くはなさそうだ。この憶測が間違いであれば、観光馬車組合に謝らなくてはならない。いずれにせよ、この観光馬車を利用することは敬遠しておく。
　さて、このコロッセウム、地上部分を見て回るのは無料だが、階上に登って内部を見るのには七五〇リラ（約一五〇円）が必要である。世界的な観光名所の見学料金にしては安く感じる。これには世界の人々が見学できるようにというイタリア政府の配慮があるとすれば、これは称賛すべきことである。

ところで、このコロッセウムの全貌であるが、外壁は、これまでにテレビや雑誌の写真で何度も見たことがあるので、説明は不要であろう。

その外壁の内側は階段状の観覧席になっている。事前に想定していたことと異なった点は、いわゆる格闘場というような広場が全く見られなかったことである。おそらく格闘場であったと見られる広場は、観覧席の内側に円形内の部分にあったと思われる。だが、そこは焦茶色の煉瓦で造られた幾つもの仕切りが残っているだけである。だから、そうした煉瓦の上に、木材かなにかの素材を敷いて、広い平面を造っていたのではないかと想像する。つまり闘技場の平面空間はそのような構造だったと推測せざるをえない。

そのように考えると、格闘場と想定できる平面空間の下が、今見える煉瓦構造なのであろう。考古学に素人の私は、それを具体的に示すことができない。どこかに、煉瓦構造の内部を詳細に示した考古学的な説明図があるはずである。従って、私としては、上方から眺めた煉瓦構造の配置を説明するだけに留めておく。

まず第一に、外壁に沿って、つまり外縁部に沿って三つの円形通路があり、その円形通路の内側に三本の直線通路が貫いている。円形通路と三本の直線通路とで、四つの短冊型の空間を造りだしている（前ページの写真参照）。

第二に、おそらく四つの短冊空間には、剣闘士や闘奴の居住区をはじめ格闘用の野獣の飼育場、各種の食料や器具類、その他を収納していた倉庫があった場所だと想定される。

第三に、この短冊空間の下に別の空間があったと想像できるが、実際にあったのかどうかということも含めて、その構造は外からは把握できない。

素人が説明できるコロッセオの内部は、以上の通りである。これらを鳥瞰すれば、格闘場であったとおもえる平面の下部は、ただ焦茶色の廃墟だけである。ここで、私の脚と目で見たコロッセオの内部構造を紹介しておこう。

今、私がいるのはコロッセオの二階だとしよう。

これより階上へ行くには、外壁部分の廊下に出て、そこにある階段を登らねばならない。もう一階上が三階、流石に、ここからだとコロッセウムの全体がくっきりと判る。地下の遺跡部分も手に取るように見える。その構造は、先に述べたよりも、もっと複雑であった。実感としての広さは、難波の大阪球場を一回り小さくした程度。また、コロッセウムのあちこちに白い石（大理石？）が置かれている。それらは修復のための素材であろう。

平地、二階、そして今、私がいる三階には、それぞれ大勢の見学者がいる。実は、四階もあって、人が登れるようになっているらしい。そこには、余り人が行かないようで、今は僅か二人しか見学者はいない。私の感覚では、その昔、警備兵がいたところではあるまいか。そう思ったが、『ブルーガイド』（一九七九年版）の説明では、「一番上は貧民用の天井桟敷、これは座席はなく立見となっていた」となっている。成るほどそうかと思う。

コロッセウムは巨大な大理石の構造物である。現在は廃墟となっているが、やがて古代ローマ時代にあった原型に修復するのであろうか。このコロッセオに関する限り、このまま廃墟の姿で残しておくほうが良いと思う。

ここの三階からの展望も仲々のものである。眼下から続く皇帝通（ヴィア・ディ・フォリ・インペリアリ）、ファロ・ロマーノの遺跡の数々、そして遠くにエマニエル二世記念堂。眼下に、観光馬車が小さく見える。コンスタンチヌスの凱旋門は修理中であった。

コロッセウム（コロッセオ）の見学は、この程度で止めておく。見学時間は僅かに二〇分余であった。

時刻は一五時三〇分。これより、コロッセオから凡そ五〇〇メートルほど離れたフォロ・ロマーノへと向かう。既に、北側からはこの遺跡を眺めているが、今度は南側から近づいていくことになる。

改めて紹介する必要もないかと思うが、このフォロ・ロマーノは、古代ローマの中枢部の遺跡であって、いわばローマの中のローマである。時間が時間だけに、もう閉鎖されているのではないかと危惧する。カラカラ浴場跡の見学で失敗したことの悔しさとその反省だ。

道路から歩道に上がり、さらに階段を登って、小さな公園へ出る。その先に、崩れかかった寺院の壁がある。問題はそこから先なのだが、ここからはフォロ・ロマーノは見えない。左手をみると、数人の若者たちが急ぎ足で歩いているので、私も追随していく。

修理中の「コンスタンチヌスの凱旋門」に近づくと、そこから北へ細長い道が延びており、一〇本の円柱が並び立っている。数台の乗用車が並んでいる。どうやら入口の門は開いているらしい。

そこから一八〇メートル程の所に入口があった。入口というより、ここは見学者から入場料を徴収するために造られた仮設の検問所だ。ここで入場料一〇〇〇〇リラ、約二〇〇〇円を支払う。

直ぐに小さな石造りの門。ギリシアのデルフィにでもあれば、さどかし立派に見えるだろうと思う。『ブルーガイド』(一九七九年)の説明では、ローマに現存する最古の凱旋門、「ティトゥスの凱旋門」だった。しかし、じっくり鑑賞するほどのものではない。

左手に、緑の森に囲まれた小高い丘がある。パラティーノの丘である。見学の順路からは外れるような気がするが、何でも見ておこうという腹の蟲が動きだし、そちらの方へと勝手に足が向いてしまう。

階段を登っていくと、三角屋根の建物。その垣根には紅い夾竹桃。門司の老松公園と幼き頃の思い出。だが、今は、それをじっくりと回顧するだけの時間的余裕はない。それから競技場、いや馬場という解説がある。ここにも夾竹桃が咲いていた。馬場を横目でみながら小径を急ぎ足で歩く。

遠くには、ローマの市街地、そして手前にはチルコ・マッシモの森。そこは、フォロ・ロマーノの中心部とは全く逆の方向になるが、このパラティーノの丘をめぐって歩く。このパラティーノの丘こそは、ロムルスとレムスが築いた古代ローマの発祥の地なのだ。

ここにリィヴィアの家。名前からして、若き女性を想像する。ひょっとすると、リィヴィアというのは娘の名前、すなわちアフリカの別名だったリビアのことではないか。もし、そうだとすれば、ヘロドトス流に、オイローパの家とかアジアの家などもあるかもしれない。いや、これはまさか、まさかという推論の二重奏である。

「リィヴィアの家」といわれる廃墟にも夾竹桃が咲いていた。アテネでも咲いていたので、地中海北部の沿岸では何処でも見られるのかもしれない。

「地中海は夾竹桃がよく似合う」という駄洒落が出てくる。

「パラチーノの丘」の北斜面に出ると、そこにはフォロ・ロマーノを見渡す展望所があった。成るほど、古代ローマの遺跡が眼前一杯に広がっている。

右手に六本の石柱がある神殿。『ブルーガイド』の地図で見ると、それはマクセンティウス帝のバシリカらしい。その前に「六人の聖処女の家」。名前は良いが、建物がないので、実感が湧いてこない。それから瓦礫のような廃墟があって、三角屋根の建造物。これが「クリア」、すなわち「元老院」である。

現代の建造物と比較すれば、いかにも貧弱だ。しかし、あれが歴史的に名高い古代ローマの元老院かと思うと、実に感無量。あの小さな元老院の中で、古代ローマ時代の政治が行われ、歴史が作られたのである。記憶が正しければ、紀元前四四年にシーザーが暗殺された場所でもある。

さて、眼下に三本の石造円柱があり、その柱頭部は相互に繋がっている。これはカストルとポルクスの神殿である。高さ二メートル位の土台、いや土塁があるが、あちこちに大理石の礫が散在している。

この神殿の右側、つまり東北側には「聖なる道」が見える。この道の奥には、いろいろの神殿や遺跡があるのだが、その多くは補修中で、緑の金網を張りめぐらしている。さらに、その奥は市庁舎や図書館があり、これは既に見学している。そして向こう側には白亜の殿堂、そうエマヌエル二世の統一記念堂が見える。これらをカメラに収める。

手摺のある展望所から下のほうへの道はない。無理をすれば降りていくことも出来そうだが、急傾斜なので躊躇する。その挙げ句、万一のことを考えて、ここは敬遠し、三角屋根のある教会、サンタ・マリア・アンチカ教会の方へ向かうことにする。

ふと、見ると、展望所に一人の若い男がいた。どうやら日本人らしい。声を掛けてみる。

やはり、日本の学生であった。なんとなく元気がないので聞いてみると、子供たちにトラベルチェックなどを盗まれたという話。ローマ式というのか、イタリア式というのか、数人の悪童がワーッと襲ってきて、所持品をポケットやその他から強奪していくという手口である。

今回の旅では、ワルシャワの中央駅で集団掏摸《スリ》にやられた。アテネでは暴力バーで金銭を奪われた。

いずれの場合も、私には痛烈な精神的打撃であった。正直に言って、気分的にガクンと落ち込み、自分以外の他人が信じられなくなった。

だが反面、この二つの事件は、私にとっては良い教訓になった。ローマ市内を歩き廻っても、その点だけには十分な気配りをしている。

子供たちを使った盗み方についても、段ボールを使うローマ式と新聞紙を使うナポリ式があること、子供たちの背後には暴力組織があるということも聞いている。

「東京からですか」という問いに始まって、若干の応答をする。どうやら真面目な学生らしかった。この学生は神奈川県にある大学の学生で、名前を三品という。三品君は、日本からパック旅行で来たという。ただし、犯行の現場が何処だったかは聞かなかった。ともかく、この三品君に、トラベルチェックが盗難にあったことを旅行責任者（パック旅行の添乗員か随伴者）に一刻も早く知らせ、警察と金融機関に連絡をとってもらうようにと忠告する。

三品君は、青い顔をしていて、聞いているのかどうかさえ判らない。煮え切らない若者は大嫌いだから、「勝手にしやがれ」と思う。だが、同じ日本人だ。なんとかしてあげようとも思う。もっとも、私も長旅の身、金銭を貸し与えるわけにもいかない。

私の身分と名前を明らかにし、この「フォロ・ロマーノ」を見学したのち、「にっぽん家」でラーメンでも奢ってやるからと慰める。それでも三品君は半信半疑であった。

人間は、他の人から酷い目に遭ったとき、全ての人間を信用できなくなるもんだ。あれは、ワルシャワの中央駅で集団掏摸にやられた日のことだった。グダニスク駅で、ある善意のポーラント人が「手荷物を持ってあげよう」と親切に声をかけてくれたのだが、私は「人間不信」から、それを断ったことがある。三品君の気持ちが判るだけに、彼を慰めるのも苦労する。

私としても、このフォロ・ロマーノの見学がまだ残っているので、いますぐ「にっぽん家」というわけにはいかない。「せっかくローマへきたのだから、このフォロ・ロマーノを見学しませんか」と誘ってみる。三品君もこのまま嘆息しているだけでは何もならないと考えたのであろう。無言で、私と一緒に歩きだす。

パラティーノの丘を下って、マクセンティウス帝のバシリカの前を通り、「六人の聖処女の家」の傍にくる。廃墟と瓦礫。その一つ一つに歴史があるのだろうが、素人の私にはそれが見えない。見えないから味気ない。三本の円柱が残っているカストルとポルクスの神殿を左手に見ながら、「聖なる道」を歩く。三品君も、自分のペースでゆっくりと見学している。

「聖なる道」を歩いても、どこか味気なかった。むしろギリシアのコリント遺跡のほうが夢多きものだったし、建物の配置具合としては山の斜面を利用したデルフィのほうが立体感に優れている。遺跡の規模にしても、エジプトのカルナック神殿一つに適わない。ロマンという点では、トロイの遺跡には及ばないだろう。

しかし、ここには重苦しいほどの歴史が集積されていた。元老院がそうだったし、パラティーノの丘から眺めたシーザーの神殿や諸々の遺跡がそれである。それらが私の歴史意識を鋭く蘇らせてくれるのであった。

「聖なる道」の突き当たりは、もう市庁舎の背面になる。その辺りは、一三本の小さな円柱が並んでいる遺跡、煉瓦造りのアーチ、右の方には四本柱のヤヴェルス帝の凱旋門。それから足元には床石、石の階段、それから円柱、柱頭、それらがゴロゴロしている。

ここはアテネにあったアゴラ（ローマ時代の市場）よりは、遺跡物の数が多く、しかも規模はほぼ同じ位であろうか。確かに、ここは聖地だったのだろうが、なんともゴチャゴチャしており、この周辺はローマの政治的中心というよりも市民生活の中心地であったのかもしれない。

この辺りで引き返す。フォロ・ロマーノをあちこちと散策してみたが、遺跡の数が多すぎて、どうもピーンとこない複雑な遺跡群である。

「聖なる道」の南側には、「シーザーのバシリカ」がある。長方形の大理石が点在しているだけの遺跡だが、ここだけは惹かれるものがあった。前にも述べたが、シーザーは紀元前四四年の三月一五日午後二時頃に暗殺された。その三月一五日というのは、私の誕生日なのである。パントマイムのヨネヤマ・ママコ、それからロストック大学（ドイツ）で私と全く同じ経済地理学や交通論を担当しているオベナウス・ハンス博士も同日生まれである。年齢的には離れているが、従姉の与至子さんも同日だ。いや、脇道に逸れてしまった。

そんな訳で、ジュリアス・シーザーには少しばかり親近感がある。だがそれとは逆に、プリンケプスとしての専制、支配者としての奴隷抑圧、ガリア戦記にみる自己陶酔、いや自己顕示の強さなど、彼の非人間的な性格が鼻につき、不快感さえ覚える面もある。

私はここで、シーザーに何かを語りかけたかった。だが、それは言葉にならず、また残照の遺跡からは何かの返事があるはずもなかった。ただ冷たい風が吹き過ぎていく。

三品君に「もう見学を終えていいですか」と尋ねると、「そうですね、もう、結構です」という返事だった。

「聖なる道」より「皇帝のフォルム通り」へ出る。ここからだと、ベネチア広場にほど近い。コロッセオを背景に、「皇帝のフォルム通り」を歩く。今日は何かの祭があるのだろうか。

母親であろう。二人の小さな子供を連れている。その小さな子供は金糸や銀糸を織り混ぜた衣装で着飾っている。それも明らかに「祭りだ」というような衣装である。

この衣装は、古代ローマの貴族が纏っていたような服装に似ている。にっこりと笑う子供たち。その顔があどけない。それが異邦人の疲れた心を和ませる。三品君の顔にも、微笑みが蘇る。

ベネチア広場は意外と近かった。トレ・アピホテルには寄らず、そのままコルソ通りに入る。思うところがあって、私が泊まっているホテルを三品君には教えなかった。パック旅行だけに三品君は大きなホテルに泊まっているらしいが、それがどこであるかも、敢えて訊ねなかった。

例の本屋さんの処から五分ほどで、「にっぽん家」に着いた。早速、注文。三品君は日本を出て間もないという話だったが、それでも空腹だったとみえ、ビールを飲み、美味しそうにラーメンを食べた。私の善意が少しは通じたのであろう。

だが、私は、これを善意とは思っていない。むしろ私の隠された義務なのである。語れば、やや長くなるが、この際、食事しながら三品君に喋ったことだから止むを得ない。

私が学生だったころ、友人四人で志賀島を歩いて一周したことがある。暑さと疲れで飲んだビールが旨かった。それに活きたイカの刺し身が美味しかった。その味はいまでも忘れない。

ところがである。その食事代を支払うと、四人の手持ちは併せても三〇円しかなかった。これでは下宿のある箱崎まで戻るバス代がない。ないものは仕方がない。ついでだからと、近くのうどん屋で二杯注文すると、その三〇円もなくなった。

若気の至りと言えば、それまでだが、やってきた福岡行きの西鉄バスに乗車した。無賃乗車である。運賃なんて、若い女性を口説いて、出してもらえばよいと気楽なもんだ。

ところが、四人とも真面目人間、そんな破廉恥なことができるはずがない。バスは九大北門、松原と通り過ぎ、もう箱崎の浜（筥崎宮前）であった。だが、どうしようもない。終点まで乗って、事情を話して、後払いすれば良いと最後の腹だけは括っている。

その時だった。釣り具をもった一人の男が、「わしも学生の頃は無茶をしたもんだよ」と言って、四人分の運賃を支払ってくれた。有難い。地獄に仏とはこのことだ。その人は名前も語らず、「いいよ、いいよ、君達が社会に出て、同じような状況があったら、その時に」とだけ言った。「その時」が今であり、私の義務なのである。

酔いがすこし廻ったのか、三品君にこんな話をしたようだ。気落ちしている彼が、この話をどう受け取ったかは知らない。

最後に、無事帰国を祈念して乾杯。三品君にはホテルで皆が心配しているだろうから、早く戻るようにと勧める。私自身は、二万二〇〇〇リラ（約四四〇〇円）を支払って、「にっぽん家」を出る。午後八時、ホテルへ帰着。

一九八二年二月七日（日曜日）

第六日　トレビの泉とパンテノン

満艦旗で飾ったような部屋の中で目を覚ます。昨夜、ホテルに戻ってから洗濯した成果である。日本から持ってきた物干用のロープがここでも役立った。明日はローマを発つ。今日はその準備だ。洗濯したのも、その一環である。

午前中は荷造り。エジプトで買った土産品、ローマで買ったものもある。それらを日本へ郵送するのは若干の危惧を覚える。三越ローマ支店の女性店員に教えられた通り、ピョンボを細紐に通して、一つの荷が出来上がる。

午前一〇時三〇分、この荷を持って、中央郵便局まで歩く。重量は五〜六キロなので軽い。

いつか来た郵便局だったが内部は不詳。あちこち探して、やっと日本宛に荷を送る窓口を見つける。

係員は、航空便だと二万四〇〇〇リラ（四八〇〇円）だが、船便だと僅か三〇〇〇リラ（六〇〇円）だと言う。ただし船便の場合には、ここの郵便局ではなく、パンテノン近くの小包輸送用の郵便局へ行かねばならないと言う。別に急ぐ荷ではないし、結局、ホテルまで荷物を持って帰ることにする。

郵便局前の広場を横切り、モダンな商店ビルの一階にある書店に入る。イタリア語は読めないが、それでも経済学の書物二冊と経済地理学関係の書物を三冊購入する。

それからトリトン通りを横切り、少し坂になった裏道に入る。そこに土産屋があった。「トレビの泉」を見に来る客を相手にした店舗である。この店で関心があったのはカメオである。

カメオはナポリの名産品だが、ローマの店でも売っていた。金属製の枠は、銀だと思うが、その枠の中にピンク色の石や貝殻を嵌め込み、その石に美女の横顔や薔薇の花などを浮き彫りにしたものだ。もちろん女性用のアクセサリーだが、京都で留守番をしている女房への土産にしようと食指が動く。

だが、値段を見て、びっくり。なんと日本円にして、二万円から三万円という高価なものばかりである。勿論、六〇〇〇円程度のカメオもあるが、それは細工が粗雑なので、とても買う気になれない。せめて、一万円程度のものをと思うのだが、今の手持ち現金とあと一カ月近くの旅費や経費のことを考えると、とても無理だ。女房には悪いが、心の中で「ごめんなさい」と謝って、買うのは諦めた。

なお、「冷やかし」だけでは、店に悪いと思って、絵葉書を数枚、それからローマの観光地図、『ローマとバチカン』（一九八一年、坂本鉄男著、二五〇〇リラ）という観光案内書を買っておく。また荷が増えるなぁと思いながらも、ローマでは、まとまった買い物をしていないので、ここは止むを得ない。

この店を出て、五〇メートルも歩けば、有名な「トレビの泉」である。そこは古い建物に囲まれた一区画の広場で、その大半を泉が占めている。泉と言っても、スペイン広場前の石舟が一艘あるだけの簡単なものではなく、幅が一〇メートル、長さが三〇メートルほどもある。泉のあちこちに種々の彫像が配置され、しかも、それが噴水という、実に豪華なものだ。

トレビの泉を正面から見ると、背後に銀行のような古典的建造物があり、そこには四本の大理石の円柱が立ち、中央は大きなドームになっている。四本の円柱の間には、それぞれ立像があり、この泉全体を立体的にみせる造形上の効果を狙っている。さら

トレビの泉

に地面と同じ地平に、これまた大理石の色んな彫像があり、それがまた噴水である。

左から、前脚を撥ね上げた馬、それに乗った長髪の男、中央部には海龍のような怪獣、そして右手には天馬（ペガサス）と法螺貝を吹く男たち。それらがみんな噴水なのだ。

先程述べた建物のドームの下を見ると、巨大なシャコ貝の上に厳めしい顔をして立っている男がネプチューン（海神）である。馬や天馬を御している のが、トリトン（半人半魚）らしい。道理で、トリトンの下半身は波間に隠れて見えない。

その波間も大理石である。その白い大理石は、部分的ではあるが、薄茶色に染まっている。鉄分があるのかも知れないが、その年代を物語る証拠でもある。

波間を表す大理石の下は、池である。多分、トリトンやペガサスから水が噴き出すのだろうが、今はそれが止まっている。下の泉に向けては、ただネプチューンの足下から水が流れ出ていた。

その池を囲って柵が巡らされている。観光客は、この柵に沿って見学し、次に、池に背を向けて、コインを投げ込む。周知のように、これは、もう一度、このトレビの泉、延いては再びローマに来れるようにと祈念してのことである。

池の底には、白く光るコインがあちこちに沈んでいる。それを集めると、どの位の金額になるのか。集められたコインは何処へいくのか。どうも、私の頭は詰まらぬことばかりを考えている。まぁ、この泉の補修費に充当するのだという結論を自分で考え出して、それで納得する。自分で問い、自分で答を出して納得する、何とも、おめでたい。

そこで、私も後ろを向いて、コイン（一〇〇リラ）を池（泉）の中に放り込む。だが、一人旅の悲しさ、それを誰もフィルムに撮ってくれない。仕方がない。泉のあちこちをカメラに収めて、この場を去る。これまた、なんとも味気ないものだった。

トレビの泉の周辺には、数軒の土産店があった。だが、取り立てて欲しくなる土産品はなかった。

これよりコルソ通りに出る。バスが来たので乗ってみる。乗車券は白地に赤い文字を印刷したもので、大きさは四センチと八センチの長方形。イタリア語は読めないが、「リネー・ウルバーネ」とあるのは、おそらく「市内路線用」であろうと勝手に解釈する。

料金は一回分が二〇〇リラ、四〇円である。公共料金が安いのは、社会主義国では当然としても、地下鉄も含めて、公共料金がイタリアで安いのには驚いた。日本では、戦後民主主義はそれなりに発展したものの、公共性の重視という点では、イタリアに数段おくれているのではないかと思う。

バスは、停留所一つで、ベネチア広場に着く。トレビの泉を除いて、どうも、今日の午前中は大きな成果がなかった。無駄に過ごしたように思う。また、こんな日があっても良いではないかとも思う。ホテルに戻って、イタリア流に昼寝を決め込む。「郷に入れ郷に従え」である。正午近くになると、どこの店も閉めてしまうのが面白い。昼食を自宅で摂るためと聞いていたが、どうやら昼寝のためでもある。

一二時三〇分から一三時三〇分まで昼寝した。いや、昼寝して、目が覚めたのが、たまたま、その時間だったということである。

働き者の日本人だと、昼寝などは勿体ないと考えたり、昼寝するのは怠け者だと悪口を言われかねない。しかし、実際に昼寝してみると、疲れは取れ、頭がすっきりする。身体の調子がすこぶる良い。これが昼寝の効用であろう。成るほどとは思うが、片方では、自分も歳をとったのかなぁという寂しい思いもある。もっと言えば、やはり貴重な見学時間を無駄にしたという反省もある。なんとも矛盾した思考回路である。

まぁ、クヨクヨしていても始まらない。腹の蟲に急かされて、ホテルを飛び出す。隣のレストラン、そう菓子屋の二階にあるレストランで昼食。エキスプレス方式だから、利用し易い。鶏肉のオリーブ煮、赤い色の西洋梨、ビールは小瓶。これにパンがあるので空腹は十分に癒せる。

時刻は午後二時三〇分。一旦、ホテルへ戻り、体調を整えて、再びローマ市内の見学だ。

さて、明日の早朝に小包を日本へ送るので、予め小包郵便局の所在地を確かめておきたい。郵便局で教えられたとおり、「パンテノンの南側」を訪ねてみることにする。

コルソ通りを暫く歩いてから、修理中のマルクス・アウレリウス帝の記念柱のあるところから西へ入ってみる。どういうわけか道がクネクネしてきて、何処へ続いているのか判らない。地図を広げてみてもよく判らない。地図では、やや南のほうにパンテノンの絵があるので、その方へ歩いてみる。

警察官が来たので、「パンテノン？」と言って、歩いている方向を指さす。警察官は「シー」と言って頷くので、まずは安心。この警察官は小銃、それも自動小銃を持っているので、アテネのマーケット・ポリスを思い出す。

そこから三分も歩いただろうか。古代ギリシア風の神殿が目の前に現れる。神殿の前面には広場があって、ここにもエジプトのものらしいオベリスクが建っている。間違いなく、これがパンテノンである。ローマの観光対象の中でも、もっとも格調の高いものだ。

建築史の上では、グレコ・ローマン式とされている。だが、アテネの中心部にある大神殿はパルテノンと呼ばれているのに、ローマでは何故パンテノンなのか、規模が違うからであろうか、そんな疑問を抱きながら、パンテノンの内部を覗いてみる。

予見では、机と椅子が並んだ通常のキリスト教会を想定していたのだが、一歩中に入って、アッと驚く。内部は大きな円形ドームになっていた。外観は、こんなドーム風ではなかったから、なんだか騙されたような感じだ。

大きなドームの下部は、大理石の柱によって七つの区画に分かれている。石柱と石柱の間は壁が凹んで祠のようになっており、そこには石像が安置されている。石像がなく、空虚なままになった祠もある。これまでに見たことのない面妙な建造物だ。

パンテノンというからには神殿であろう。そうだとすれば、ここには七つの神々が祀られていたはずだ。その一つ一つを確かめるため、ぐるりと一周する。結果から言えば、ラファエルとかエマヌエル二世の名前があり、必ずしも神ばかりではなかった。

入口に近い場所に、解説用の装置があった。一回の利用が二〇〇リラで、イタリア語、フランス語、それから英語で解説する装置である。もう、英語には大分慣れたので、二〇〇リラを入れてみる。

それほどスピードのある英語ではなかったが、知らない固有名詞が次々に出てくるので、サッパリ判らない。もともと英語のヒァリングには自信がない。だが、この解説を聞いて、それに追い打ちをかけるように自信を喪失してしまった。こんなことなら始めから止めておけば良かった。大阪弁で言うなら、「阿呆クサ」の一語。

まぁ、古代美術用語、建築用語なのだから、判らないのも当然だと自らを慰める。悔しいが、ともかくパンテノンの見学はこれで終り。だが、小包を送る郵便局を探す仕事がまだ残っている。

パンテノンの左側を通り抜け、これまた大きな建物に挟まれた狭い道を歩く。ここにも自動小銃をもった警察官がいた。この付近には金融機関が多数あるからか、あるいは今日が特別の警戒日なのか、いずれにせよ、ここは犯罪多発地域なのであろう。それはともかく、外見上は悠々として歩き、警察官とはトラブルを起こさないように留意する。

どこが小包用の郵便局か判らなかった。ぐるりと一周して、結局、パンテノンの入口のところへ戻ってくる。あれっ、これはいかんと思って、今きた道を引き返す。どうやら、パンテノンの南側にある古ぼけた茶色の建物がそれらしかった。

郵便局にしては小さな扉を開けて、中へ入る。そこには荷物を差し出すカウンターがあった。間違いなく、ここが探していた小包郵便局である。時刻は一五時一五分。

念のために、この小包郵便局の営業時間を尋ねてみる。回答は、午前八時二五分から、午後三時三〇分までが通常日で、土曜日は八時二五分から一二時三〇分までだという。

実働時間は、まぁ七時間だが、昼食を午後四時にとり、それから昼寝の追加をし、午後七時から八時の間に夕食を愉しむというのがイタリア人の生活習慣であろう。それが勤務時間に反映しているところが面白い。

それはそれとして、今は三時二〇分、営業時間はあと一〇分しかないので、今日は小包の送付を諦め、明朝には、この郵便局が開いているということを確かめておく。序《ついで》に、宛先とか宛名を記入して小包に貼る用紙をもらっておく。全てがイタリア語だが、それが何とか判るから、我ながら立派なもんだ。

小包郵便局がエマヌエル二世通りにほど近いということを確かめて、西にあるナボーナ広場へと足を向ける。眼前が俄に拡がり、子供たちが遊ぶ喚声が聞こえる。老人たちが残照を愉しんでいる。サッカーボールを蹴っている少年グループもいる。どこか焦っている私の気持ちと違って、ここには「ゆとり」がある。それだけに私の心も和む。

このナボーナ広場には、三つの泉があった。特に中央の泉には大きな塔が建っており、これだけで見事な噴水と言ってよい。ブルーガイド（前出）によれば、「中央の大きな噴水は、『四大河の泉』といい、ナイル、ガンジス、ドナウ、ラ・プラタ（南米）という世界の有名な河を擬人化した四人の男性が、オベリスクの下の大理石の台座の四隅にいる」という説明がなされている。そうか、あのトレビの泉でも、四大河川の話を聞いた記憶がある。ここは、改めて、そうか、そうだったのかと頷くしかない。

古都ローマでは、これまでに随分と多くの広場を見てきた。このナボーナ広場もその一つである。そして共和国広場やポポロ広場、それからベネチア広場などはロータリーとして利用されている。だが、このナボーナ広場は違う。この広場は市民にとって完全なる憩の場であり、また集団的な対話の場である。

最近の日本では、「コミュニティづくり」ということが流行しているが、このナボーナ広場こそは、その最良のモデルとなるのではあるまいか。

単なる造形物としての「コミュニティ」広場を造っても、社会経済問題やいわゆる都市問題を抜本的に解決することはできない。また、私的土地所有の制約や暴騰した地価のことを考慮すると、そう簡単に広場を都心部に創ることもできない。言うなれば、資本制生産様式のもつ諸矛盾がここにも露呈しているのである。

現象的にみれば、この前置きが大切なのだが、東ベルリンのボーヌンク・コンプレックス（居住空間複合体）では憩いの広場はもとよりスポーツ広場があったし、ネオ・ベオグラードでも、コンプレックスの内部には広場とあわせて学校や公民館、さらには病院までが設置されていた。それぞれに問題はあるとしても、都市工学的にみて、住宅団地にはこうした広場や住民生活に必要な諸施設の併設が不可欠なのである。ローマのナボーナ広場を見て思いついたのが、ざっと、以上のようなことであった。

ナボーナ広場は、その噴水の素晴らしさと併せて、ローマが世界に誇ってよいものの一つだと思う。

これよりホテルへ引き返す。途中で、あの書店に寄り、さらにホテルの近くの店で、バチカンを警備していたスイス兵のミニチュアと二人の赤子（ロムルスとレムス）に哺乳している銅製の雌狼を買う。これらの書物や玩具は、今晩のうちに荷造して、明朝には日本へ送らねばらない。

午後五時四〇分、これがローマ最後の夜になると思う。それだけに日本食を味わっておきたい。そう思うと、脚は自ずから「にっぽん家」へと赴くことになる。

味噌汁とラーメン、それからビールを注文。次に和食を口にするのはいつの日であろうか。大都市のナポリではともかく、その他の南イタリアやマグレブ三国ではその可能性は低い。やはり、スペイン、それもグラナダかマドリッドであろう。グラナダの医王さんへ「日本料理店があったら紹介して下さい」と手紙を出しておいたが、果してグラナダに日本料理店があるだろうか。マドリッドには須藤教授（立命館大学産業社会学部）がいるから、こちらのほうは大丈夫だろう。まぁ、あと一カ月は和食と「おさらば」である。そうは思っても、内心では、チュニス、アルジェ、カサブランカなどには和食の店があるのではないかと期待している。

「にっぽん家」での支払いを済ませ、ミネラルウォーターを買って、ホテルへ戻る。午後七時であった。

明朝は早いから、出発の準備をもう一度点検して、寝床に入る。

一九八二年二月八日（月曜日）

第七日　ナポリでの宿探し

午前八時に起床。服装を整え、八時二〇分に小包をもって一時外出。行き先は小荷物を郵送できる郵便局。昨日、苦労して探しておいたから、今日は迷うことはない。五〇〇メートルほど歩いて、八時四〇分に到着。受付手続も簡単に終わる。

アラブ人だと思うのだが、発送伝票を書くのに手間取っている。私のほうはスラスラ。だが、頭のほうは、どうかしていた。昨日はあれほど苦労して小包を船便で郵送できる郵便局を探したのに、その苦労も、また送料のことも忘れていた。

余程、どうかしていたのだろう。急ぐこともないのだが、と気にしながらも、六・五キロの小包を航空便で出す。それだと、ピョンボは不要だと言う。この点がどうも判らない。昨日は必ずピョンボを付けるようにと言われたが、今日は不要なのだ。ピョンボが不要と言うのは、船便と航空便とでは、郵送の安全度が異なるからであろうか。

改めて、日本までの郵送料について訊ねてみると、航空便は六万八千五〇〇リラと言う。日本円にして一万三七〇〇円である。高い。昨日の通常郵便局では、航空便でも五～六キロだと二万四〇〇〇リラ（四八〇〇円）と言ったではないか、仮に重量が増えたにしても、料金に三倍近くの差が生ずるとは考えにくい。だが、今はナポリ行きに乗る列車の時刻がある。急がねばならない。迷っている暇などない。

今にして思うと、この時は頭の思考回路がどこかで切断していたらしい。船便で送るということを全く忘れている。また航空便で送るにしても、この料金の違いを検討すべきだった。これでは頭が狂っていたとしか言いようがない。

もう記憶が薄らいでいる。だが、後で考えてみると、航空便でも通常便と特別便との二種類があるらしい。特別便というのは、ある航空便の輸送専門会社があって、ここでの航空便の取り扱いは、速達かつ安全確実という保証が付いているものだ。私の小包、いや小荷物の中身は一万円もしたかどうか判らないが、ともかく安全確実ということに私の目が眩んだらしい。もし、そうだったとすれば、私の旅知識はまだまだ素人の域だと自嘲するしかない。

ともかく今は急いでいる。小荷物を日本へ郵送したので、ほっとする。これで、心置きなくローマを出発することが出来る。

午前九時にホテルへ戻り、地階の食堂に行く。僅か一週間だったが、今からローマを離れるかと思うと、この食堂も懐かしく感じる。牛乳たっぷりのコーヒーを飲んで、食事は終わり。

九時三〇分、ホテルの出口にあるカウンターで、宿泊料金を清算してもらう。滞在費は三日置きに支払っていたので、今日は残る四日分を支払うことになる。税金も含んでいるので、約二万八〇〇〇円だった。かなりの額だ。だが、どう計算しても、一万リラほど勘定が合わない。これはレジ係の簡単な計算ミスであった。余分な支出が重なり、レジ係の計算ミスなどによって不快な気分になっていたので、チップを渡すのを止めておく。

九時四〇分。これよりナポリに向けて出発。例によって、「さらばー、地球よ」という唄を、口ずさむ。タクシーを拾うため、ホテルの路地から表通りに出る。ベネチア広場に面しているので、タクシーはすぐにやって来た。

一〇時ちょうど。ローマ・テルミーニ駅に着く。既に切符は買っているので、まごつくこともない。列車の発車時刻まで三〇分ほどの余裕があるので、駅の構内をぶらつく。食堂やホテル。それからカプチーノや洋菓子を売る娘たち。外貨交換所があった。

ナポリに着いた時に、小銭がないと困るので、西ドイツの通貨で五〇〇マルクほどリラに交換しておく。約五万円程度になった。なお、ナポリまでは距離にして二〇〇キロ余り、昼過ぎには到着する予定。だから、弁当を用意する必要はない。

一〇時二〇分、乗車。列車番号は八八三、座席は喫煙車の二号車。進行方向に向かって右側の良い座席である。これだと車窓展望を楽しめる。なお、この特別急行列車「ペロリターノ」は全席指定で一等車のみ。どの車両も、シシリー島まで行くが、メッシナからは前述したようにパレルモ行きとシラクサ行きの車両とに分離する。

一〇時三〇分、列車は定刻に発車。ローマでは不案内のため、随分と無駄な行動をとったと思う。観光案内書を開くまでもなく、郊外にあるチボリの噴水公園には行っていないし、ローマ国立博物館には行ったが、修理中で有名な「瀕死のゴール人とその妻」や「ルドヴィシの玉座」などの彫像は見ていない。だが、今更、引き返すわけにはいかない。ここは「もはやローマに未練はない」と踏ん切る。今は、私の世界一周旅行の旅程を少しでも消化していけばそれでよい。

列車は駅の低いプラットホームを離れ、ゆっくりと出ていく。ローマ・テルミーニという「駅標」を見送りながら、列車はスピードを次第に速める。ローマ時代の廃墟が後方へと去っていく。

五分後、ローマ・カッシリナ駅を通過。古代の城壁をはじめ、いろんな遺跡。古代ローマの水道（橋）らしい建造物が延々と続いている。そして、早くも郊外。

ここでも宅地化が進んでいる。麦の色は緑。畑地一区画の面積はおよそ一万平方メートル位。農業の機械化は相当に進んでいる。列車がスピードを上げているので、過ぎ行く駅名を読み取れない。

畑地一つの区画面積は次第に広くなり、一〇ないし二〇万平方メートルという規模となる。丘陵地はブドウ畑である。イタリアの葡萄酒生産量は世界一だったか。羊も飼われている。

一〇時四五分。鉄路の左右に化学工場。四つの敷地がある。その背後には、葡萄畑が広々と展開している。この辺りの葡萄園は、手入れが非常に行き届いている。オリーブ園もあるが、何といっても葡萄園が圧倒的に多い。葡萄の主産地なのであろう。残念ながら、この地域ではどんな葡萄酒が出来るのか、その銘柄はもとより産地名すら知らない。

一〇時五五分。右手に松並木の街道。これが遙か遠くまで続いている。旧アッピア街道であろう。並木の松は下枝が切り取られているので、遠くから眺めると、ちょうど、茸の姿になっている。奇観である。

一一時。左手に山が迫ってくる。ラティナ駅を通過。ここで車掌が検札にやってくる。乗車券は持っているので、平然として対応。ところが、この車掌、私の切符を見て、不思議な顔をする。「もう一枚の切符は有りませんか」と尋ねるので、「そうだ」と答える。このとき、私は座席番号四五と四六という二枚の切符を持っていること忘れていた。以前に、同じような切符が何故二枚あるのか不思議に思っていたことがある。この時は、そのことを全く忘れていた。

車掌は英語で、この切符は座席指定券だけだから、ローマ・ナポリ間の乗車券が必要だと言う。そう言えば、ナポリまでの運賃がひどく安いなぁと感じたことを覚えている。

ここで車掌に一万三二〇〇リラを支払う。座席指定券が四九〇〇リラだったから、合計で一万八一〇〇リラとなる。日本円にして約三六〇〇円程度。一等車で、二〇〇余キロも走るのだから、まぁこんなものかなと納得する。それにしても、なぜ座席指定券が二枚もあるのだろうか。今もって、不思議でならない。車掌から渡されたのは、縦横が一五センチと一〇センチの黄色い補助乗車券だった。これは収納しておく。

一一時一五分。右手に平野を見ながら、山際を列車は走る。露出岩の多い山。山頂のほうは緩やかな台地だが、その裾は急斜面だから、これを丘とは呼べない。トンネルに入る。四分位で通過。

一一時二〇分。右手に湖水があるらしい。水面の処々が光っている。この地域は露出岩の多い山々が続いている。

左手にある山の斜面には、ギッシリと建ち並んだ家々。住宅としては、いかにも不便だと思う。景色が良いとか、それとも避暑（寒）地なのだろうか。

平地のほうは、ビニールハウス栽培が盛んだ。オリーブやオレンジの樹園もある。家々の庭先には、もう梅の花がいっぱいに咲いている。春は、もうそこまで来ている。こうしてみると、私の旅は、暖を求めての南への逃避行だ。これから先の、マグレブへの旅もそうだ。

トンネルへ入る。この間はメモを取らなくてよいから、ホッとする。そして時間も忘れそうだ。ただ、ぼんやりとして、車両の走る音を聞いているだけ。

折角の喫煙車両である。ここで煙草を吹かす。身体のどこかに疲れがあるようだ。

トンネルを出ると、ギリシアのオリンピア地方に似た風景。あちこちに、細長く伸びた杉木立。糸杉であろう。日本では、こんな杉を見かけない。オリンポスの神々に似合う杉の姿態である。

一一時三五分。右手に海が見える。真っ白だ。あれがチュニスへの海運会社の名称になっている「ティレニア」の海であろう。右手に古城のある半島。だが、逆光で、白地に黒の一色。ホルミアという処である。浅い湾になっていて、夏は海水浴で賑わうのだろう。漁港もあるようで、なんだか小田原のような雰囲気。

暖かい日差である。とても二月初旬とは思えない。黄色い菜の花も咲いている。

一一時五〇分。松並木はここでも続いている。茸のような姿も変わりはない。

一一時五五分。前方に一つの小さな山。それに突き当たるとトンネル。イタリアの北部にはアルプスがあるので、トンネルを掘る技術も発達しているのだろう。

トンネルを出ると、広い平野であった。菜の花畑。梨園もあるが、ここでは畑地がいっぱいに拡がっている。区画がきっちりと整備され、機械化が進んでいる。もっとも、この梨園は、西洋梨ではないかもしれない。近寄って見れないので、推断するしかない。

広軌、複線、電化、枕木はコンクリート。列車は左側通行で、日本やエジプトと同じである。

一二時一八分。蔓が巻きついた大きな樹木。葡萄とはとても思えないが、私の座席の前に坐っている客が「そうだ」と言う。樹齢が五〇年から七〇年位なので、怪獣のような形をしている。日本ではとても信じられない樹木の形である。とにかく世界は広しだ。空が曇ってくる。

一二時二五分。右手に湾が開ける。そして遠くのほうに半島が突き出している。さらに右手前方には島がある。ナポリ湾とソレントの半島であろう。だとすれば、あの島はカプリだろう。勝手に推測しておく。そこでトンネル。

鉄道の近くに小さな島があり、その背後に製鉄所があった。社宅、見れば丘の上にも社宅がある。

一二時三二分。トンネル。このトンネルを出ると、ナポリ・ガリバルディ駅のはずである。どうやら、このトンネルは本来的なものではなく、地下軌道にしたものらしい。意外に長いトンネルである。蛍光灯に輝く駅を通過する。なんだか落ちつかない。

それより五分ほどで、ナポリ・ガリバルディ駅に到着。ワルシャワ中央駅と同じような地下駅である。だが、プラットホームは客も少なく、混雑していなかった。それにしても、何処が出口なのか判らない。ともかく地上へと続く階段を登ってみる。

ここは、どうやらナポリ中央駅の東口だったらしい。地上に出てみると、そこには駅舎はなく、直ぐに広場、そうガリバルディ広場であった。自分が経験してきた駅舎がない。また周囲に旅行案内所が見当たらないので、ホテルを探す方法がない。少しまごつく。

小雨が降っている。「ナポリの雨」と言えば、いかにも異国情緒豊かで聞こえは良いが、宿無し草の悲しさ、この雨がいかにも恨めしい。

私の旅行メモには、ナポリの宿として、「レックス」と「さよなら」という二つのホテルが記入されている。差し当たり、それらのホテルに当たってみることにする。ここでも、観光案内所を探し、ホテルを探すという旅の常套手段を忘れている。

小雨の降るなかで、やっとタクシーを拾い、サンタルチア地区のホテル・レックスへと向かう。

あらかじめナポリの略図を頭の中に入れていたので、サンタルチア地区が海岸に近いことは知っている。タクシーは繁華街を抜けると、海岸通りの近くを走る。レックスは予約していなかったが、泊まってみたいホテルであった。そのレックスホテルまでのタクシー料金は二〇〇〇リラ。悪いことに、雨がひどく降りだした。

タクシーを路上に待たせて、ホテルのフロントに行き、空室がないか尋ねてみる。係員の応えは、冷たく「ノー」であった。本当に空室だったのかどうか判らない。なぜなら、私の服装は、黒革のコートに黒い革の帽子というスタイルだったから、ホテルの係員は危険人物ではないかと危惧して、宿泊を拒絶したのかもしれない。雨に降られて、私の顔もいくぶん苦走っていたのだろう。ここは黙って引き下がるしかない。

待たせていたタクシーに乗って、中央駅近くの「さよなら」へ行くようにと頼む。位置関係からすれば、最初に走った繁華街の中間地点へと引き返すことなる。

「さよなら」というのは紛れもなく日本語で、どうやら日本から来た若者達が泊まる安宿のようだ。これもガイドブックに掲載されていたホテルである。

繁華街（アヌンツィアタ通り）の三〇番地に位置しているらしい。タクシーの運転手に手伝ってもらい、三〇番地のホテル「さよなら」を探してみるが、容易には見つからなかった。

中央駅から海岸へと抜ける通りは繁華街であるが、少し奥まった場所は、下町風で、いかにも庶民臭い。本来だと、そうした庶民の匂いを楽しみたいのだが、宿無しではどうにもならない。そこにいた老婆の話では、「さよなら」というホテルは廃業したとのこと。これではどうしようもない。タクシーの運転手を永く待たせるのも悪いので、ここで下車し、料金を支払って「さよなら」をした。

小雨は相変わらず降っている。そうだ、深夜に列車で到着した時のプラハでも雨が降っていた。だが、その時の宿探しに比べると、諸条件は遙に良い。そんな状況判断をしながらも、宿が決まらないのは、なんとも心もとなく、うら寂しい。こんなことなら、ローマに到着した直後に、チュニスまでの乗船券と同時に、ナポリでの宿も確保すべきだった。後悔、先に立たず。

重いトランクを曳きずりつつ、そんなことを考えながら、トボ、トボと歩いていたのだろう。気がついてみると、ガリバルディ広場へ戻ってきていた。

それにしても何故気が付かなかったのだろう。見渡せば、広場の南側に、ホテルの看板と矢印が出ているではないか。もう、ホテルなら何処でもよい。いや、ホテルでなくても良い。ただ自分の身体を横に出来る場所があれば、それで良い。

そんな気持ちになって、矢印に従い、広場の南側にある細道へ入っていく。ホテルの名は、「コラプス」であった。イタリア語ではともかく、日本語だと「珊瑚」という意味であろう。英語では「コラル」ではなかったか。いや、なんでもよい。ホテルのフロントで宿泊を願い出たが、ここでも係員に「満員」と、にべもなく断られた。よほど人相が悪かったのだろう。

このホテルに泊まっている客であろうか。母親と女の子がフロントに笑顔で現れる。いかにも家庭的で、声を掛けてやりたいが、今はそれどころではない。

このホテルの向こう側に「プグリーゼ」という赤いネオンのホテルがあった。この際、どこでも良い。フロントに若い男の係員がいた。聞けば、部屋はあると言う。料金は一日が三万五千リラ、つまり約七千円で、しかも料金は前払制になっているとのこと。

なんだか嫌な感じのホテルである。だが、雨の降る今は止むを得ない。今晩も含めて、五泊分の料金を支払う。日程上は、タラントで宿泊予定の一三日を除いて一四日までの宿泊予定である。ローマのホテルよりも上等らしいので、やや高いが、我慢したのである。

ホテルの入口から直ぐ横に入ると、そこにエレベータがあった。そのエレベータがいかにも古めかしい。由緒あるホテルだと、さもありなんと思って、係員に五階の部屋へと案内してもらう。

その時になって、何か変な、どうも危険な感じがする。このホテルには居住人がいるらしい。いや、ここはホテルではなく、安アパートの一室らしい。明らかに騙されたのだ。だからと言って、今更、別のホテルを探す気力はない。ここは、辛抱、辛抱だ。

酷いのは、それだけではなかった。風呂の湯が出るのは確認したが、部屋のスタンドランプが点かない。部屋の鍵も、どこにでもあるような代物で、どことなく物騒だ。すぐに鍵を変えることなど出来はしない。今晩はここで我慢するとしても、明日は別のホテルを探さねばなるまい。バスがあることだけが唯一の取り柄というもの。

手荷物を部屋に残して、フロントへ行く。先程と同じ係員がいたので、「明日以降の宿泊はキャンセルしたい」と申し出る。彼は英語が判らないと言う。どうも奇怪しい。先程まではスラスラと喋っていた英語は何処かに忘れてしまったらしい。

彼は、「金はマフィアが持っていってしまった。だからモネー、フィニッシュ」、つまり「もう金はない」としらばくれる。さらに「ユー、スティ、ファイブ、アンド、ノー、プロブレム」と付け加える。「お前さん、五泊する。そうすれば問題は生じない」と言うのだ。いや、言外に「このまま黙って五泊しなければ、只ではおかんぞ」と脅されているようなもんだ。相手はどうやらマフィアの一員かその関係者らしい。

敢えて逆らうことはしなかった。怒りというよりも、雨の中でやっと見つけた宿だっただけに、むしろ感謝という気持ちのほうが強かったからである。彼としても、私とトラブルを起こすことは望んでいないはずだ。怒らない代わりに、彼には、「私のラゲッジ（手荷物）は安全か」と確かめておく。彼は「シュアー」と言って、「それだけは保証します」との返事。そこには彼の誠意に満ちた顔がみられた。

雨はあがっていた。これより市内偵察である。ホテルからガリバルディ広場に出て、ナポリ中央駅（ガリバルディ駅）のほうへ歩く。広場の中央には銅像がある。言うまでもなく、これはイタリアを統一国家にしたガリバルディだ。

その先に、ナポリ中央駅のモダンな駅舎が構えている。ここは到着時に登ってきた階段を下り、地下道を通って、そこまで行くことにする。

暗い地下道である。しばらく歩くと、やがて列車のプラットホームになる。ここは少し明るくなるが、照明が不足していることに変わりはない。

大きな階段を登っていくと、そこがナポリ中央駅の「中心」であった。ここにはインフォメーション（観光案内所）もあり、コインロッカーもある。そんな近代的な駅である。ここへ降りなかったばっかりに、ホテル探しで、大変な目に逢った。あの暴力的なホテルに泊まる羽目になったのも、その結果である。残念だが、これらのミスは私のチョンボ、落ち度である。

切符の発売口がどこか、乗車口がどこかを確かめて、正面玄関からガリバルディ広場のほうへ出てみる。

うーん、返す返すも残念。駅の左手角にホテルがあった。その名もステーション・ホテルだ。もう、自分の阿呆らしさが嫌になる。しかし、もう自分を責めるのは止めよう。あの場合は、仕方がなかったのだ。自虐的な思考は、私の旅にとって、生産的ではない。

ガリバルディ広場の南にあるリベルタ通りを西へ向かって歩き始める。リベルタ通りというのは、「自由通り」とでも言うのであろうか。イタリア語から英語を類推し、それを日本語に訳すのだから、全くの当て推量である。ホテルのある街角、そのもう一つ先の街角には海鮮料理のレストランがあった。これで食事のほうは大丈夫。

さらに、ガリバルディ大通りを横切って、斜め左へ曲がると、そこがナポリの代表的な商店街、ウンベルト大通りであった。しばらく歩くと、左手にカメラ屋があった。そうだ、この店で、これまで写したフィルムを全て現像しておこうと思う。東ヨーロッパ、トルコ、ギリシア、エジプト、それからローマで撮影したフィルムが随分と溜まっている。五日もここへ滞在するのだから、現像する期間は十分にあるはずだ。ただし、ウィーンで生じたような問題だけは避けるように留意したい。

さらに一〇〇メートルほど歩いてから、同じウンベルト大通りの向こう側へ渡り、そこからホテルへと引き返す。

小雨が降り続いている。肌寒い。それでも人通りは多い。さすがにナポリ第一の大通りである。バス、タクシー、それから乗用車がひっきりなしに走っている。あの「さよなら」というホテルがあったという場所の周辺を過ぎ、それからガリバルディ広場のところから、再び市場へ戻り、その中を歩く。

野菜や衣類などを売っているが、それには目もくれず、さきほど見つけていた海鮮レストランを覗くことにする。空腹なのだ。時計をみると、もう午後二時である。

店の入口には、おそらくナポリ湾か周辺海域で獲れたのであろう、魚やムール貝、それからエビなどが陳列されている。美味しそうだ。食欲が湧いてくる。だが、値段のほうが気になる。ともかく店に入ってみる。

店内には幾つものテーブルが並んでいるが、ボーイもいないので、勝手に場所を選んで坐る。周囲には、昼間から呑んでいる男たち。まぁ、この雰囲気のレストランだと、ゆっくりと気楽に食事ができるというもんだ。

まずは、私もビール、それからスパゲティ。なんとしても、ナポリはスパゲティの本場だから、これを注文する。さらにムール貝、イカ、タコが入った前菜。

雨が次第に激しくなってきた。ずぶ濡れになった男女が入ってくると、さっそくビールを注文していた。

出てきたスパゲティは、半茹でのような感じで、麺に芯が残っていた。なんとも煮え切らない感じである。しかし、これが本当のスパゲティ、本場のナポリタンなのかもしれない。魚介類が新鮮なので、今後も、この店を利用したい。

気にしていた料金は、全部で八八〇〇リラ、八〇〇リラが税金かサービス料だろう。まぁ、日本円にして一七〇〇円程度だから、それほど高くもない。満腹になると、眠くなる。このレストランからホテルまでの距離は、歩いて僅か二分だった。

ホテルへ戻ったのが午後三時である。俄に大雨、夕立である。この夕立は物凄い。土砂降りなので、前の建物が霞んで見えない。

それにしても疲れている。今朝は早起きだったし、当地に着いてから宿探しで歩き通しだったからであろう。その疲れと微量のアルコールが昼寝を誘発する。余り上等ではないベッドに横たわる。

その時である。扉を叩く音。この眠いのに、一体何事かと扉を開けてみると、一人の中年男が立っていた。年齢は五〇歳くらいで、長身、どうやらホテルの人ではなさそうだ。一瞬、緊張。

この男、イタリア語で何やら喋ると、ズカズカと入ってくる。さらに部屋の中をぐるりと見渡し、さらに風呂場を覗く。どうも怪しげな振る舞いだ。

今度は、私に向かって何か喋ってくるのだが、全く判らない。この男、暴力を振るう様子でもないし、なんとも奇妙である。善意に解すると、「部屋で何か不足しているものはありませんか」と尋ねているのかもしれない。

今は特に困ったこともないし、手振りで、「出ていってくれ」と男に伝える。それでも男は五分ほどブツブツと言っていたが、部屋から出ていった。どうも奇怪しい。

それでも、なお善意に解したい。どうやら、この男はこのアパートの住人で、ホテルの下請けとして宿泊者の要望などを尋ねる仕事をしているであろう。そう解すると、どうにか辻褄が合う。ひょっとすると、男はこの階に住んでいる一般人で、彼の妻子も、このアパートに住んでいるのかもしれない。

酷いホテルである。これまでは、眠るところさえ確保できればと自分を納得させてきたが、それも阿呆らしくなってきた。このホテルはアパートの空室を割高の料金でホテルとして使っているのだ。これは悪質、明らかに詐欺的行為ではないか。背後に暴力団が関係しているらしい。そう考えると、どうも不気味なホテルである。

だが、何時までも、クヨ、クヨと考えても、仕方がない。なるようになれと思って、今は眠ることにする。毛布だけは新しかったが、ジメーとしたベッドであった。

……余程疲れていたのであろう。目が覚めたのは、午後八時であった。空腹である。服を着て、四千円ほどのリラを持って、ホテルを出る。金を多く持つと、強盗などに出会ったときに困るからである。

雨はあがっていた。ガリバルディ広場に出て、先程の海鮮レストランを見ると、もう店は閉じていた。広場の向こう側、北側になるのか、そちらの方が、いやに明るい。あちらの方へ行けば、レストラ

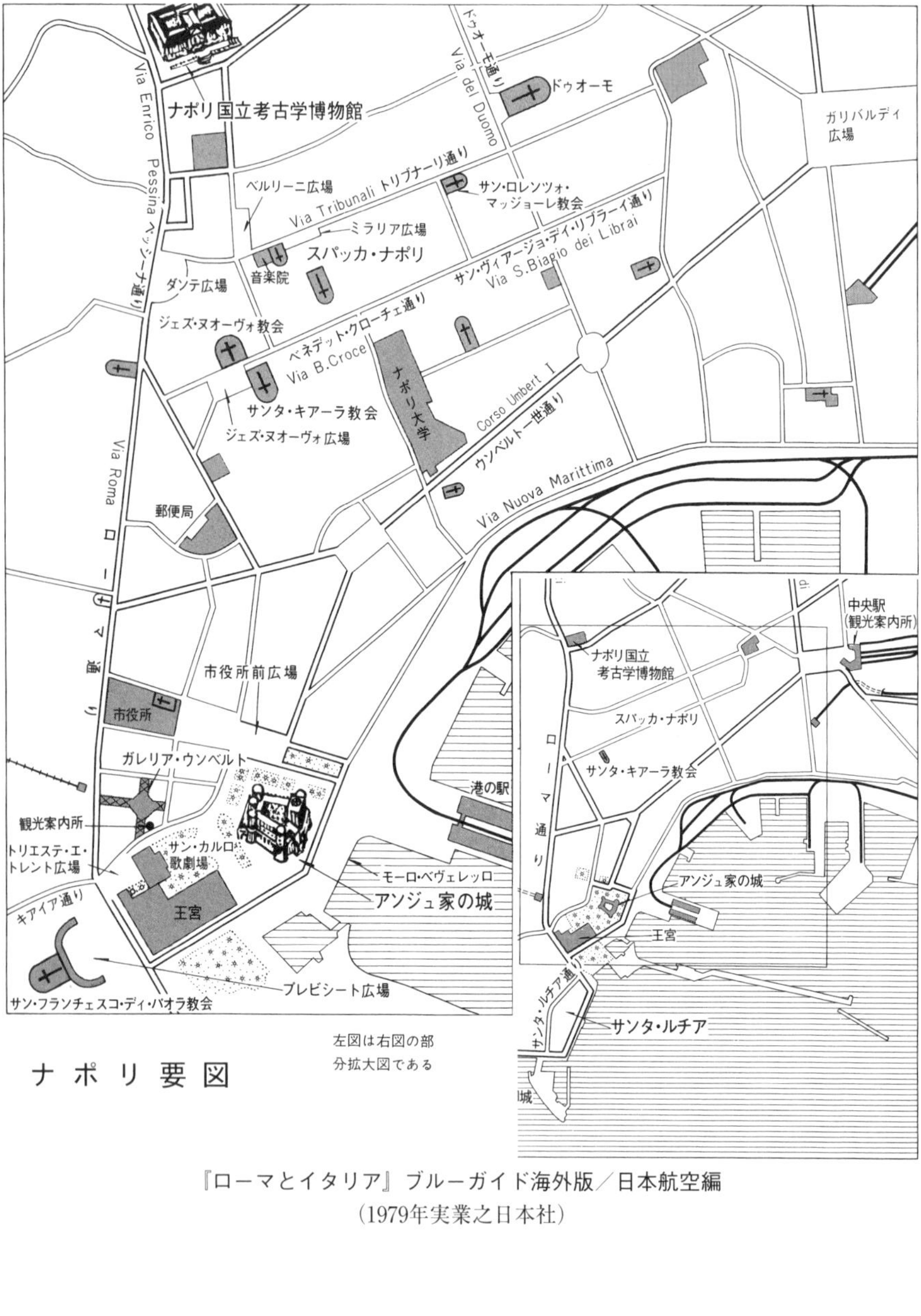

『ローマとイタリア』ブルーガイド海外版／日本航空編
（1979年実業之日本社）

ンか安食堂があるだろうと広場を横切る。

夜、雨上がりのナポリ。こう言えば、いかにも詩情がある。だが、風が冷たい。この儘では、身体が冷えきって、風邪を引きそうだ。何か熱いものが欲しい。だが、広場の向こう側にはそれらしき店はなかった。暗い通りである。その通りに面した店々は、早々に扉を閉めたようだ。

左手の暗い道をトボトボと歩く。と、街角に夜店が出ていた。おばさん一人だけの店である。何を売っているのかと覗いてみたら、茹でた蛸であった。数人の客が並んで待っている。

おばさんの手元を見つめる。おばさんは蛸の脚を包丁で切り、その一片をコップに入れて、何かのスープを注いでいる。よほど熱いのか湯気がホッ、ホッと出ている。

スープだけでなく、茹でた蛸の脚一本を買って、そのまま口に入れている客もいた。茶色のスープは蛸のスープだった。これは珍しい。しかも美味しそうだ。コップ一杯に、客が支払う金額は五〇〇リラ、日本円にして百円。これは旅日記のネタになりそうだ。

そこで私も行列の後に並び、コップの蛸スープを入手。本当に熱い。これで身体もどうにか温まりそうだ。

グッとスープを一口。塩辛い。とても「美味」と言えるような代物ではなかった。それでも、これだけの客があるのは、その塩味を欲する人々、おそらく肉体労働者がいるということだ。となれば、この蛸スープはナポリ庶民の味だ。一流ホテルでは、この味を嗜むことは出来まい。人生、何が幸いするか判らない。

蛸と言えば、日本では明石の蛸。新鮮な蛸は刺身に、また「おでん」の具にはなるが、蛸スープというのは聞いたことがない。そこで思い出すのは、北海道の浜頓別。ここの蛸はオホーツク海産のオオダコだが、浜トンの人々は蛸スープを味わうのだろうか。いつか機会があれば、道庁の杉本昭則君にでも聞いてみようと思う。いずれにせよ、地域漁業に関する問題意識が拡がったことだけは確かである。

この辺りは、ナポリの下町になるのだろうか。それにしても、暗いし、寒い。小さな食堂があった。雑貨商のような店で、マンダリンや林檎なとの果物を売っている。ビールや飲用水も売っている。英語が通じるかどうか判らないが、とにかく店に入ってみる。

これまた小さな椅子があった。その椅子に腰掛け、ビールとパン、それに蛸の足を胃の中に収める。これでなんとか腹の虫が収まる。このような庶民の店で食べる方が落ち着きがあり、気が休まる。店のおじさんも気安く、親切であった。なお値段のほうは、全部で四五〇〇リラ。支払を済ませて、この店を出る。ホテルまでの夜道は、雨上がりのためか、やはり冷たかった。

ホテルへ戻る。部屋に異変はなかった。それでも、万一のことを考えて、ドアの内側には大きな木製の机を置き、それにベッドの端を押しつける。こうすれば、外からドアを開くことは、まずもって不可能だろう。怪しげなホテルの一室、一人旅だからよほど用心しなければならない。仮に、私が殺されたとしても、誰も知らないのだ。そんな一抹の危惧を抱きながらベッドに入る。

午後一〇時に就床。明日は、いよいよカプリ島の見学である。それにしても、今日は、航空郵便料、鉄道の乗車券、怪しいホテルと「三隣亡」であった。

一九八二年二月九日（火曜日）

第八日　カプリ島とソレント

午前八時三〇分、目が覚める。何だか身体がだるい。睡眠は十分にとったつもりだが、部屋の湿度が高かったからかも知れない。

昨晩は何も起こらなかった。防犯のため、ドアの手前に移した机を見て、自分が情けなくなる。それほど、臆病になっていたかと苦笑。だが、諸般の状況を考えると、あれで良かったのだ。

今日はカプリ島の見学。差し当たり腹ごしらえが先決。

九時一〇分、身支度を済ませ、旧式のエレベータに感心しつつ階下のフロントへ降りる。フロントの「お兄さん」に、「ボン・ジョールノ」と挨拶すると、「グッド・モーニング」という英語が返ってくる。そして「ミルク?」と問うので、無料かどうか判らないが、「ヤー」と応える。

フロントの椅子に腰掛けて、イタリア語の新聞を眺めているうちに、「お兄さん」はミルクを持ってくる。温かいミルクであった。「無料」と言う。せめて、この位のサービスをしてもらわないと、昨日からの不満続きは癒えない。

ミルクを飲んで、機嫌を直し、心機一転。カプリ島へ行く船の波止場を目指して出発。まずは、ガリバルディ広場からウンベルト通りに出て、そこの銀行で、昨日同様西ドイツの五〇〇マルクを換金。昨日、五泊分のホテル代を支払ったので、カプリ島へ行くには、万一のことを考えて、この程度の金は用意しておきたい。

さて、私の「旅行ノート」を見ると、カプリ島へ渡るには、ナポリのメルジェルーナ港から水中翼船に乗り、三〇分で着くと書いている。だから、タクシーを停めて、「メルジェルーナ・ポルト」と行き先を告げる。そして念のために「イーゾレ・ディ・カプリ」(カプリ島)と言い添える。

タクシーはナポリの港地区へと走る。だが、着いたのは、手前のモーロ・ベヴェレッロ港であった。確かに、この港からもカプリ行きのフェリーが出ている。だが、こちらの所要時間は二時間。旅人としては、時間短縮という意味でも水中翼船を利用したかった。

それなのに、どうしてタクシーはフェリーの発着場に停車したのであろうか。私が念のために「カプリ島」と追加した言葉が余計だったのかも知れない。運転手が親切心で、「カプリ島へ行くのなら、この港ですよ」と気を効かしたのかもしれない。いや、何かの都合で、水中翼船は休業中なので、この港で下車させたのかもしれない。

だが、本当に水中翼船に乗りたいのなら、ここでタクシーを下車せず、メルジェルーナ港まで乗らなかったのか。ここは私の悪癖が出たのだろう。何が幸運で、何が不運となるのか判らないから、「勝負は時の運」とか「まぁ、フェリーでもええやんか」と鷹揚に構えたのであろう。元来、私の根性は「ずぼら」なのかもしれない。

海岸沿いに、切符売場がズラリと並んでいる。ソレントへの船、プロチダ島やイスキア島へ行く船、もちろんカプリ島行きのフェリーも停泊している。あれこれと尋ね歩いて、やっとカプリ島へ行くフェリーの切符売場が判る。「船はいつ出ますか」と英語に尋ねると、「一〇時五〇分発です」と言う。

出航まで、まだ一時間以上もある。やはり水中翼船で行くべきだったと後悔するが、もう賽は投げられたのだ。ここで決断し、一二〇〇リラ（四四〇円）で乗船券を入手。後は乗船するだけである。

この海岸から遠く左手を見ると、大きな裾野と二つの峰をもった、なだらかな山が霞んで見える。言うまでもなく、噴火による火砕流でポンペイを埋めつくした、あのベスビアス火山（ヴェスビオ）である。

昨日は、雨だったので、この山のことをすっかり忘れていた。だが今は、自分の眼でヴェスビオを確かめることが出来た。よくもここまで来たもんだという一種の感激。

ところが、こうして実際に山を見ると、逆に、あれが本当のヴェスビオかと疑いたくなる。不思議なもんだ。ここからどの位の距離があるのだろうか。かなり離れているので、この山の第一印象は、漠然としたものだった。いつもだと、「赤い火を噴く」とか「フニクリ、フニクラ」という青春の歌詞が浮かんでくるのだが、今は、それがない。

「ナポリを見て死ね」という有名な格言がある。昨年の秋まで、つまりソ連や東欧で、この格言を、遠い別世界のように思っていた。それが俄に身近に感ずるようになったのは、エジプトからリビアへの旅ルートが不可能となり、南イタリア経由でチュニスへ渡るコースを余儀なくされたからである。

ナポリの港は世界の三大美港。それには港の背景として、このベスビアス火山があるからだ。もう一つは砂糖岩のあるリオ・デ・ジャネイロ港だが、残る一つは多様。オペラ座を背景とするシドニー港をはじめ、香港、シンガポール、ケープ・タウン港、バンクーバー港など、国及び人によって異なる。世界の三大美女がクレオパトラと楊貴妃の二人は決まっていても、残る一人は保留された儘になっているのと同じである。いずれも都合によって、追加すれば良いように仕組まれているのだ。賢い人間の智慧だ。この場を借りて、敢えて私見を披露すれば、鹿児島港かケープ・タウン港を加えたい。

さて、今の今は、ベスビアス山に見とれている暇はない。僅か一時間でも、ナポリ港周辺地域を見学するため有効に活用したい。

この港の近くには、城塞のような、あるいは牢獄のような建造物がある。これが「アンジュ家の城」である。古代エジプトの神殿やローマのエマヌエル二世記念堂などと比較すれば、規模や豪華さという点で見劣りするが、建造物の四隅には望楼があり、城壁の最上部には凹凸があって、中世ヨーロッパの城といった雰囲気を残している。

出来れば、この城の中へ入ってみたい。そこで、城の右側から周辺を巡ってみる。

その途中、頭を挙げると、道路の両脇に植えられている並木の間から、小高い丘と白亜の建造物が見える。地図を開いて確かめると、それはサン・マルチーノ国立美術館らしかった。それと同時に、あの美術館からナポリの市街地や港湾を眺めると、さぞかし素晴らしかろうと想像する。

さて、この並木通りには、小さい噴水があった。公園のような通りである。「ピッツァ・ムニシピオ」とあるから、公営広場とでもいうのだろう。この広場から左手に曲がる。すると、五〇メートル程で「アンジュ家の城」の正面に出てきた。

ここも公営広場の一部なのか、広々としている。橙色をした大型バスが数台停まっていた。ここはバスターミナルなのかも知れない。あるいは、「アンジュ家の城」へ観光客を乗せて来るバスのプールかもしれない。

「城」の正門上部には、素晴らしい彫刻が施されている。そこには、天蓋のある四頭だての馬車に貴

アンジュ家の城と城門の彫刻

人が乗り、その前方に鼓笛隊、後方には多くの従者か見送り人が連なっている。宗教的とも思えるが、なんとなく牧歌的な雰囲気をもった行列だ。

その彫像の上には、もう一つ大きなドームがあり、そのドームの上部には四人の聖女（天女）の立像がある。さらにその上部には、二人の巨人が浮き彫りにされ、頂上には右手を高く掲げた男の立像。その頂上までの高さは、ざっと二〇メートル。

市街地にあるとはいえ、流石に要塞である。正面から、建物の中に入ってみると、現在は警察署になっているらしかった。しかし、「城」でもあるから、観光財としても活用しているはずである。建物の中に人影はない。シーンとして、まるで「無人の館」だ。

階段を登っていく。三階まで登ってみたが、どこにも出入口がない。どうも不可解だ。小さな窓から、外を覗いてみると、眼下にナポリの港。フム、フム、成程と納得。

ここから眺めると、敵の侵入を撃退したり、輸出入する商人たちから税を取り上げる場所として、この「城」は最適の立地をしている。平地であるのに、アンジュ家がここに「城塞」を建設したのは、それなりに理由があったのだ。

それが判ったところで、この城の見学はこの程度にし、階段を降りて、城外へ出る。途中、警官らしい人達に出会ったが、誰何されることはなかった。

もはや、波止場のほうへ戻る時間。ナポリのバスを横目で見ながら、ゆるやかな坂道を下っていく。途中、急な曲がり角のある坂道だったが、それが、この城を情緒あるものにしている。

坂道を降りて海岸線まで出ると、正面にナポリ港の「駅」がある。港務所や税関なども、ここにあるらしい。

特記したいのは、ここから港の風景を楽しめるということだ。なにしろ、大きな客船が数多く停泊しており、しかも、それらの外航船は、いずれも現代的で、船体のスタイルとデザインは世界の最先端なのだ。

停泊する外航船

白い姿のフェリーは、ナポリ船籍のシビリア号、最新型で八千トン級と思われた。それから船体を橙色に染めた一万トン級のフェリーはエスプレッソ・ベネチア号。こちらはベニス船籍である。

これらイタリアのフェリー（貨客船）は、ナポリからサルディニア島やシシリー島、さらには南イタリアのタラントを経由して、ベニスまで北上するのであろう。あるいは、地中海巡りの観光クルーズをしたり、北アフリカのチュニスやアルジェ、時にはタンジールやカサブランカ辺りまで航行するのかも知れない。

ギリシアのプリウス港で見た豪華観光客船も含めて、これらの船舶と日本のフェリー（多くは航送船）を較べてみる。これは主観的だが、日本の場合は機能的ではあるが、外観は船舶（女性名詞）としての気品に欠けるようだ。もっとも、イタリアの船の場合には、二本の煙突が平行した構造なので、どこか私に異質性を感じさせるものがある。

そんなことを考えながら、カプリ行きの小さなフェリーに乗り込む。小さいと言っても、三千トンクラスのフェリーである。

時刻は午前一〇時二〇分。出航までに三〇分の余裕がある。後甲板に出てみると、この区域が船溜まりになっている。この船溜の西側と南側には二階建の上屋があり、そこにはカプリ島やイスキア島へ行く船会社の事務所が入居しているようだ。手前には、アルゴル号という観光客船が停泊している。この船は、赤と白のツートンカラーで、いかにも速力が出そうだ。船籍は見落とした。

そうこうしている中に、船が動きだしたようだ。出航の正確な時刻は掴めなかった。日本のように銅鑼を鳴らさないのも、どこか違和感。

フェリーはやがて速度を速め、外海へと向かう。右手に赤い灯台のある突堤。その先端を通り過ぎると、そこはもう地中海、より正確にはティレニア海である。

振り返って見ると、モンテの丘、それから港のサンタルチア地区が絵のように拡がっている。さすがに美しい。「ナポリを見て死ね」と言われるだけのことはある。

もっとも、私の場合には、「ナポリを見たから死んでもよい」とはゆかない。日本、母や妻子が待っている日本の土を再び踏むまでは、死んでも死に切れない。

やがて、ナポリの街は、スモッグの中に霞んでいく。世界の三大美港と言われるナポリもスモッグに襲われているのだ。無政府的生産と限界ある社会的消費力との矛盾。

フェリーは次第に速度を挙げていく。もう、ナポリの港外である。沖のほうを見ると、白波があちこちに立っている。だが、この程度だと、「凪」と言ってよいだろう。

ナポリ港外。だが、予想もしなかったことがあった。それは、この平和であるべきナポリ湾に、巨大な原子力空母と原子力巡洋艦が停泊していたのだ。もちろん、これらを護衛する数隻のフリゲート艦もいる。ナポリ港は、アメリカ軍の、いやＮＡＴＯ軍の基地として使用されていたのである。空母は話題になっているカールビンソンのようだ。

午前一一時二〇分。快晴なれど波高し。下界は霞んでいるが、ベスビアスの山容が、はっきりと見える。フェリーは大きく縦揺れ（ピッチング）するが、船酔するほどではない。

　左舷のほうを見ると、ソレント半島が、ずーっと延び出ている。あの中間付近がソレントになるのであろう。もとより靄の中。

　甲板の上では、若い男女があちこちで抱き合っている。若きイタリア、そしてナポリの青春。ベスビアス、サンタルチア、ソレント、カプリ島。それぞれに、世界的に有名な民謡がある。だが、ナポリ湾に停泊している原子力空母や巡洋艦もまた現実の風景だ。

　一一時三〇分。カプリ島が見えてくる。中央部に六〇〇メートルほどの山（モンテ・ソラーロ）が聳え立ち、その西側は大きく切り込んだ断崖と絶壁。海風が強くなる。船も揺れだすが、不安はない。

　一一時四〇分。もう一度振り返ってみると、ナポリの方は茶色に崩れた岬が微かに見えるだけ。ベスビアスはもう靄に包まれて見えない。ソレントの街が左手に見えるが、街の北側（?）は断崖になっているようだ。海がいよいよ荒れてくる。

　カプリの島が刻々と大きくなる。起伏の大きな島だ。それだけに、その自然的景観は観光資源になりやすい。背後のモンテ・ソラーロは白い地肌を見せ、垂直に切り立って、海岸へと迫っている。

　一二時一〇分。フェリーはカプリ島のマリーナ・グランデに入港。上陸したのち、直ぐにカプリ第一の名勝、「青の洞窟」へ行こうと思う。ところ

カプリ島のソラーロ山

が、誰に聞いても、「今日は海が荒れているので、見学用の小舟で行くのは不可能だ」という返事だ。「夏の日々はほとんど大丈夫なのだが、冬季は駄目な日が多い」とも言う。

そう言えば、今は冬季なのだ。これまでは灼熱のエジプト、それから暖いローマを巡ってきたので、「冬」を忘れていた。「冬季は海が荒れる」という常識を思い出し、季節感を取り戻そうとするのだが、駄目だ。このカプリ島も暖かい。

フェリーの発着場となっている防波堤を歩いて、市街地へと向かう。見渡すと、街全体の家々が、白と黄茶色の二色に統括されている。つまり観光の島として、色彩面でも、美しい街づくりに努力しているのであろう。アーチ式の出窓は、如何にも南欧風である。ここでソレント行きの船便の出航時刻を確かめる。午後三時発であった。

このマリーナ・グランデ（大きな湊）から、二つの山の鞍部にあるカプリの町まで登るのには、ケーブルカーを利用する方法がある。もとより歩いて行くこともできる。だが、私はバスを利用する方を選んだ。

真っ赤な色の小型バス。観光地らしい可愛いバスだ。車内は、若い男女で満員。流石に座席を確保することは出来なかった。

バスは、九十九折になった坂道をゆっくりと登っていく。その坂道の周囲には、花園に囲まれた民家があり、庭園には、葡萄などの果樹。これらの民家は、その規模から推して、セカンド・ハウスであろう。しかも、この暖かさだ。避寒地としては申し分ない。

目を海側に転じる。バスが一つのカーブを曲がるたびに、マリーナ・グランデが小さくなっていく。

この満員バスに一〇分も乗ったであろうか、峠に出る。ここで下車。この峠は島の中央部に位置し、島の東西南北へ通ずる十字路である。北は今来たマリーナ・グランデ、そして南はマリーナ・ピッコラ。ピッコラは楽器のピッコロを想起させるが、グランデの「大きい」に対して、「小さい」という意味である。

また三〇〇メートルほど東へ行くとカプリの町、そして西へ向かえば、アナカプリの町に出ることになる。ここには、それを明記した観光用の道標が立っていた。

ここで煙草を一服し、今からの行動予定を考える。ともかくカプリ観光の一大名所、「青の洞窟」へ行きたい。海から行けないとなれば、陸のほうから行くまでだ。タクシーがあるかどうか判らない。道標の傍に、バスの時刻表があり、この峠からは、カプリとアナカプリの二方向しか路線がない。

この峠から見ると、アナカプリへは急峻な坂道だ。そこまで行けば眺望が素晴らしいのではないかと思って、登っていく。

予期したよりも急な坂道だった。こんな処をバスが登るのかと思うと、恐ろしい気もする。一〇分も登っただろうか。息切れがしてきて、そこでギブ・アップ。再び峠の処へ戻り、煙草を更かす。エジプト煙草はもうなくなった。

折しもカプリからアナカプリへ行く小型バスがやってきた。ともかく乗車。料金は三〇〇リラ。客はそれほど多くない。だが、ここは観光地。乗客の大半は若い女性だった。バスは先程ギブ・アップした坂道を上り詰めると、そこは高原状の町並みが広がっていた。正直な話、バスの行き先であるアナカプリの正確な位置を私は知らない。まぁ、六〇円という料金を目処に、つまり「経済距離」で、ここから、そう遠くないだろうと推測する。言うなれば、バスに行き先を任せるしかない。終点まで行けば、この島の最高峰であるモンテ・ソラーロへ登る何かの交通手段があるのではないかと考える。

バスはアナカプリの中心地のような商店街に着

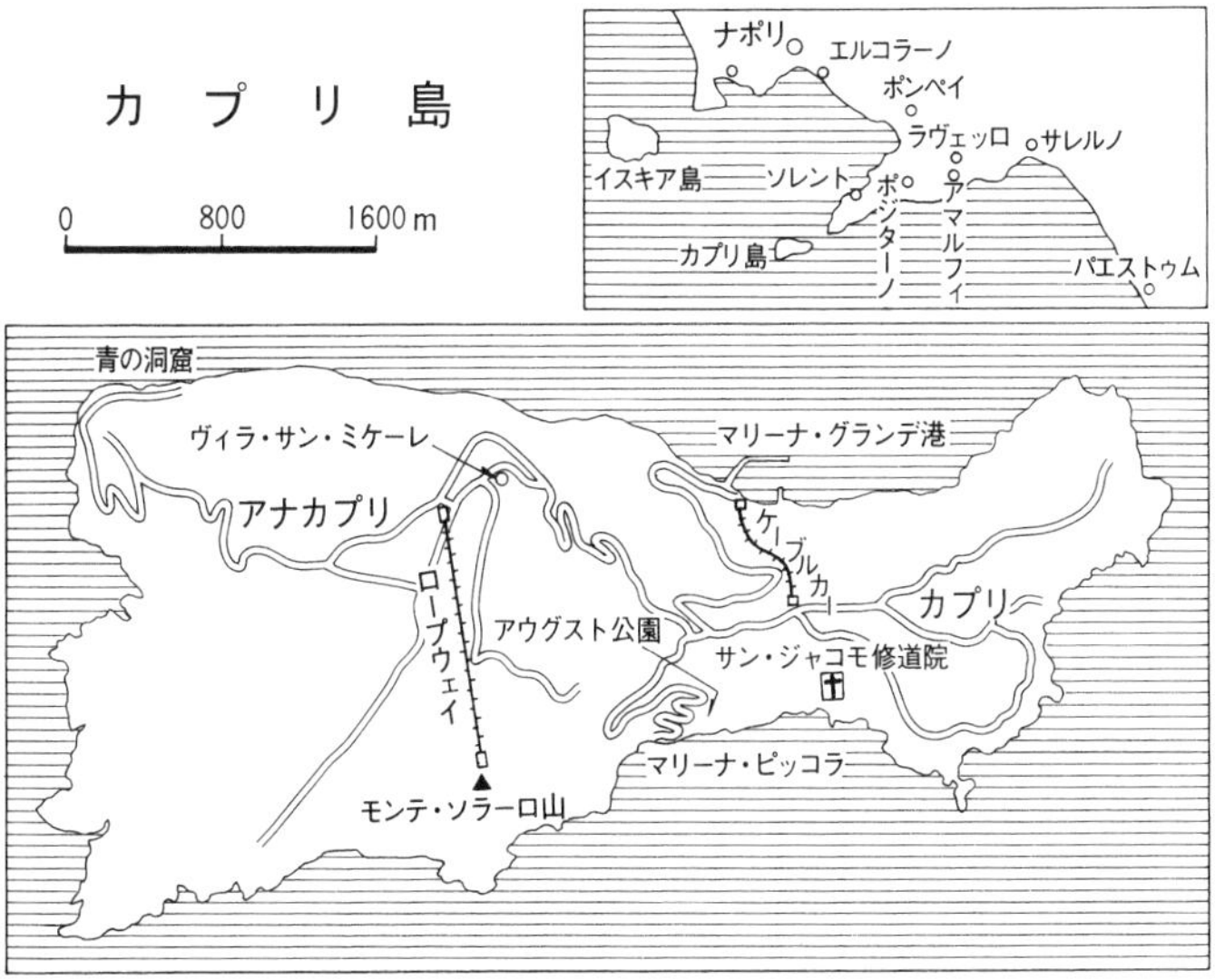

『ローマとイタリア』ブルーガイド海外版／日本航空監修
(1979年実業之日本社)

く。ここで若い人達はみんな下車。客は三人となる。どうも不安だが、客がいる限り、終点まで行くことにする。やがてバスは、別荘地のような高原を走る。そして終点。終点だから、やむを得ず下車。下車したものの、この周辺は木立が多く、静閑とした別荘地。これではどうしようもない。「青の洞窟」へ行くバスがあるのかどうかも判らない。

こうなったら最後の手段。通じるかどうかは別として、乗ってきたバスの運転手に手真似で話掛ける。運転手によれば、ここからモンテ・ソラーロへは行かないと言い、このバスは暫くしてからカプリへ引き返すのだと言う。旅行メモで、「青の洞窟」のイタリア語が「グロッタ・アッズーラ」であることを確かめ、そこへバスが行くかと問うてみる。

この運転手は余程勘が良いのだろう。私のイタリア語が判ったとみえて、「ノー」と言い、「青の洞窟へ行くには、バス停を二つほど戻り、ヴィラ・サン・ミケーレで待ちなさい。そこまで八〇〇メートルだ」と親切に教えてくれる。

そのヴィラ・サン・ミケーレというのは、あの坂道を上り詰めた処だ。行動目的がはっきりすれば、気力も湧いてこようというもの。さっそく歩き始める。

暖かいというよりも暑い。今が二月だとは思えぬ暑さだ。左手は、立木を利用した垣根、それから土塀。右手はやや急な崖となっている道。果樹を植えている別荘。やがて右手の山に、スロープが見えてくる。そのスロープには、モンテ・ソラーロへ登るロープウェーが架設されている。だが、冬季はどうやら休業となるらしい。

山頂へ登るには、時間的制約もあるが、疲れてもいるので、さすがに今は歩いて登ろうという気力がない。いつか女房と一緒に来たときにでも、ロープウェーに乗ろうと思う。

そう言えば、女房の友人で、「カプリ島の想い出」という歌が好きな女性教師がいた。村山さんだったと思う。「想い出の島カプリ、君と逢いし島よ」とこの歌の出だしを、口笛で吹いてみたが、どうも、そのリズムに気分が乗らなかった。

道がゆるやかな下り坂になった処で、商店街が見えてくる。バスの窓から見ていたので間違いない。あれがサン・ミケーレ、アナカプリの交通中心地である。ともかく目的地へ到着したので気持ちが安らぐ。

道の突き当たりは雑貨屋であった。土産になるような珍しいものはないかと陳列品を目で追ってみたが、目ぼしいものはなかった。空腹。角の喫茶店に入り、ピザとパインジュースを注文する。日本では、ピザなんて口にしたこともないのに、ここカプリ島では食べたくなるから不思議だ。

白い壁の喫茶店は明るい。遠くはナポリ、ヴェスビアス、サンタルチア、ソレントなどに囲まれ、そして近くにはカプリ島、マリーナ、高原と太陽。そんな「言の葉」が部屋中に溢れている。食事もできるから、軽食堂と言ったほうがよいかもしれない。

客は私一人だった。若い女性店員が、壁に貼られたバスの時刻表を指さしながら、「グロッタ・アッズーラ行きのバスは、午後一時四〇分の発車です」と教えてくれる。先の運転手といい、彼女といい、親切なことである。

「青の洞窟」行きのバスが来るまでには、まだ時間がある。それまでは、のんびりと食事を楽しむだけ。

トマトの入ったピザは美味であった。さすがにイタリアのピザ。イタリア語を知らないから、ここは「ジス、ピザ、ボン」と褒めておく。その意味が判ったのか、にっこり笑ったカプリ娘のえくぼが可愛かった。代金の四〇〇〇リラ（約八〇〇円）を支払って、店を出る。

待つこと暫し。定刻どおりに「青の洞窟」行きのバスがやってきた。これまでと同じ小型バスである。手を振り上げて、バスを停止させる。運転手に「グロッタ・アッズーラ?」と尋ねて、行先を確かめておく。私の他は、学童が一人。その学童が降車する場所を運転手は知っているのであろう。途中の停留所でも、バスは停車することはなかった。

バスは枯れた樹木と民家の間をくねるようにして走る。やや下り坂になったバス停で、子供は降りた。運転手は前後の安全を確かめてから、ゆっくりと発車。やさしい気遣いである。

ここからは七曲がりのようになった細い道を下っていく。約一五分で終点。何もない崖の上。目の前は海。陸地から「青の洞窟」へ行く道は、そこが入口であった。

「三分後に折り返す」と言うバスの運転手に、「それまでには戻るから」と約束し、急ぎ足で、坂道を降りていく。

手摺りのある小径だが、私の他にだれも居ない。

陸地から見た「青の洞窟」（カプリ島）

石灰石で出来ているのか、白い断崖。その崖には枯れた雑草。強い風に岩を噛むような白波。鉛色をした海には、釣り舟すら見えない。夏だと、観光客を乗せた小舟で賑わう世界の名所なのだが、今は冬、それも荒天とあれば止むを得ないだろう。

「青の洞窟」は閉鎖されていた。予期していたとはいえ、残念。写真を撮るのも忘れ、慌てて引き返す。途中、悔しさに紛れて、愚作一片。

　風渺哭波濤噛巌
　　地急峻人不入窟

バスは待っていてくれた。「グラッツェ」（有難う）と知っているイタリア語を披露して、バスに乗り込む。一五分で、アナカプリ。例のピザ屋さんの前で下車。バスの料金は、往復ともに二五〇リラ、五〇円であった。

これよりカプリ島の観光対象の一つ、ヴィラ・サン・ミケーレの見学。入場料は七五〇リラ（二五〇円）である。白い壁と円形ドームのあるアラブ風の建築様式。だが外観はキリスト教の寺院のように見える。彫像や柱頭などの出土品で庭を飾り、いかにも洒落た雰囲気。玄関からの階段を登っていくと、左手は松並木のある細道。ついでだから、寺院の中を覗いてみる。左手の奥が礼拝所になっていた。入口にあった英文のパンフレットによれば、ここは、スウェーデンの著作家で医者でもあったアクセル・ムンテが古代ローマの遺跡の上に建てたヴィラ（邸）だ。彼が書いた「サン・ミケーレ物語」がベスト・セラーとなり、多くの国で翻訳されたらしい。それ以来、この邸は「サン・ミケーレの邸」と呼ばれるようになったそうだ。英文パンフレットは、そのように説明している。道理で、邸の中が芸術的な香りに包まれていた訳である。

礼拝所の中はさすがに素晴らしかった。広い床面はモザイク・タイルで敷き詰められ、そこにはユニコーン（一角獣）、ラクダ、ライオン、象などの動物、それから色とりどりの水鳥たちが水辺で遊んでいる絵画が描かれている。絵図の中には、天使もおれば、天女もいる。中央には一本の大きな樹木が描かれ、それには巨大な錦蛇が巻きついている。まさにアダムとイブが登場しそうな神話世界の絵図である。

これより二階へ。白いドームが続くテラス。古代の列柱、胸像、彫像、続いてクラシックな机。おそらく家主だったアクセル・ムンテが使っていたものだろう。その先に、岩に腰掛けた男の裸像。ロダンの「考える人」が、考えることを止めたようなポーズ。これらにどの程度の芸術的価値があるのか、私には判らない。

このテラスを抜けると、藤棚のあるベランダ。風がそよぐ。太陽の光をいっぱいに受けた緑が美しい。このベランダから海が見える。

ベランダの先は、バラや棕櫚などがある庭園。この庭園の周囲には、細くて高く伸びきった杉。これはギリシアのデルフィやオリンピアで見たのと同じ糸杉である。グレコ・ロマーナと言うのか、いかにも古典古代のような景観、極端に言えば神話の風景である。

建物の先には、スフィンクスがあった。古代ローマの遺跡であろうか。ちなみに、スフィンクスというのは、固有名詞ではない。ギザの巨大なものは別格である。古代エジプトのものでも、例えばカルナック神殿の前に整列しているものは、狛犬かそれよりもやや大きい程度である。その他で見られるスフィンクスはそれより小さいものもある。

うーむ、ここからの眺望は抜群。モンテ・ソラーロからのそれを除くと、多分、カプリ第一の展望所ではあるまいか。

眼下にマリーナ・グランデ。防波堤に囲まれた船溜まりでは、白い大型船が二隻、停泊している。それから、恐らく「青の洞窟」を巡る観光用と思われる小型船が多数。

島の中央部では、白い別荘が濃緑の中に散在し、それが山頂部まで続いている。途中に駅があるのか、二つの直線を描きながら、ケーブルカーがカプリの町まで登っている。

私が休んだ峠の先にあるカプリの町はかなりの過密状態になっている。さらにその南側は切り立った崖となってマリーナ・ピッコロへと落ち込んでい

ヴィラ・サン・ミケーレからの眺望（カプリ島）

る。その中間地域にある峰々には、中世風の建物が見え隠れしている。

目を海のほうへ転ずれば、靄に霞んでいるが、ソレント半島が見える。カプリ島が浸食か陥没によって峻険な地形になっているのに対し、ソレント半島はなだらかな山容だ。

風は強いが、「春うらら」という天気。それにしても、山海の変化に富んだ素晴らしい展望は、いつまで見ていても飽きることがない。

ヴィラ・サン・ミケーレの館を去ることにする。館からは、崖に面したコンクリートの小径を降りていく。いつの頃に造られたのか、この小径は急坂だ。しかも、狭い。最初は一メートル五〇センチほどの幅があったが、途中からは、急に狭くなる。石段が崩れた箇所もあったが、ともかく百メートルか、それに近い距離の小径を下ると、バスの通る道路へ出た。

ここから十字路の峠までは、それほど遠くない。幾つかの坂道を歩く。途中、何度かバスとすれ違う。さらに坂道を下っていくと、来るときに登ってきた見覚えのある場所に出てくる。ここから峠までは、歩いても一〇分、いや八分もあれば辿り着く。そう思うと、心も脚も軽くなる。

やがて、十字路の峠。ここで一服し、バスでカプリの町へ到着。この間の所要時間は僅かに五分。

バスターミナルには小型のバスが並んでいた。だが、それから先は道が狭くなって、自動車は進めなくなっている。

賑やかなカプリの町である。人々はまるで祭でも楽しんでいるようだ。もっとも、その多くは観光客である。どこかで軽い食事をしようと思ったが、まずは、町の見学、地理学では、いつでも巡検が先決だ。

カプリは町というより、商店街。それも観光土産を中心とした店が軒を連ねている。白い家々、明るい原色の壁、全てが地中海ムードと言ったところ。坂がある。広場がある。そして所狭しと店が連なり、店員は大声を張り上げて、客を呼び込んでいる。カフェテリアは、椅子を街路いっぱいに並べている。楽器店、洋服屋、バッグ・袋もの店、壺などを売っている陶器店、実にいろんなファッションが展示されている。雰囲気は最高。楽天地にでも行ったようで、心がウキウキしてくる。ただし、観光地だから、品物の値段はそう安くない。子供たちを相手にした駄菓子屋があった。どうやら、観光客相手の店ばかりではなさそうだ。

広場を抜けて、もう少し先まで歩いてみる。もう閉めている店もある。営業不振なのかもしれない。華やかさの中には、必ず陰がある。客が並んで待っているピザ屋があった。空腹なのだが、そこへ並び、ピザが出来るのを待つだけの時間はない。急ぎ足で、バスターミナルまで引き返す。

この時、けたたましいサイレン音。警察の車が走っていく。赤い消防車がやって来る。火事だ。いま戻ってきた商店街の一隅から黒い煙が昇っている。ボヤであろうか。発見が早かったので、大事には至らないであろう。

これより、マリーナ・グランデ港へ。これにはケーブルカーを利用しようと思ったが、万一事故があり、ソレント行きの船に乗り遅れると大変だから、ここはバスを選ぶ。

港へは、午後二時一〇分に到着。まだ、出航には間がある。海岸通りを歩いてみる。潮の香りが強烈。右手も、左手も白い断崖。こんな風景は日本では見れないだろう。その可能性があるとすれば、「浄土が浜」(岩手県)か「仏が浦」(青森県)であろう。

通りにはレストランもあった。ここでは缶ビールを二本。空腹だったから旨い。ぐっと飲み干す。土産品も売っていた。絵葉書を買って、女房と大学宛にポストに投函。日本までの葉書料金は四〇〇リラである。

それから、土産品として、セラミック製のロブスターを買う。小さなものだが、大、中、小の親子三匹だ。デザインが愛らしく、色彩もオリーブ色と橙色がうまく配分されている。それが私の感覚に素敵だと訴えたのであろう。このカプリ島で作製されたものか、それともナポリ辺りで作られたものか、それは判らない。カプリ島で買ったということだけで満足である。さらにカプリ島の写真ブック。三〇〇〇リラを二五〇〇リラにするというので、これも買っておく。

一四時四〇分、乗船。カプリからソレントまでの運賃は一三〇〇リラ。二六〇円だから安い。船籍は見なかったが、六五〇トン位のフェリーである。

船室に入ってもよいのだが、風景が見えないので、後部甲板に出てみる。カプリの白い崖は海岸通りよりもずっと高く聳えて見える。これは単なる浸食作用によるものではなく、火山活動が影響しているものと思われる。

一五時〇五分、出航。沸き上がる波で、「青の洞窟」行きの小舟群が大きく揺れる。カプリの街は、白、茶、薄黄色の建物。そして一軒だけが、ピンクに近い色で塗られていた。それでも、窓のシャッターはいずこも緑色か空色に統一されている。絵画的というのか、まるでお伽話のような風景。こういう地域の色彩統一化は、伝統的な民家が持つ自然の美を疎外するので、観光開発であっても、これは行き過ぎではなかろうか。

ヴィラ・サン・ミケーレの辺りになるのだろうか。それが夕焼けで黒くなって、影絵のように浮き上がって見える。タイミングが悪いのか、既に夕日はカプリ島の陰になって見えない。風が強いので船室に入る。

なんだか、もう疲れたという婦人たち。肩を寄せ合っている若いカップル。私もいささか疲れた。ソレント半島の先端が見えてくる。その辺りの民家は少ないようだ。窓辺が妙に赤く映えている。ふり返ると、燃え尽きんとする夕日だった。

疲れも忘れて、後甲板へ出る。今まさに命が尽きるようにして、夕日がカプリの西端に沈んでいくところだ。カメラのシャッターを切る。やがて赤光の全体が、黒くなったカプリの島陰を残して見えなくなった。今日という一日、その太陽との惜別、さらば今日の太陽、さらばカプリ島、時に一五時二五分であった。

時差のためか、また冬という季節のためか、またこの地の緯度が、日本だと青森あたりになるからであろうか、時刻の割に、日の沈むのが早い。この調子だと、ソレントの街を見学できないのではないかと危惧する。

カプリ島の落日

晴天。だが、既に辺りは暗く、夕闇が迫ってくる。小さな波はあるが、波頭に白いものはない。ソレント半島の家々が見えてくる。いずれも別荘のような大きな建物。

「帰れソレントへ」という民謡をくちずさむ。大学入試に合格してから、「トスティのセレナーゼ」と共に覚えたのが、この歌である。若い頃は、高い音程で唄うことも出来たが、今はもう、とても無理。

あれは、もう随分と昔のことになる。オレンジの花が咲くソレント、スカーフをした若い娘が海を見ながら、遠く離れた恋人を想い、切なく歌う。そんなロマン的風景を想定しながら、この民謡に馴染んだ。そう、私も若かった。そんな遠い過去のことである。

今、そのソレントが眼前に迫ってくる。近くの海岸に面した大きな邸宅には、海辺より石の階段があり、渚には小型ボートやヨットが係留されている。緑の中に白い大邸宅。こんな情景では、あの悲恋を奏でるようなメロディは、いささか場違いではないかと思う。

ここソレントは、海岸線に沿って、切り立った黒色の岩崖が露呈している。火山活動によって隆起した地形なのであろうか。まさか溶岩がここで垂直になったとは考えにくい。しかし、高千穂峡（宮崎県）では柱状節理になった岩崖があった。その岩崖の成因は、確か阿蘇山の溶岩が凝結したものだったと記憶している。

それはともかく、突出した岬の背後は、黒々とした岩崖が緑の中に見え隠れする。そんな風景を一つ一つ頭の中に刻みつけながら、船のデッキに佇む。もはや暗くなって、写真を撮ることは出来ない。

一六時ちょうどに、ソレントの港に到着。ソレント半島の北海岸には、ヨットハーバーのような小さな港が幾つも連なっており、このフェリーがどこに入港するのか、俄には判断できなかった。

最初は、マリーナ・グランデかと思ったが、そうではなかった。ソレントの海岸はリゾートとしても開発されているらしく、営業用というのか公的な機能を果たす船舶は、東のマリーナ・ピッコロを利用するらしかった。やがて接岸。

暗い港であった。下船し、上陸した乗客は、なぜか、前面の急峻な岩壁へと向かって歩いていく。これに対して、老人たちは、右手のゆっくりとした斜道を登っていくようだ。

何れにせよ、市街地へ出るには、この岩壁を登らねばならず、緩急いずれの道を選ぶかだけの違いである。それにしても、港から市街地へ出るのに、こんな岩壁をよじ登ることを余儀なくされるのは、世界でもここだけではなかろうか。

危険かも知れないが、ここは前面の急な階段を登るのが賢明なようだ。それと言うのも、一刻も早くソレントの街を見学したいからである。

正面は、切り立った岩壁に遮られている。だが、その右手にジグザグになった小さな石の階段が長々と上へと続いている。下から見上げると、危険そうな階段だが、皆さん平気で登っている。余程、慣れているのだろう。

ソレントの街は、この岩壁を越えた向こうにあるようだ。壁の高さは、ざっと三〇メートル。誰ひとり不満を言うことなく、崖になった暗い石段を黙々と登っていく。鉄の手摺りがあった。場所によっては鉄格子がある。ここは、やはり危険なのだ。

やっとの思いで、この石の階段を登り切る。そこは電灯やネオンで明るい広場。右手に花屋さん。これまで暗い急坂を登ってきただけに、気分が落ち着く。

この広場は「タッソー広場」という名で、ここを東西に横切る街道が、イタリア大通りである。既に日は暮れてしまっている。この暗さでは、ソレントの街を隅々まで見学することは無理だ。そう思うと、一刻も早くナポリへ戻りたいという気持ちになる。それに私の旅行メモには、このソレントで見学すべき場所や建物、つまり遺跡や観光名所などについては全く記載していない。もっとも、イタリア民謡かどうか定かではないが、「帰れソレントへ」という歌の現地に来たという、それだけで満足。

ソレント市街地（1972年）
GENEROSO PROCACCINI EDI EDITORE 製

空腹なので、イタリア大通りにあった小さな喫茶店で、菓子パンを食べ、カプチーノ（ミルク入りコーヒー）を飲む。食べながらも、大通りを歩く人々や車の動きを注視。何か変わったものはないか、ただそれだけのことなのだが、相も変わらぬ自分の貪欲な探究心に、自分ながら呆れてしまう。

腹のほうが何とか落ちついてくると、このイタリア大通りだけでも散策しておきたい。小さな書店を見つけ、ここでソレントの地図を買う。一五〇〇リラ、約三〇〇円だった。

このソレントの町は、ソレント半島の中心地。それだけに人通りも多く、また、ここを始発としているバス路線も多い。問題は、いかにしてナポリへ戻るか、その交通手段の選択である。それなのに、急坂を登ってきた海岸のほうがまだ気になる。もう、暗い海は見えないのだと自分に言い聞かせて、これ以上の域内踏査を諦める。

ところで、ナポリまでは列車で戻ることに予め決めていた。だが、肝心の鉄道駅がどこにあるのか判らない。買ったばかりの地図をみる。あの崖を登ってきたタッソー広場を起点にして判断すると、駅は歩いてきた方向とは反対になるようだ。

タッソー停留所から東へ二筋ほど歩いた処に警官がいた。英語で「鉄道駅はどこか」と尋ねると、「今きたほうに引き返し、シグナルを二つほど行くと、そこが駅だ」と丁寧かつ親切に教えてくれる。ソレント。ここはカプリと並ぶ有名な避寒地である。今は冬の二月というのに、この暖かさはどうだ。それだけに外国人が訪れることも多く、警官も英語が堪能なのであろう。

これより、急遽反転、鉄道駅の方に向けて歩き出す。口で言えば簡単だが、疲れていたからか、二つ目の信号がいかにも遠かった。

それにしても、そこは「こんな所に駅があるのか」と疑うような場所だった。改めて、地図で確かめると、間違いなく、その近くに駅があった。

鉄道駅は、イタリア大通りから、やや奥まった所にある。ちょっとした階段を登ると、そこが鉄道駅だった。

ナポリまでの料金は一三〇〇リラ、約二六〇円で安かった。切符の幅は七センチほどだが、長さが二〇センチもある長大な硬券。それには赤い文字でナポリ行きと印刷されている。駅のホームには二本の列車が停車していたが、手前のそれが二分後に発車するナポリ行きの普通列車であった。

この鉄道はSFSMという私鉄らしい。そしてソレントはオレンジの有名な産地だから、おそらく、それを踏まえて、車体はグリーンと橙色のツートンカラーにしている。博多と北九州を結ぶ電車のような形状だから、どことなく親近感を抱く。

始発駅だから、座席は空いていた。サッカーの試合でもあったのだろうか。ユニフォームを着た少年たちが、ドカ、ドカと車内を走っていく。元気がないところを見ると、試合に負けたのであろう。

列車は一六時三五分に発車。日が暮れているので、車窓見学はできない。残念だが、これは日没時間を考慮しなかった私のミスである。エジプトでは、もっと日が長かったが、イタリアではそうではなかったのである。

暫くすると、五人のイタリア青年がやってくる。皆さん快活で明るく、真面目なグループのようだ。だが、私は一人、相手は多勢なので、いつ豹変するかもしれない。ここは油断禁物。

彼らのうちの一人が、早速、「ヴェトナムか、中国人か」と尋ねてくる。ここは毅然として「日本人だ」と応える。私の返事を冷たく感じたのか、一同は沈黙。

だが、彼らは卓球に興味をもっているらしく、話題を変えて「卓球ができるか」と問うてくる。「若いときにはよくやったもんだ」と笑顔で返す。すると、その彼は、「日本ではペンホルダーだが、それでは不便ではないか、私達はシェークハンドのほうが使い易いと思う」と言う。この程度の英会話なら私にでも判る。

「日本では、日常の食事にナイフとフォークの替わりに、箸を使うので、ペンホルダーのほうが得意なのだ」と説明する。もっとも「箸」は英語でも「ハシ」、あるいは英語らしく「チョップスティクス」なのであろうが、これを説明するとなるとややこしい。それを手真似で、「タイニー、ツー、ポールズ」と誤魔化しておく。

こんなことがあって、残念ながら車窓見学が出来ず、ナポリ湾の夜景を愉しめなかった。列車はおよそ一時間でナポリ中央駅に着いた。

出口への階段を登っていると、近距離電車（SFSM）の時刻表が掲示されていたので、念のためにポンペイ行きの電車が何時に、どのホームから発車するかを覚えておく。

ガルバルディ広場はもう暗かった。いつものレストランへ行き、ナポリタン○○○というスパゲティを注文する。○○○は失念した。確か四字か五字だったと思う。

出てきたスパゲティは、生茹のような固さ。味も不味い。これが本場のスパゲティかと、もう一度、ガッカリ。

店頭のショー・ウィンドゥにあったイカ、タコ、貝などを寄せ集めたサラダを食す。こちらのほうは、まずまず。潮の香と一緒に味わうことができるので、これだけは称賛してよい。いずれにせよ、ナポリでの食事は満足すべきものであった。

これよりホテルへ。あの係員に笑顔で鍵をもらい、部屋に入った途端に気が抜け、ベッドの上に横たわって、ダウン。それより後、バスタブの風呂に入って洗濯。今日は、ともかくもカプリ島とソレントへ行けたので、それなりに満足。明日は、午前中にナポリ国立考古学美術館、そして午後からはポンペイの遺跡を見学しようと思う。

一九八二年二月一〇日（水曜日）

第九日　考古学博物館とポンペイ遺跡

午前八時に起床。洗濯物が乾いているかを確認して、出掛ける準備。

八時三〇分に、ホテルのレセプションでミルク。これだけは有り難い。ミルクまたはコーヒーだけが、このホテルのサービス。

地図でみると、このホテルから、ナポリ考古学博物館までの距離は一五〇〇メートルほどだ。歩いても大した距離ではない。だが、午後からの遊覧もあるので、博物館に近いカブール広場駅まで、電車を利用することにした。ガリバルディ広場からだと、カブール駅までは僅か一駅。電車賃は二〇〇リラ。

そのカブール駅で下車し、地上に出ると、その先は登り道。照りつける太陽の光は、真冬の日射とはとても思えない。とにかく暑い。汗が出てくる。

カブール広場駅から博物館までの距離は、ざっと四〇〇メートルくらいはあるだろう。歩くのは辛い。辛いが、ともかく頑張らねばならない。この付近は、ナポリの下町とは違って、文化的な雰囲気がある。いわばナポリの「山の手」と言ったところであろうか。

ナポリ国立考古学博物館は大理石造りの大きな建物であった。石の階段を歩いて、玄関より入る。見学料は僅かに七五〇リラ（一五〇円）。

時刻は午前九時二五分。正面玄関のすぐ前にライオンの彫像。その先の大広間には石像、銅像、彫像、それから石棺がある。ハープを左手に抱える女性。また、左手に大きな玉石をもった女性像は、高さが三メートル五〇センチもある。騎乗した男が二人。左手に花を持ち、右手に円盤をもった男。

二階へ上がる。階段には、両脇に「龍魚」を肘にした偉丈夫の彫像。階段の中央部に「キオベ」という人の胸像（二メートル）。さらに三階へ登り、中央口より展示場へ入る。

天井には、天国での楽しい生活を描いた絵。しかし、もやもやとして、何だか判らない部分もある。大きな盃の彫刻。直径は一メートル五〇センチのものと三〇センチのものと二つある。天球を担ぐ男の像。「アトラス」であろうか。三匹の龍に囲まれた大きな燭台が一対。

この部屋の中央には、バイラノ、カプラコッタ、イサントアリ、カンポチィアロ、ラリノなどの古墳発掘の写真がある。これらの場所を私は知らない。また、ここに挙げた地名が正確な発音かどうかも判らない。いずれもイタリアの古代遺跡だと思う。

そして東側は、レリーフ（浮彫）の部屋である。古代ローマの将軍、兵士、剣、衣服、壺。それから拳闘の図。右手で衣服を掴んだ黒髪の裸婦。全てレリーフである。さらに大きなレリーフが数点。

次には、第一二〇号から一二二号までの番号が付された部屋。裸婦三人の小さなレリーフが目を惹く。表題は「レッ・グラッチェ」となっている。次に、どこから出土したのか不明だが、半身獣や鹿の乳を吸う男の子を描いたレリーフがある。いつの時代を描いたのか、恥部や乳房を露出した男女の絵だ。

第一二四号から一二五号の部屋。ここには壁画。黒地を背景に、少年が馬、犬、兎、鹿などと戯れている絵。すっきりとした感じの良い絵である。

第一三〇号の部屋。蝦蟇の石像、石製の針、そして多分、耳掻き。人形。小さな壺があるが、これは黄色の波模様が特徴なのかも知れない。天童の戯れを黒地に白で描いた尖底の壺、高さは三〇センチ位である。銅盤、ガラスの小さな瓶、青藍色の硝子瓶、錫のスプーンと壺、バケツ、鍋類。弦楽器の先端にある銅製の部分。秤、天秤型と分銅型の二種。いずれも小型のものだから、貴金属を計量したものであろう。

二つの芯がある素焼のランプ。小鳥を抱いた童の像、横から見ると素朴さが滲み出ている。漁網、網の目は八ミリ平方。貝殻、二六点。焼けた網、灰となっているが良く保存されている。綱の直径は二センチ、一センチ、五ミリと三種ある。魚、鳥、鶏、兎などのレリーフ。炭化した靴底、布、ボタン。これらはポンペイからの出土品であろうか。

ポンペイを鳥瞰した模型。ポンペイの圏域をおよそ四〇の区画に仕切ったもので、縦四〇メートル、横六メートルという巨大な作品である。なお、模型の規模は一〇〇分の一。

コブラと鷺とが争っている珍しいレリーフ。いろんな穀類や果実が炭化したもの。胡桃、オリーブ、杏、小麦、その他合わせて約二五点。そして、黄、青、赤などの染料。

これよりは折り返して、L二九の部屋に入る。ポンペイから出土した青銅の兜、肘当、胸当。円錐体の石があるが、火山弾ではない。用途不詳。長さ四センチで、彫刻が入っている。他に鉄剣。ポンペイは鉄の使用が主流になっていたのであろう。

次に、L二四の部屋。このLというのは、ラテン文字で、たしか五〇を表す略字だったと思い出す。もしそうだとすれば、L二九は第七九号室、そして、このL二四は第七四号室ということになる。

さて、この七四号室では天使や天女の舞姿を描いたレリーフが満ち満ちている。その数はざっと一〇〇点もあろうか。男女抱擁の図や曲芸を描いたレリーフもある。遠くから眺めると、なんとも美しいが、近くに寄って見ると、傷みがかなり激しい。

一〇時四五分。中二階に降りる。部屋に入って、すぐ右に行く。イルカを抱く少年、壺を持った幼児、水を売る童など、いずれも高さ四〇センチほどのレリーフ。銅製の美しい彫像が一五点。小さな青銅の胸像が八点。

焼けた灰から、消えかかった文字を読み取る部屋。私にはとても読めそうもない。ドルメンテとレオニナの彫像。二匹の雌鹿。今にも駆けだそうとする二人の若者。

高さが二メートルの青銅製女人像五体。いずれもスタイルが良く、目が輝いている。隣で鑑賞していたイタリア人が、エルコラヌの出土品で、「踊りの図」であると教えてくれる。もっとも、そのエルコラヌが何処なのか、私には判らない。

アテナから出土したのか、プロアチョスの槍を持った若き兵士。だが、余りにも力が入り過ぎているように感じる。像全体のバランスを重視して作製した像なのであろう。

ここで係員に、英語で「アポロとディアナの像はどこにありますか」と尋ねてみる。だが、「今日は残念ながら、閉まっています」という返事。「それではイッススのモザイクはどこですか」と聞くと、「それは中一階にある」という答え。「中一階」というのは耳慣れないが、グランドフロアと二階との中間だろう。

その中一階へ行く。そこはモザイク画の蒐集品で一杯だった。部屋に入ると、直ぐに豹のモザイク。その突き当たりに、裸女三人のモザイク。このモザイクは神話か伝説に因んだものであろう。

あった！ 奥へ突き当たった中央に、横六メートル、高さ三メートルの巨大なモザイク画、かの有名な「イッススの戦い」であった。しかも、このモザイク画に貼られているタイルは、縦横が二・五ミリという精細なものである。このモザイク画は一部分が剥げているので、完全なものではないが、それでもどれだけの枚数が使われているか想像を絶する。

さて、このモザイク画だが、中央には、馬上で長槍を揃えたダリウス（ペルシア王）の軍団（長槍隊）が、そして左手には若きアレクサンダーがこれに応戦しているという構図。このモザイク画を見ることができて、私はもう大満足。

初めて、このモザイク絵画を写真で見たのは、中学一年のときである。それ以来、ギリシアやペルシアの歴史に関心をもち、マケドニアとかイッススという地名も覚えた。そして、遂に昨年の一九八一年の暮れには、「イッスス」を探して、トルコ東部の寒村を訪れたのであった。あの時は、村長さんに焼栗をもらったし、悠然と流れるセルバン川を忘れることはできない。なお、その時の状況は、拙著『イスタンブールはガラタ橋』（現代トルコ紀行、文理閣、一九九五年刊）を参照されたい。

そう、この有名なモザイク画をしっかりとカメラに収める。それから、やおら他のモザイク画に目を移す。

この部屋の奥まった床にも、二頭立ての戦車に乗りながら戦う二人の戦士を描いたモザイク絵図がある。しかし、残念ながら、肝心の部分は、タイルが

イッススの戦いのモザイク画

みんな剥がれている。それでも、描かれた戦士も馬も躍動しており、素晴らしいの一語。

鳥、鰐、河馬、コブラ、ハイエナなどを描いた大きなモザイク画。これは高さ一メートル、横三メートル六〇センチの大きさである。次には、ライオン（体は虎のように見える）に跨がり、壺を抱えている天童のモザイク画。

魚、エビ、貝、鰻、そしてタコ（胴はクラゲのようだが）がイセエビ（ロブスターか？）に足を絡ませているモザイク画。

次に、石柱とモザイクばかりの部屋。床の上には、ライオンが庭を飛翔しているモザイク。その他にも、モザイクが一〇〇点ばかりあるが、それらについての説明は省略。

一階に降りて、左手、つまり正面玄関より右の部屋に入る。彫像が多数。パラーデの像、アフロディテの二つの像。オリジナルとあるが、わざわざ断っているので、逆に模造品ではないかと疑う。青銅製のアポロの像、高さ一メートル五〇センチ。同じくエフェブやギウノーネの像。いや、ある、ある、まるで彫像の行列だ。それらの点については省略。

それから奥の、そのまた奥の部屋、つまり第九号室と第一〇号室には、病人、死人、あるいは戦う騎士の像などがある。いずれも繊細な美を競う見事な彫像だ。ここには逸品を置いているのではないかと思う。

「ダイオニスとサチロ」「パンとオリンポス」「ダイオニソスとアモレ」などの彫像も素晴らしい。一番奥にある「暴れる牛を抑える人々」は、その大きさから言っても、また荒れ狂った牛の姿態からみても、世界に誇りうる第一級の芸術品だと思う。

高校生らしい三〇人ほどの学生が、ワーッと入ってきたので、私の鑑賞もこれで終わり。この考古学博物館では、「イッススの戦い」を見ただけで満足。一一時三〇分、退館。

この博物館の前庭から海岸のほうを眺める。ナポリ湾が眼前に展開することを期待したのだが、今日は靄で全く見えない。その替わりに、市街地が北から南まで、延々と続いている素晴らしい眺望を楽しめた。戦後三五年も経過すれば、戦災の疵も癒えて、いまは新旧の建物が密集して、雑多な様相を呈している。ここで、ナポリ市街地の写真を三枚ほど撮っておく。とにかくこれで、「ナポリを見た」ことになる。

この景観を楽しんだのち、博物館の前からバスに乗り、ナポリ中央駅へ行く。バスに乗っても、あのカブール広場まではちょっとした距離だった。バス料金は二〇〇リラだから邦貨で約四〇円。市内交通の料金が安いので助かる。

　空腹だが、レストランへ行くのは、ポンペイに着いてからのことにしようと思う。ナポリ中央駅の窓口で、七〇〇リラを支払い、「ポンペイ」という一言で、乗車券を入手。見れば昨日と同じ長方形で赤い印刷をしたもの。行き先は「ミステリ」。行き先が「秘密」というのが面白い。だが、これは有名な「秘儀荘」のことであり、駅はその秘儀荘に近い場所なのであろう。ポンペイを見学するには最適の駅かもしれない。

考古学博物館から眺めたナポリ市街地（上・下）

　ナポリから「秘儀荘」までの距離は二四キロ、所要時間は約三〇分。これらのことはトーマス・クックの時刻表で判る。乗車口などは、昨日、下調べ済みだから、迷うことはない。

　ちょうど、発車前の電車が停っていたので、乗り込む。車内は混んでいた。坐る座席は見当たらない。ふと前方を見ると、日本人らしい家族が乗っていた。夫妻と二人の子供連れである。子供の言葉が日本語だったから、安心して話掛けてみる。

　夫妻は、私と同様、ポンペイ

を見学するということだった。神戸の医者で、休暇を利用して家族でイタリアを旅行しているとのこと、子供が幼いので、旅は大変だと思う。

名刺を交換して、私もポンペイの見学に行くところだと言い、どちらからともなく、「できれば、ご一緒に」ということで、話はそのようにまとまった。

途中、電車は何度か停車。そのうち、路線が二方向に分岐している駅に着く。「どちらに行ったら良いのでしょうね」と徳永さんが尋ねる。咄嗟には、私も判らない。しかし、私の頭のどこかに、ポンペイの全体図が入っていたのであろう。ここは笑顔で、「左の方へ行けば北口へ、右のほうへ行けば西口へ着くはずですから、どちらでも構いません。それらしい駅に到着したら、そこで下りれば良いのです」と鷹揚に対応しておく。

この駅は乗換駅だから、五分ほども停車したであろうか。動きだした電車は左の路線を辿る。周辺は田園地帯である。それから暫く走ると草の茂った土塁が見えてくる。ポンペイの遺跡を保護するための施設であろうか。それともポンペイの町の城壁だったのであろうか。ともかく、ポンペイに近づいてきたことだけは間違いない。

ポンペイを囲んだ城壁の一部で「門」のような場所が車窓から見えた。だが、そこには誰も居なかった。そこを電車は通過。まさかポンペイの遺跡が今日は見学中止なのではあるまい。何と言っても、この電車の客たちはポンペイの遺跡を見学するために乗っている様子だからだ。

だが、それは一瞬の危惧であった。電車が小さな商店街に近づいたと思ったら、そこで停車。多くの乗客がぞろぞろと下車する。私達も、ここで下車する。ここが「ポンペイ」駅であった。ここで私は、乗車券の行き先が「ミステリ」駅となっていたことを完全に忘れている。ナポリからの乗車券だと、「ポンペイ」駅と「ミステリ」駅のどちらで下車しても問題ないのであろう。

流石に世界の観光名所。正面には一九世紀の銀行といった古びた建物があり、そのドームがいかにも入場門といった感じだった。その先には、土産屋、花屋、それから食堂などが並んだ商店街となっていた。ただし、洋品店などもあるので、観光客だけでなく、地域住民を客とする店もある。

書店もあった。『ポンペイとともに』という日本語の解説書を売っていた。この本と英文の冊子を買っておく。日本語の冊子には、印刷ズレがあり、それだけ定価よりも安かった。英文のそれは装丁も立派だったが、値段は定価のままだった。

徳永さんの子供が「お腹が空いた」と愚図る。私もそうだったから、「何処かに寄りましょう」と言い、近くにあった小さな食堂に入る。私はムール貝の入ったスパゲティ、子供たちはピザを注文した。久しぶりに家族的な雰囲気を味わう。スパゲティの味もまずまず。ところが子供が愚図ついて、ピザを食べようとしない。奥さんが私に気を使うが、私は笑ってやり過ごす。それでいて、私のほうが奥さんに気を使わせないようにと逆に気を配っている。日本人の精神は、よほど繊細に出来ているのだろう。もっとも、私の方は、空腹が癒えたので、元気が出てくる。

この小さな食堂には二〇分もいたであろうか。徳永さんが「出掛けましょう」と言うので、腰を上げる。奥さんは子供のピザを手提げ袋に仕舞って、店を出る。

ここからポンペイの遺跡がある処まで、歩いて一〇分もかかった。これは私にとって意外な距離であった。「遺跡は電車から降りてすぐの処」という予想とは違っていたからである。この時に、私達が下車したのが、「ミステリ」駅ではなく、東の「ポンペイ」駅だったことに気づく。そのことは、電車が左手の路線を走り出した時に気づくべきであった。

行く先に、ロータリーがあった。そこから人波に付いて行くと、そこが遺跡への入口になっていた。「ノセラ門」と言う。もし、そうだとすれば、電車から垣間見た閉じられていた門が、「北門」だったかも知れない。

入場料は一〇〇〇リラ、二〇〇円だから安い。ポンペイの地図は四種ほど持っている。直ぐに概要を掴めるのは、日本から持っていった小さなコピーである。だが、このコピーでは、この「ノセラ門」が何処で、その先がどうなっているのか判らない。ままよ、どうにかなるサと思って、この門を潜る。

門内に入って、「あれっ、これが遺跡」と不思議に思うような景観。なんとも樹木の緑が多いのだ。

これまでに、中央アジアからトルコ、ギリシア、エジプトなどを巡り、古代遺跡を数多く見てきた私にとって、ポンペイの第一印象は「緑が多い」と言うことであった。

樹木、いや緑の並木は、ずーっと先のほうまで続いている。そして右手は広場。縦横いずれも一五〇メートルはあろうかという広場である。スポーツ施設だったと思われるが、正確には判らない。解説書には、「大運動場」とある。四方のうち、三つのサイドは回廊となっており、そこには四〇本位の石柱が立ち並んでいる。

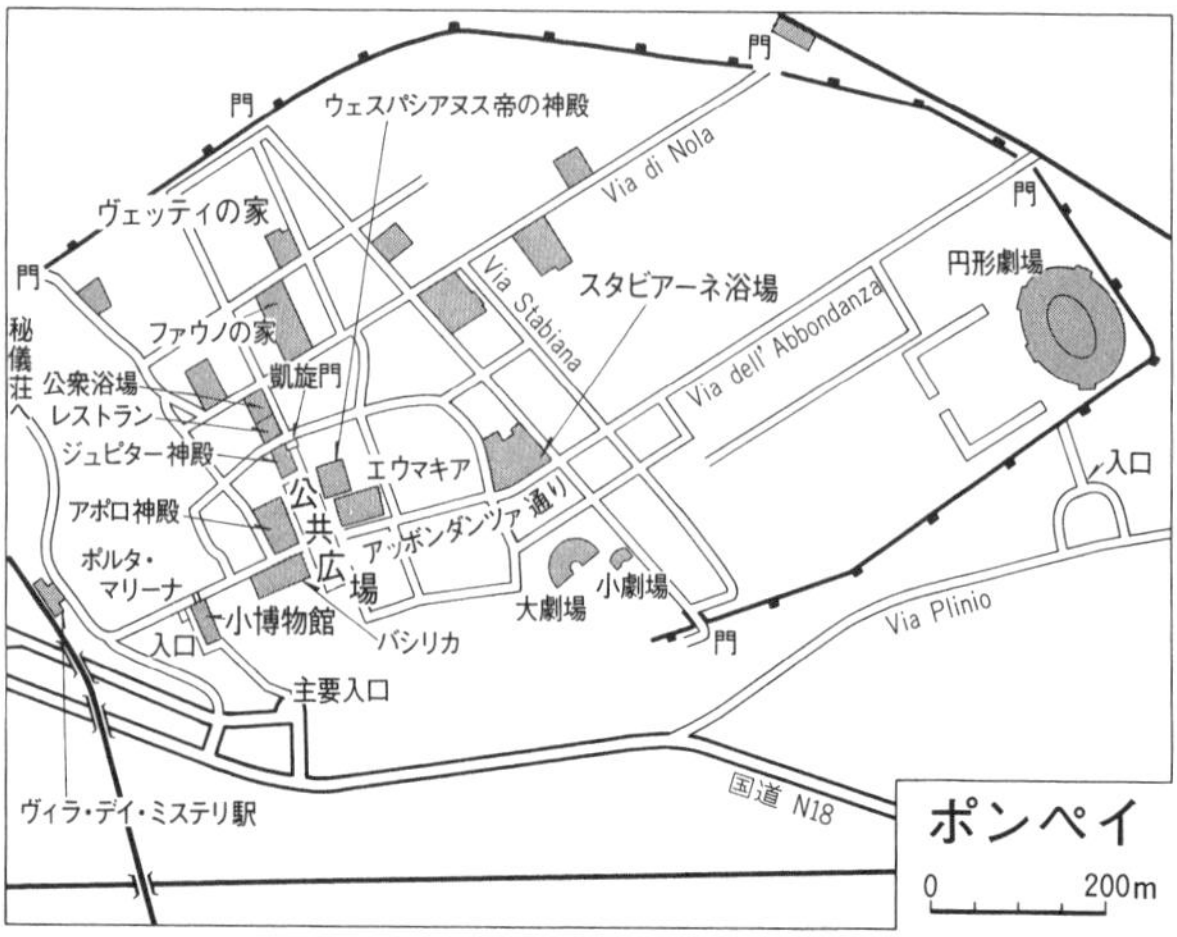

『ローマとイタリア』ブルーガイド海外版／日本航空監修
（1979年実業之日本社）

運動場に、なぜ回廊と列柱があるのか、観覧席にしては、贅沢すぎる。ギリシアの古代遺跡を想起しても、こんな施設はオリンピアにもデルフィにもなかった。敢えて言えば、オリンピアにあったレスリング会場というのが、これに相当するのであろうか。すると、あの回廊には運動選手たちが出番を待機する場所ということになる。オリンピアを遊覧した過去の残影が蘇ってくる。

徳永さん夫妻には、「ここが大運動場です」とだけ説明し、「向こうに円形劇場があるので、ちょっとだけ見ておきましょう」と一緒に歩きだす。

その大運動場の中央に「大きなプールがある」という解説があるけれども、私自身はレスリング会場ではなかったと勝手に推測する。

ところで、徳永さんは「子供たちには大運動場の見学を止めさせます」と言う。おそらく、子供が愚図っているので、私に遠慮したのであろう。無理強いをしてはいけないから、それはそれとして了解。遺跡見学を一緒にするのは、お互いに見学する諸条件が異なるので、私が強行すれば徳永さん一家にとって迷惑となるのだ。勿論、逆はその逆である。以後は、徳永さんと私だけの行動となる。

円形劇場は、直径が一〇〇メートルもあろうかという大きさで、古代遺跡としては素晴らしい。トルコのシデ、それからギリシアのアテネやナフプリオンで見た劇場は、いずれも半円型だったので、これは珍しい。だが、この形式の劇場は、ローマのコロッセオに似ており、私としては、格闘技場ではなかったかと、これまた勝手に推測する。

南側に、ギリシア風の糸杉が四本あり、ポンペイの新市街地にある教会の尖塔と一九世紀風の建物のドームが見える。緑を介しての古代と現代との微妙なコントラスト。

円形劇場の見学を終えて、大運動場の傍を通り、再び並木のある道路へ戻る。奥さんと子供たちは、そこで待っていた。

これより人の流れについて北の方へ歩く。交差する横道があり、さらにもう一筋歩くと、ポンペイの町を東西に突き抜ける横通に出る。「東西」と言っても、やや方角が傾いている点に留意しておかねばならない。問題なのは、その先の一帯がまだ未発掘の区域だったことである。


オールド・サマルカンドの荒廃地やエジプト西部の砂漠地帯と言い、このポンペイの荒地と言い、世界的に有名な遺跡であっても、まだ発掘していない区域は数多くある。このことを知って、考古学の研究対象がもつ歴史的な深さと地域的な広さに、改めて驚嘆。

この横通が「アッボンダンツア通り」である。この通りは、幅三メートルほどの車道があり、両サイドに幅一メートルの歩道がある。

車道は石畳だが、アッピア街道の石畳よりも凹凸が大きい。噴火前は、重量のある荷馬車が走っていたからであろう。さらに車道の中央には箱型の石が三つ並べられている箇所がある。石の大きさは、長さ一メートル、幅は四〇センチ、高さは二〇センチである。こうした石は、車道を走る車のスピードを抑えるためのものだろう。石と石の間にある轍の跡が、ポンペイの人々の生活、広く言えば「人為の跡」を生々しく今に伝えてくる。言うなれば「古代ローマ時代における市街地道路」の典型であろう。

道路脇には、処々に水道の蛇口がある。人間の顔を彫刻した石があり、その石に金属製の蛇口を取り付けている。その人間の顔は、ローマにあった「真実の口」に似ていた。

この辺りはポンペイ遺跡、それも主要な商店街として殷賑を極めていた場所であろう。なお、ここから目を転ずれば、街は煉瓦造りの家並みが続く、茶色の風景である。屋根瓦のある家もあるが、大半は天井が抜けた儘、すなわち青天井の儘だ。したがって、この通りには、緑がない。本来だと、街路の並木に加えて、家々の壁に、草花が飾られていたのであろう。

ところで家々には、「誰の家」という名が付されている。例えば「カサ・ディ・チタリスタ」とあれば、それは「チタリスタの家」である。余談だが、「カサ」と言うのは、「家」のことである。同じラテン系の言語であるスペイン語でも同じだ。

「クァドリビィオ・ディ・オルコニオ」という十字路で南の方に曲がり、スタビアーナ通りを一〇〇メートルほど歩くと、半円形の大劇場と小劇場が並んでいる。こんな立派な劇場があることを勘案すれば、あの円形大劇場というのは、やはり格闘技場ではなかったかという憶測がますます強まる。だが、これは飽くまでも素人の想定だ。

なお、半円形劇場の規模としては、アテネやナフ

ポンペイ遺跡とベスビオ山（絵はがき）

プリオンのものよりも小規模であり、これといった見学者用の通路を造っていないので、足下が悪い。雑草の生えた茶色の煉瓦塀。直ぐに壊れることはなかろうが、ここは用心して歩く。

およそ一五分で、元の「クァドリビィオ・ディ・オルコニオ」という十字路へ戻る。これより再びアッボンダンツァ横通りに出て、羊毛市場等を経由し、「公共広場」に着く。

ポンペイの地図を見るまでもなく、ここが遺跡ポンペイの中心部だ。ただし、この「公共広場」の第一印象は、自然に破壊された「壮絶たる風景」であった。

この広場から北のほうへ向かっては、遙か遠くに、二つの山頂をもつベスビオ山が霞んで見える。この景観は、これまでに雑誌やテレビなどで何度も見てきている。それだけに、ここはカメラのシャッターを押す絶好の位置なのだ。写真屋がいたし、数人の男がカメラを山のほうへ向けている。ただし、ジュピター神殿の列注が煙突のように見えて、画面のバランスを掴むのが、感覚的に大変だ。

この公共広場の西側は、アポロ神殿である。列柱が残り、中央部に祭壇も残っている。だが、どうも迫力がない。写真を撮ろうにも逆光だから、ここは諦める。

徳永さん一家は、ここでゆっくりしている。子供たちがいるので、少々疲れているようだ。そこでウェスバシアヌス神殿の前にいたアメリカ人に声を掛けてみた。ところが、相手は「ノー、ノー」というばかりで、私から逃げるようにして離れる。どうやら押し売りか何かと間違えられたらしい。当方も特別の用があるわけでもないので、敢えて追わず。

晴れているが、風は冷たい。徳永さんに、「向こうの方へ行ってみませんか」と誘ってみる。すると奥さんが「向こうには何があるのですか」と尋ねるので、「貴族の家とか大商人の家の跡があって、ポンペイでも最大の見どころとなっています」と答える。果して、貴族の家があったかどうか、記憶に薄いが、大商人の邸宅は確かにあったと思う。

この公共広場からそれほどの距離があるわけではない。精々、四〇〇メートルか五〇〇メートルである。ともかく、観光客の歩く方向へと歩きだす。この辺りは、フォロと言い、ポンペイの政治的・宗教的中心地であった。フォロ・ロマーノが古代ローマにおける政治と宗教の中心地だったことを思い出す。

正面に、ジュピターの神殿があるが、入口は閉められていて、中には入れなかった。これまでに世界各地の遺跡を辿ってきたが、同じ遺跡でも、ポンペイの場合には、遺跡というよりも廃墟であった。ベスビオの噴火と火砕流、さらに降り注ぐ灰塵が、ポンペイを完全に埋め尽くしたのである。

ジュピターの神殿を左手に見て、先に進むと、煉瓦造りのアーチ式の門がある。これが凱旋門だ。フォロ・ロマーノにあった小さな凱旋門と比べても、さらに小さい。もっとも、これが本当に凱旋門であったかどうか、素人の私には判らない。

この凱旋門を潜り抜けると、左手に酒保があり、続いて公衆浴場がある。もとより遺跡である。公衆浴場は、男性用と女性用とが分断されており、更衣室なども整備されていたようだった。ここはざっと一巡しただけで見学終了。

徳永さん一家を案内しなければならない。次の通りを右に曲がるフオントナ通りである。「泉の通り」あるいは「風呂屋通り」とでも言うのであろうか。一筋歩いて、また右へ折れるように曲がる。

「ファウノの家」には藤棚のある庭。ファウノというのは、ギリシア神話に出てくる淫らな半人半獣の「パン」のことである。中庭に雨溜があって、その中に「パン」の像があるので、「パンの家」と名付けられている。だが、この家の「パン」は半人半獣ではなく、髪を振り乱した巨人であった。

注意してみると、この雨溜まりの周辺部分は、床に貼ったタイルを剥がしたような跡がある。この跡こそ、午前中に見学した「イッススの戦い」、別名では「アレクサンダーの戦い」と呼ぶらしいが、その素晴らしいモザイク・タイルが張られていた場所なのだ。

こうして、実際に戦闘があったセルバン川畔の跡地（イッスス・トルコ）、それからモザイク画が床に張られていた跡地（パンの家・ポンペイ）、そしてモザイク画が展示されている現地（ナポリ国立博物館）の三カ所を、私はこの目で見たことになる。これはもう「わが人生への勲章」、「望外の幸せ」と言うべきであろう。

この「パンの家」は、恐らく貴族の邸宅だったろう。邸内は広く、糸杉も植えている。解説書によれば、ポンペイの中では、一番大きな邸宅とされている。

「パンの家」を出て、右へ曲がると、ヴィコロ・

メルクリオになる。「ヴィア」と「ヴィコロ」の違いは、「筋」と「通り」との違いではなく、道幅の大小によるものだろう。勝手ながら、「ヴィア」が「大通り」で、ヴィコロを「小通り」としておこう。

　メルクリオ小通りを二筋ほど歩き、さらに北方向へ行くと、そこが「ヴェッティの家」であった。記憶に間違いなければ、これが「大商人」の邸宅の跡である。入口から直ぐのところに水溜め。屋内だから、噴水があったのかもしれない。屋敷の中央に円柱で囲まれた庭があり、草花が植えられている。この邸宅には、どの部屋にも立派な壁画がある。

　特に目を惹いたのは、いろんな作業に従事しているキューピッド（天童）たちの多様な姿態である。瓶の酒を注ぐもの、鍛冶、雄鹿を御しているもの、小作業（細工）をしているもの、水汲などである。壁はポンペイ独特の赤、そしてキューピッドは金色、背景は黒だから、全体としての色調は、実に豪壮、高尚である。

　ギリシアの神殿を小さくしたような祠があった。中央正面に若い女性がおり、その両脇には角笛をもった二人の男という絵。この三人に対して、一五メートルもありそうな大蛇がクネ、クネと這っている。見事な構図だ。蛇を描いたのは、「商業」を示唆するためか。

　それから幾つかの壁画。おそらくギリシア神話を画材としているのだろうが、これらの絵が、芸術的にみて、どのように評価されるのか、素人の私には判らない。

　出入口の所で、若い観光客が大声で笑っていた。みれば、小さな絵だが、巨大な一物をもった男の絵だった。これもギリシア神話の一部であろう。アテネの土曜市では、これと同じものを売っていた店があった。それを思い出す。玩具にもある、この小さな像には、なにか固有の名があるのかも知れない。

　家族連れだから、徳永さんの脚はどうしても遅くなる。それだけゆっくり見学できるのだから、本当は私の方も助かるのだが、結果としては、急ぎ足の見学となった。徳永さん一家には申し訳ないが、私は時間がどうしても気になる。それと言うのも、ポンペイの赤が素晴らしいという「秘儀荘」を是非とも見たいし、そこへは午後四時までに到着したいからだ。

　これより再び「公共広場」へ引き返すことにする。あの「ファウノの家」にもう一度立ち寄ってから、「公共広場」へ戻ったのは、午後三時二十五分であった。

ここで徳永さん一家と別れる。「縁があったら、日本でまた逢いましょう」というのが別れの挨拶。一抹の寂しさ。だが、何事も、逢うは別れの始めである。

さて、いま少し時間があるようなので、もう一度、アッポンダンツァ通りに入り、家々を覗いて歩く。食器や壺、あるいは「ナントカの家」を軒並みに見ていると、突如、当時の人が出てきそうだ。あるいは、当時の死骸が横たわっているかもしれない。白昼の幻覚。

「スタビアーネの浴場」というのがあった。兵営のようでもあり、運動場のようでもある。入口から直ぐに地下室になった空間。感覚的にはもう一つ、ピーンとこない。それでも、ここが浴場だったかと思うと、素っ裸になった人々の雑談や笑い声が聞こえてくるようだ。それというのも、ブルガリアのソフィア温泉やイスタンブールのハマム（トルコ風呂）のイメージと重なるからだ。脱衣室というのは立派だったが、女性用の浴場というのは一瞥しただけだった。もう、時間がない。

急いで、公共広場へ引き返す。アポロ神殿とバシリカの間の通りを歩き、ポルタ・マリーナの坂を下って、ヴィラ・ディ・ミステリ駅の前に出る。なるほど、この駅からだとポンペイの見学は容易だった。だが、あの大運動場や円形劇場などの見学が出来たかどうか判らない。別の門から入場したため、ポンペイの全体を見学するのには、かえってよかったと思う。

ミステリ駅から「秘儀荘」までの距離は約一キロ。一瞬、時間的に無理ではないかと思ったが、折角だから行くだけは行ってみようと歩き始める。

この周辺は、開発制限地域になっているのであろうか。自動車が走っているとはいえ、まるで田舎道である。ダラダラとした坂道を一人で歩く。額に汗が出てくる。

それにしても「秘儀荘」とはどんなところか。名前から察するに、いかにもエロチックに聞こえる。本当に見学するだけの値打ちがあるのだろうか。時間的にみて、まだ営業・開館しているだろうか。そんなことを考えながら、テク、テクと歩く。

気は急ぐのだが、脚のほうが言うことを効かない。周囲の緑がそんな気分を和らげる。

ナポリから来た電車が、スピードを次第に落としている。きっとミステリ駅で停車するのだろう。

車が走っているので、ヒッチしようと思うが、それほどの距離ではない。車をヒッチした湖水地方ザルツカンマーグートのときとは違って、距離は短いし、目的地もはっきりしているから、ヒッチしなくても大丈夫。自分自身にそう言い聞かす。

坂を登り切って、やっと一息。秘儀荘らしい建物が見えてくる。意外に小さな建物だ。それでも、しっとりと落ちついており、別荘のようだ。薄茶色の平屋。建物は再建されたのか、予想外に立派である。

近づいてみると、広い庭には生い茂った植木があって、入口がどこにあるのか、直ぐには判らない。

視野を大きく広げてみると、秘儀荘は二つの棟から成っている。とにかく、手前正面から、まっ直ぐ奥の方へ入ってみる。

恐ろしいものがあった。ベスビオの噴火の際に逃げ後れた人々の遺体であろう。これが発掘された原形なのか、それとも石膏で作られたものなのか判らない。それが山積になっている。唖然とする。これは、無惨。それしか言いようがない。その一語に尽きる。

この建物の奥には大きなガラス張りのケースが幾つもある。その一つ一つのケースの中に、いろんな姿態の石膏遺体が幾つも展示されている。

哀れなのは、必死になって、幼い子供を火山灰から護ろうと身を挺して庇っている母親の遺体だ。それが母親の本能だとはいえ、これには誰しもが涙をそそられる。二人が抱擁したままで石膏化した遺体、これは夫婦か愛人同志であったろう。

自若泰然とした石膏遺体もある。これは瞬時にして起こった事態に対応できなかったか、自分の死をいささかも予想しなかったか、既に死を覚悟した人のポーズであろう。敢えて想定すれば、この人物は老人ではなかったかと思われる。

最も悲惨だったのは、一つの家族が部屋の中で全滅している展示であった。ここには一家族の凄まじい阿鼻叫喚が、私の耳に痛いように響いてくる。

なぜか、この展示室は写真撮影が禁止されていた。シャッターの閃光で、展示品が傷むからだろう。あるいは、これら石膏遺体を写した絵葉書が売れなくなるからかも知れない。

秘儀荘の赤い壁画（ポンペイの赤）

いずれにせよ、この展示室には気分的に長く居れそうにもない。ここは逃げるようにして外へ出る。

　それにしても、この秘儀荘に来た目的は、こうした石膏遺体をみるためではなく、「ポンペイの赤」を見学するためであった。先程見学した展示室には石膏遺体だけでなく、ポンペイからの発掘品も並べられていたとはいえ、どうも予期していた展示品ではない。

　中庭、いや建物の中央部にある吹き抜けを通って、左手の建物に行ってみる。その建物は有料であった。入場料一〇〇〇リラを払って中へ入る。赤く塗られた壁を見て、一瞬、ギクリとする。

　赤い壁画は幾つもあるが、その多くはギリシア風の若き女性が、写実的に、かつ等身大で描かれている。エロチックでもあり、何でもないような壁画でもある。これらはギリシア神話から取材したのかもしれない。そこで自分なりに、架空の物語を考えてみる。

　若い娘が秘儀荘に拉致され、貴族の男性と結婚するために必要なある種の秘儀を授かっている、そんな想像である。ここは写真を撮っておく。

　もとより、ここにあるのは、そんなエロチックな絵ばかりではない。紙片を読んでいる子供がいたり、果物を運ぶ女もいる。ギリシア神話に出てくる「パン」がいた。このパンは男の恥部をチラリと見せている。不思議なことに、このパンは半人半獣ではない。それだけに、淫乱のように見える。笛を吹く若い男。上着を振り上げている女。

　ここでコーナーを廻る。偉丈夫から壺の水を飲ませてもらっている男。それから仮面を手に持った若い男。男に乳房を触らせている半裸の女。その右には、膝まづいている女。

　ぐるりと振り返ると、背を見せている裸女。豊か

秘儀荘の赤い壁画

な乳房を見せながら、別の美しい婦人の膝に顔を伏せている若い女。これらの絵には、何とも言えぬロマン的情緒がある。

肝心なことを忘れていた。それは、これらの壁画の下地が真っ赤であるということ。改めて言えば、この赤が、いわゆる「ポンペイの赤」なのだ。

ギリシア神話を詳しく知らないから、正確なことは何一つ判らない。せいぜい男女関係に関する儀式を行っている一連の壁画らしいことだけは推測できる。しかも、赤い背景のもとに描かれているので、これから演じられる儀式が何となくエロチックなものに思えてくる。それと同時に、自分の教養の貧弱さを嘆じる。だが、これらを見ただけでも、秘儀荘がもつ独特の雰囲気を十分に味わえたというもんだ。

これら女人を描いた赤い壁画の下部、すなわち床から二〇センチほど上には、幅が二〇センチほどの長くて黒い部分がある。その黒い帯状の壁にも、小さなキューピッドが様々に描かれている。犬を追っているキューピッド、鹿を連れているキューピッドなど、それが黒地に白く光ってみえる。これも写真に撮っておく。

ここに至って、この秘儀荘は、ポンペイの結婚式場ではなかったのかと思う。それにしてもエロチックであるという印象は免れなかった。

のちに、『ブルーガイド』の解説をみると、これは「若い花嫁が、ディオニュソスの神儀を授けられる場面」（二五五ページ）となっていた。私の推察は当たらずといえども、遠からずである。

ディオニュソスとは、酒神といわれるバッカスのことである。酒乱と狂乱の世界に生きる神だから、秘儀荘に相応しい壁画として描かれたのであろう。

話は元に戻る。床に座り込んで、スケッチをしている若い女性がいた。赤い壁画を縮小しながらキャンバスへ模写している。背景となっている黒い帯部分を実物よりも濃くしている。それが難点なのだが、却って、それが絵画全体を引き締めるようになっている。赤い壁画の女性の姿態などについては鮮やかに複写している。巧い。彼女の邪魔をしてはいけないので、話しかけず、そのまま、この部屋を出た。

明るい日差し。真冬の季節とはいえ、さすがに南イタリア、ナポリ、地中海、そんな感じのする庭園、その庭園の緑であった。

この秘儀荘から、横道を辿って行くと、墓地に出た。これはポンペイ時代の墓地ではなかろうか。

石の階段があった。その階段の両側も、墓、そして墓でいっぱいである。小さな墓もあるが、多くは一五平方メートルから二四平方メートル位の広さで、地下室がある。その地下室が遺体の安置所になっていたのだろうが、今は何もない。やはりポンペイ時代の遺跡なのであろう。その証拠としては、墓地の全てに番号が付されていることだ。おそらく考古学研究の必要のためだろう。由緒ありげな墓、形状が素晴らしい墓、そんな墓が続いている。

この墓地は、あのポンペイの市街地まで続いているのだろう。二〇〇メートルも続く坂道、そして寂しい墓地。それでも周囲には、五人、三人と観光客のグループがいるので、安心だ。

日が暮れるのは早い。この墓地で、のんびりするつもりでいたら、いつの間にか誰もいなくなった。もう、薄暗くなっている。こんな場所に一人では物騒だ。一瞬、ポンペイの遺跡のほうへ戻るかどうか迷ったが、秘儀荘の前を通って、元来た田舎道へ出る。

車が頻繁に走っているので幾分は安心だが、それでも物騒であることに変わりはない。車のライトが眩く光る。随分と暗くなってきた。

一度歩いた道だけに、ミステリ駅までは近くに感じ、着くのも随分と早かった。駅の階段を登り、ナポリまでの切符を買う。往路と同じ七〇〇リラであった。

間もなくして、電車が到着。昨日乗ったソレントからの車両と同じである。

電車内で、年配のアメリカ軍人と話す。ナポリ湾に停泊している航空母艦に乗っている将校であった。この空母は、エンタープライズよりも一回り大きく、世界一だと言う。名は、カールビンソンで八万トン級だと誇らしげに喋る。だが、何故アメリカの海軍が地中海にいるのだろうか。NATOとの関係であろうが、世界平和という観点からは難しい存在である。途中の車窓夜景は、今日も見ることができなかった。三〇分ほどでナポリに到着。

ホテルへ戻る前に、例のレストランへ行って、ビールを飲む。店員が私の顔をみて、「スープもあるよ」というので、それを注文。パンは食べ放題ということだが、食べただけ請求されるシステムなのかもしれない。後は、エビやイカが入った海鮮サラダ、それから車海老とほぼ同じ大きさのエビ五匹を注文。この店には果物も売っているので、西洋梨を一つ頼む。以上が、夕食のメニューだった。

午後七時四〇分、ホテルに戻る。今はもう外出する用はない。大きなバスタブにのんびりと浸かり、靴下とハンカチを洗濯。昨夜は何事もなかったので、今晩は部屋の錠がきちんと掛かっているかどうかだけを確かめて、ベッドに入る。疲れていたのか、すぐに夢の中であった。

一九八二年二月一一日（木曜日）

第十日　ナポリの街を歩く

ナポリへ来て四日目。横浜港を出航してから、今日でちょうど二〇〇日。重い病気にも患らず、自分でも良く頑張ってきたと思う。もとより日本は恋しい。そして早く帰りたい。だが、世界の各地を、とりわけ経済生活や風俗・習慣など、あれこれとじっくり見て歩きたい。自然や歴史はすべての経済法則に対して「条件」として作用するからだ。

現実の諸現象は、経済的諸関係と歴史的・自然的諸条件の多面的な関連のもとで現れてくるのだ。だから、歴史も含めて、世界のことを何もかも知りたい。

世界を知る旅は、私がいかに無知であるかを悟る旅でもあった。その機会を与えてくれた立命館大学をはじめ、家族、親戚、知人、友人の皆さんに心より感謝したい。そのためにも、孤独に耐え、地域経済や交通に関することについては、世界の隅々まで知り尽くす努力をしなければならない。郭沫若の「実事是求」（九州大学・三畏閣）という精神だ。

さて、一昨日はカプリ島からソレント、また昨日はポンペイを見学してきた。そして明日からは、バリやタラントなどイタリアの東海岸から南イタリアへの小旅行に出掛ける。したがって、ナポリ市内をゆっくりと見学できるのは、今日の一日だけである。

今朝は九時前に起床。部屋の窓から外を眺めると、隣近所の古びた窓々には洗濯物が干されていて、まさに万艦旗の様相。これが本当のナポリ名物だ。

丸顔のおばさんが笑顔を見せるが、何と言って挨拶したらよいのか、まさかアメリカ流に「ハーイ」とも言えない。

九時過ぎに、一階のフロントへ降り、ここで牛乳を飲む。ホテルのサービスはこれだけで、朝食はない。こんなホテルを選んだのは自分だから、今更、文句を言うわけにもいかない。しかも明日から明後日までは荷物（トランク）を預かってもらわねばならないから、この際は、私の方から係員に愛想よくしておく。

九時一五分、ホテルを出る。まずはナポリの中心街であるウンベルト一世通りを歩く。大きな店、立派な店が建ち並んでおり、観光客相手に高級品を売っている。安価な民芸品を探してみたが、これと言ったものはなかった。この通りは、日中はタクシーで走り、夕食時には散歩で歩いているので、全体として新しく感じることもなかった。

一五分程で、ボヴィオ広場に出る。この途中にナポリ大学があるのだが、特別の用件もないので立ち寄らず、そこからサンフエリス通りに出て、右手の坂道を登り始める。なお、左手に行けば、既に見学した「アンジュ家の城」である。その城の向こう側に古色豊かな王宮がある。

ピアンタ（地図）で見ると、この緩やかな坂道はモンテ・オリベト通りである。そして王宮の後ろの通りは、アンナ・ロンバルディ通り。この通りを過ぎると、三叉路に出て、ナポリの南北を貫く、ローマ大通りに出る。ここは自動車の流れが激しい。

このローマ大通りを北のほうへ向かうと、遙か遠くに目指すカポディモンテの国立美術館がある。もっとも三叉路から北のほうはローマ大通りではなく、ペッシーナ通りとなっている。

やや歩き疲れた。この辺りの道路は車の往来も頻繁だし、もう三〇分以上も歩き続けている。ダンテ広場を通って、さらに北へ向かうと、そこが「イッススの戦」のあった国立考古学博物館。見覚えのある建物が眼前にある。ちなみに、このモザイク画が発掘されたポンペイの「ファウノの家」（パンの家）は、昨日すでに見学を済ませている。

ここからカポディモンテ美術館までは、まだ一キロ以上はありそうだ。こうなっては、市街地の見学というよりも、ただ歩くために歩いているようなもんだ。通りの名前を記すだけでは、いずれ記憶から遠のくだろう。ままよ、それも我慢しておこう。

ここは聖テレサ・デグリ・スカルディ通り、それからロータリーのような場所を通り過ぎると、ザボイア・デュカ・ディ・アオスタ通りに出る。アオスタというのは北イタリアの観光地である。そことどのような関連があるのか、通りの名前も我流の「読み名」（発音）だから、どこまで信頼してよいのか判らない。そんなことを考えていると、自分が一体何をしているのか判らなくなる。歩くのは、良い運動ではある。だが、もう疲れて、喉が乾く。

もっとも、この辺りは、坂の上から下ってくる乗用車が多くなる。これはいつの頃か新しく建設された高速道路を利用してきた車である。

この通りを上り詰めた処に、ロータリーがあり、ここはカポディモンテの「トンド」と呼ばれている。もっとも、イタリア語の「トンド」が何を意味するのか判らない。

それにしても、こんな坂道をどうして登ってきたのか、タクシーを利用すれば、簡単に来れたのにと思う。汗が出て止まない。

そこに急な階段があった。ここは遠回りをして歩く。カポディモンテ通りから、丘の上に大きな宮殿のような建物が見える。あれが目指す国立美術館である。

時刻は既に一〇時三〇分を回っている。これまでは無駄な時間を費やしたのかもしれない。だが、歩けば、嫌でもナポリの風と匂いが私にとりつく。その匂いがなければナポリを語ることは出来ない。これは理屈ではなく、私の癖である。

国立美術館前の広場に到着したのは一〇時四〇分、ホテルを出てから一時間と二五分も経っている。見れば赤坂離宮のような建物。さすがに伝統を大切にする国だ。

一〇時四五分、国立美術館に入る。これは私の見学方法なのだが、まずは高い場所に上がり、これより下の階を見て歩くことにしている。この美術館では、まずは二階へ上がる。

大きなゴブラン織が七枚、三方の壁に懸かっている。いずれも見事な織である。しかも一つ一つの図柄が面白い。
①中世の騎馬戦。池に落ちた騎士もいる。②凱旋風景。しかし、負傷者もいる。この時代には鉄砲が使われている。③落城か、攻城に失敗したのか、ともかく惨敗の図。④これは敗戦で撤退している図らしい。大砲も使われているが、同時に中世風の騎馬戦も行われた時代だったらしい。⑤撤退しようとしている人々の群れに、青い鎧の騎士達が襲いかかっている。⑥これは大乱戦。大砲、鉄砲、そして騎馬戦。槍と剣が入り乱れている。もう無茶苦茶の大乱戦だ。⑦これは進撃の図。戦闘の最初は、鉄砲を撃っていたらしい。しかし、鉄砲の数が少ないのは、当時の生産力水準が低かったためか、それとも武器としての認識が浅かったのか、この点は判らない。日本で言えば、織田信長の時代から、徳川家康までの時代だったのだろう。一七世紀初頭ではないかと思われる。

この七枚のゴブラン織は、ナポリに関連した歴史的事実を描いたものらしい。私には、それを説明できない。だが、いずれにせよ、ナポリが世界に誇る宝物の一つであろう。

この部屋の中央には、陳列棚が六つある。その棚の中には、大きさは三〇センチ未満であるが、一五～一六世紀の青銅製で緻密な彫刻がある。

盾を持った兵士、馬頭に二点灯火のランプ、切り屑が周囲に散らぬように工夫した爪切用の鋏。翼がある一対の龍、いずれも珍品ではないかと思う。

次の部屋は、蒐集したイコン（聖画）の展示。いずれも一五～一六世紀のもので、絵画のタッチ（線）は繊細である。無残に殺された赤子の死体が幾つも転がっている。泣き喚く婦女と無心な赤子の顔を見事に描いている。M・ジョバンニ（一四三〇～一四九五）の作品であった。

それから一五世紀のナポリを描いた絵がある。続いては、マルセロ・ベヌスチによる「最後の審判」。おそらく、これはミケランジェロの作品を模写したものであろう。

セバスチィアーノ・ルチァーニ（一四八五～一五四七）の「眠れるイエスとマリア」と、ギォルギィオ・バナニ（一五一一～一五七四）の「若い女と繋がれた囚人たち」。前者は母親の愛、そして後者は、いわゆる女の凄まじい魔力。これらの絵画は、観念的な「聖画」の域を完全に出ている。

アンドレア・メルドラ（一五六三年頃）の「日光浴をする女」とテジァノ・ベセリオ（一四七七～一五七六）の「涙を流す女」、いずれもテーマが簡明である。

ピーテル・ブリューゲル（一五二五～一五六九）の「六人の盲人」。これは有名な絵画だったという記憶がある。同じブリューゲルの「聖者の財布を切り取る少年」は、いかにも世相風刺的である。

一一時四五分。三階の展示室で、ジュースと菓子パン二つで、昼食。ナポリの港や堤防は靄で見えず、ベスビアス火山も今日は見えない。昼の軽食を済ますと、見学を再開。

第二五の部屋。アニバレ・カラッチ（一五五〇～一六〇九）の「死せるイエスとマリア」。マリアの表情が深い悲しみに包まれている。同じく、「壺の水を流す男」「リナルドとアルミダ」。いずれも好感のもてる作品である。しかし、同じ作者の「天童、天より落ちる」は神話に関連した作品だと思われるが、画題（モチーフ）は判らない。

ギイド・レニ（一五七五～一六四二）の「アタランタとイポメネ」は、構図もよく、薫風を感じさせる爽快な作品。

カルロ・サラチェーニ（一五八五～一六四二）による三枚の絵は、イカルスが空を飛ぼうとして地上に落下するところを描いたものである。そのうちの一枚は何処かで見た気がする。

M・カラバギオ（一五七三～一六一〇）による四つの作品は、いずれも黒を基調とし、なにか「陰惨さ」を感じさせるところがある。

D・ガルギゥロの作品は、群像と躍動をモチーフとしたものである。しかし、これらの絵では、焦点の所在とそのもつ意味が判らない。

マティア・ペルティ（一六一三～一六九九）の絵も暗い。死臭が漂っているものが多い。ルカ・ギォルダ（一六四三～一七〇五）の絵は、逆に「明日への希望」を感じさせるものだ。

第四二号室は、静物画の部屋である。一六～一七世紀と思われるが、当時における食生活や備品が良く判る。そして、ナポリ銀行のコレクションが二五点ほど展示されている。

続く、第四三号室は、ジョアチム・ベオケラエル（一五三三～一五七六）の絵が七点。アルノウト・ムウスエル（一七世紀）の二点。両者の絵は、一六世紀、一七世紀の世俗がよく判り、学術的にも価値があるものと思われる。魚屋、鶏肉屋、肉屋、それから野菜と馬肉・兎肉を売っている店。花屋、果物屋、パン屋、武器販売店。これらの絵は、いわゆる「市場風景」として一括できる。また、当時における運搬手段、例えば四頭立の大型幌馬車、馬で曳く「橇」、荷馬車（特に車輪の金具が興味深い）などが判って面白い。

セバスチィアーノ・リッチィ（一六六〇～一七三四）の「天に向かって右手を挙げる裸女」。そして最後に、ミケレ・マリヨスチの風景画。「ベニスの運河」「ドウカレ広場」「リアルト橋」「シャボニ川口」「グランド運河」「レオニ・トーレ」「ドカナ」、そしてもう一つの「グランド運河」、以上八点。もっとも、このミケレ・マリヨスチの生存期間については、一六九六～一七四三年説と一七一〇～一七四四年という二つの説があるようだ。ベニスの運河を中心とした、当時の水運状況が良く理解できる。

一階へ降りる。「あった！」と思わず叫ぶ。そこに見たのは、美しく飾られた二台の「セダン」である。イタリア語ではこれを「ポルタンチナ」と呼ぶらしい。

この「セダン」は、一七七〇年頃のものだが、その用途は、貴族階層の日常的な乗り物である。日本語では「轎《かご》」、あるいは「肩轎」と呼ばれているものだ。

ここにあるセダンは、轎そのものの大きさは縦横がそれぞれ一メートル、高さは一メートル五〇センチほどで、その担ぎ棒の長さは四メートル、想像以上に長い。棒の太さは直径五センチだが、中央部分に限っては、六センチと四センチの長方形となっている。

これからも判るように、貴人は、この担ぎ棒の中央部にある籠（立体形）の中に坐ることになる。ここには二台の籠があるが、いろんな装飾がなされており、その模様を言葉で表現することは難しい。一つは青を基調として飾られたもので、もう一台は赤である。

交通経済論の講義では、自動車が発達する以前の主要な陸上交通機関として、西洋では、このセダンが頻繁に使われたと黒板に図示して説明するのだが、実物を見るのは私も初めてである。ここは貴重な資料として、キッチリとカメラのフィルムに収めておく。その後になって、ウィーンか何処かの王宮で、以前に、それを見たような記憶が蘇ってくる。

豪華なセダン

なお日本の江戸時代には、殿様が登城する場合などには「籠」が使われ、庶民が利用したのは「篭」である。中国では、貴人や美人は西洋同様に「轎」を使っている。ちなみに、四人乗りの乗用車を一般に「セダン型」と呼んでいるが、それは「轎」（セダン）という箱型の乗り物の呼称を援用したものである。

この一階には、いろんなものが展示されている。食器類。東洋人男女二人の座像。彫刻の入った小さなガラス板。銅メダル。黄銅の聖食器類、その模様はアラビア風である。方向盤と針。十字架のイエスを中心とした七枚の聖壇の板。東洋風の絵（陶器）と葡萄状に赤、青、黄などの花模様で飾った部屋。天井の四方にも東洋人夫妻の図がある。ここは、どうやら「中国の部屋」とでも名付けられていたのであろう。隣にいたイタリアの学生が「フォー」という感嘆の声を出す。

大きな部屋に入る。床の中央部には、女性の顔を中心としたモザイクのテーブル。その直径は四メートル二〇センチもある。なんとも立派なものだ。

周囲には、宮廷を描いた六枚のゴブラン織で飾られ、調度品は、金と赤の色に統一されている。楽器のある陳列棚には、「ジャニ・ロウベト」というギロンデの一七六四年と一七八〇年の作品がある。その作品は日本の琵琶とオルガンを合体させたような楽器である。

ギター、マンドリン、アルマンド・アルタベラ（一九二五年）のバイオリン。中央に、ハープとギター。ここは「楽器の部屋」であろう。

続いて、食事用のいろんなナイフ。幅が一〇センチもあるナイフ。この種のナイフは上流階層の間では、日常的に用いられていたらしい。

次の、そしてもう一つ次の部屋には彫像群。二頭立の馬車に一人の女性が乗り、それを一三人の乙女と一〇人の天女が大きな花環で取り囲んでいる。見事としか言いようがない。

武器の部屋。銃や短銃が約一五〇点。ヘルメットが二四点。いずれも金ピカで、今でも使えそうだ。二連銃ではなく、二連短銃も二丁ある。一つの鞘に五本の短剣を入れたものがある。馬上の騎士像、および甲冑類が約三〇点。砲身が三〇センチ位の小さな砲が九点。一瞥しただけでは、時代錯誤して、ミニチュアかとも思う。しかし、「模型」と標示されていないので、実物だと判る。さらに銃、短銃、偃月刀、ミニチュアの騎士群像。

　銃は一八世紀から一九世紀のものだが、現在でも、その全てが使用可能と思われる。その銃が、ざっと三五〇挺。それをズラリと並べた陳列棚は壮観である。その他、弓、槍、長刀があり、それらが銀色に光り輝いている。こうなると、展示場というより、武器庫といった感じである。ウィーンの武器博物館に優るとも劣らないような展示物であった。

　武器の部屋から二つ先の部屋。ここにはベスビアスの噴火とポンペイを描いた絵。作者も年代も不詳。天井には、「雲上の天使たち」が描かれている。明るくて広い部屋なので、宮殿の部屋をそのまま保存しているのだろう。バロック式なのか、シャンデリアも豪華である。

　次の部屋は、ディ・シチョのコレクションを展示している。陶器類、約三〇〇点、黄色、青、そして緑に彩られた陶器の群れが目を惹く。さらに一〇〇点程の陶器と中国製の花壺。

　絹と金糸で織られた中国服が六着。その花模様が美しい。マイセンで造られたと思われる装飾用の磁器類、約九五点。神話を描いた一二本の扇子も見事。美しい小箱のコレクション、これが約六〇点。そのうちの三〇点は香水入れであろう。若い婦人や夫妻の肖像画を挿入した飾りペンダントが四〇点。その中身は時計ではないかと思われる。

　マイセンの磁器三〇点、中国風の壺二〇点、ギリシアの壺二〇点、さらに三〇点、ガラスの壺が五〇点。以上で、この美術館全体の紹介を終える。

　この美術館では見学中止になっている箇所（部屋）があるらしい。だから、その全容を紹介したわけではない。だが、現在（一九八二年）の時点で見学出来る所は、その大半を紹介したつもりである。イタリア語を読めず、曖昧な点が屢々ある点は許容願いたい。

　時刻は午後一時三五分。このカポディモンテ美術館の見学を終える。なんだか、ホッとした気持ちで玄関を出る。

　抜けるような青空と明るい日差し。ナポリの太陽である。海岸に出て、一日中、ノンビリとしたくもなるが、限られた日程ではそれも出来ない。一年中を旅から旅へと続けることになるが、その一刻一刻が自分にとっては、勉強であり、楽しい仕事である。

　カポディモンテ美術館を見学したのちは、セント・テルモ城とマルティーノ美術館、それからカラッチョロの海岸通りに出て、卵城とサンタルチアの港を見学したい。初めてナポリを訪れた者にとっては、この程度の見学でよいと勝手に決める。

それにしても、午後だけで、全てを見学できるかどうか、ともかく今は時間を大切にしなければならない。

美術館の前でタクシーを拾い、「ムーゼオ・サンマルチン」と言うと、運転手は頷いてそれを復唱してから、アクセルを踏む。

タクシーは、私が歩いて登ってきた道を下ると、途中より右手、すなわち西の方向に曲がる。地図で見ると、もう少し、海岸の方まで下りてもよいのだがと思う。それと同時に、一抹の不安。

景観としては、民家や商店が連なる庶民的な街並みである。中流の庶民生活が営まれているようだ。

タクシーは、マッチーニ広場を通り、西へ、西へと走る。どうも奇怪しい。しかも緩やかな坂を登っていく。どうも怪しいが、ここは黙って乗っているしかない。

タクシーはやがて南の方向をとり、新しい市街地へ出る。ここは多分、ボメロという地区であろう。ナポリの街中でも、高級住宅街といったところである。紅い花と緑が目立つ通りである。広場のところで、タクシーは再び東に方向を変える。多分ラファエル通りと思うが、その坂道をクネクネと登りはじめる。つまり、このような遠回りをしないと、サン・マルチーノ美術館のあるボメロの丘には登れなかったのである。そう言えば、港から見たサン・マルチーノ美術館は随分と高い高台にあるなぁと感じた記憶がある。

運転手さんを疑って、悪かったと思う。しかし、初めての土地では、注意に注意を重ねておいて損はない。

クネクネとした坂を上り詰めた車は、やがて坂を下り、観光バスが停まっている場所を抜け、宮殿のような建物前の広場でストップした。タクシー代の支払いには、チップをはずんでおく。

ここは観光客が多い。とくにアベックが多い。左手は展望のきくテラスになっていて、ここからはナポリの市街地が見渡せる。ここから眺めるナポリの市街地は全体としては白っぽいが、茶色の屋根もあちこちで目につく。緑色の屋根が一段と映えてみえるのは、確か、スピリト・サンタ教会ではないかと思う。左手の道の丘をみると、そこには新しい住宅が建てられている。海岸地域が狭いだけに、道路も住宅も丘の上へ、上へと建設が進んでいくのであろう。

ところで、見学目標であるサン・マルチーノ国立美術館は閉鎖されていた。もともと今日は休館日だったのかもしれない。事前に確認しなかった私のミスである。それでも、美術館の中庭までは入ってみる。その中庭への通路に儀式用の馬車。年代を経たものであるが、花模様の装飾が素晴らしい。通路の隣にある部屋には、彩色豊かな聖像があった。これは聖マルチーノの像かもしれない。

それにしても、このマルチーノ美術館から見下ろすナポリの展望は抜群。ベスビアス火山（ベスビオ）は靄で見えないが、ナポリ港が眼下に拡がる。正面には、あのナポリ港湾駅、それから「アンジュ家の城」、さらにはカプリ行きのフェリーも見える。右手のほうは逆光なので写真を撮ることは出来ないが、アメリカ空母のカールビンソンが停泊している。

なんとも、麗らかな天気である。この美術館の前面には花園の階段。これがまた南国らしく、疲れた

ナポリの街並（絵はがき）

旅人の心を癒してくれる。観光客も、この花園ではノンビリと日差しを楽しんでいる。だが、私には、それが出来ない。今は、時間との競争である。

タクシーで下りてきた坂道を引き返し、隣接するテルモ城へと急ぐ。

正直に話せば、このテルモ城を見学したいと思ったのは、次のような経緯があったからである。日本で旅行計画を作成する段階で、私はテルモ城のテルモを「エルモ」と誤読し、さらに「エルモ」を「セント・エルモの火」と関連があると憶測した。この誤読と憶測が、このテルモ城へと私を誘う羽目になったのである。

そんな期待があったので、ともかく「エルモ」城へと急いだ。そのため、びっしょりと汗をかく。ところが、ここでも坂道を登ってきて汗をかいた努力が泡と帰した。目下、この城はイタリア軍の軍事施設として使用されているらしく、入口の所で、「入っては駄目だ」というゼスチュアで、軍人らしき人物に追い返された。残念だが、ここは「長いものには巻かれろ」だ。その時点でも、私は、ここはまだ「エルモ城」だと思っていた。全くもって、恥ずかしい次第。

軍人に追い返されて、致し方なく、もと来た坂道を引き返し、バス停のある広場へ。時に午後二時四〇分だった。

この広場に待機している小型バスは、いずれも「ヴァンビテリィ広場」行きである。市街地図でみると、ボメロ地区の中心部、先程のタクシーでも通った広場である。そこから少し南へ行けば、アメデオ広場へ通ずる地下ケーブルもある。そこから先は、「まぁ、何とかなるだろう」といった調子で頑張るしかない。

小型バスの先客は、若いアベックが一組だけだった。イタリア流というのか、彼らの行動をみていると、その大胆さに、私のほうが照れてしまう。

待つこと久し。発車時刻が近づいたのか、客がゾロゾロと乗ってきた。料金は二〇〇リラ、四〇円だから安い。三〇人も乗っていただろうか、バスはゆっくりと坂道を登り、「エルモ」城を左手に見ながら、クネクネの坂道を下っていく。バスから眺めるボメロ地区の商店は、果物屋、花屋など、ファッショナブルな店が多い。人通りはさほど多くはないが、清潔な街でもある。ここはナポリでも、「山の手」になるのだろう。

そんなことを考えているうちに、バスは「ヴァンビテリィ広場」へ到着。降りた乗客は申し合わせたように南のほうへ急ぐ。きっと地下ケーブルの駅へ行くのだろうと思って、私も一緒に急ぐ。

南欧特有の暖かい日差し。乾いた風がそよぐ。そして夾竹桃の紅い花。舗装された白い道が目に痛い。

着いた所は、思ったとおり、地下ケーブルの乗車駅だった。片道の料金は二〇〇リラ。そう、待ち時間は七分か八分だった。イタリアでは、この地下ケーブルを「フニコラーレ」と呼んでいる。民謡に出てくるベスビオの登山電車は「フニクリ・フニクラ」だったので、なんとなく親しみを覚え、遊覧気分となる。

下方からゆっくりと登ってきたケーブルカーは二両連結であった。階段になったホームに降り、運転席に近い座席を占める。

発車ベルが鳴って、ケーブルカーはゆっくりと下降を開始。トンネルの中だから、車窓からの展望はない。だが、前方より登ってくるケーブルカーとの離合が愉しみである。

それまでの所要時間を計っていたが、対向するケーブルカーに気をとられて、正確な時間を把握することが出来なかった。感覚的にだが、多分三分ほどだった。

ここでイスタンブールの「ガラタの塔」直下よりガラタ橋近くまで下降するケーブルのことを想起する。あの時の離合までの時間は六分ほどだったから、ナポリの場合はその半分ということになる。

さて、地下ケーブルから出てきた場所は、曲がりくねった坂道を降りてきた坂下の広場であった。広場といっても、ここには煙草などを売っている小さな店が一軒あるだけで、下町の広場という雰囲気だ。ケーブルカーの乗客は、さっさと坂を降りて、さっさと何処かへ散ってしまった。なお、この駅から坂を下ったところがアメデオ広場。そこまでは頭の中に入っている。

時刻は午後三時三五分。さて、この広場からどこへ行こうか、それは未だ決めていない。そこで、このアメデオ広場とその周辺をぶらりと歩いてみる。特に記すような事物はなかった。そうだ、このアメデオ広場には、地下に鉄道駅があるはずだ。

この地下鉄のルートを地図で調べてみると、西方へ行けば、次の駅はピエドリグロッタ広場にあるメルジェリーナ駅に出る。そこで下車すれば、カラッチョロの海岸通りの西端、つまり卵城が東に見える位置に出ることになる。これは幸いだ。

ところで、イタリアにおける市内交通料金は一律二〇〇リラと思っていたが、このメルジェリーナ駅までは三〇〇リラとなっていた。これはメトロポリターナ（地下鉄）であることは間違いないが、国鉄（ＦＳ）かもしれない。

それはそれ、アメディオ広場から地下鉄の駅がある処までは直線で長い地下道を歩いていくことになる。これが下り坂だから助かるが、登りだと大変だと思う。全長は一五〇メートルもあったろうか。山が多く、坂道の多い大都市では、地下鉄と地下道を組み合わせた交通体系が必要なのであろう。何故か、東京大手町の地下道を想起する。

このナポリと比較すれば、同じく山の多い京都北部の地域開発は余程遅れている。もっとも、北山を北山として残しておくのが京都にとっては無形の財産なのかもしれない。例えば、「五山の送り火」を構成する「妙法」や「船形」などの山地を開発すればどうなるか、おそらく文化財あるいは無形文化財の歴史・社会的意義が失われてしまうだろう。

話は元へ戻る。地下鉄のホームに入ってきたのは、電車であった。乗客数も多く、ここには「都会」があった。電車は暗闇の中を数分だけ走ると、空が見える駅へ出た。メルジェリーナ駅である。予期したよりも大きな駅であったが、いかにも古色蒼然。不思議なことに、駅員までもが年取った老人に見える。

駅舎から出ると、すぐ前に大きな道路。トラックや乗用車、大小さまざまな車が頻繁に走っている。港町、そして工業地域が近い。そんな雰囲気を感じさせる駅前であった。

その駅前通りの道を、海に向かって歩く。そこにも広場。日本と違って、街中のあちこちに広場がある。それが素晴らしい。旅行者に心の安らぎを与え、同時に、土地の位置と方向に対する感覚を正しくしてくれるので助かる。

ここはサンナッアロ広場。潮風、そして海の匂い。やがて、眼前に素晴らしいプロムナードが現れ、その先に、有名な卵城が見える。なお、ベスビオは靄で見えない。

海岸へ出てみると、そこはヨットハーバーだった。サンナツァロ港である。無数のヨット。釣り用の小型ボートも多い。とても数えきれたものではない。海洋レジャーの普及という点でみると、湘南海岸などでもヨットやボート遊びは盛んだが、それでも日本はイタリアにはとても及ばないと思う。太平洋と地中海という海洋の性格的な違いもあるが、基本的には大衆の所得水準の低さとそれに規定された余暇利用の貧困性によるものだろう。もっと具体的に言えば、日本における労働時間の長さと賃金水準の低さに規定された生活様式、それが余暇利用の貧困とも連結している。

日本の場合、戦前から戦後にかけて、労働組合運動は、生活様式の中に余暇ということをどう位置づけ、賃金の構成要素として、余暇費用をどれだけ要求してきたであろうか。労働者階級や農民が、その生活面で余暇利用を犠牲にしてきたことが、あの高度経済成長を可能にしたのではないか。海岸を埋め尽くすほどのヨットやボートが、アクセクと働く日本人を嘲笑しているようだ。

そんなことを考えながら、海岸プロムナード、つまりフランセスコ通りを歩く。護岸のための幾万という石灰岩。これがテトラポットだと、どの位の費用が掛かるだろうか。おそらく何千億円という単位の工事であろう。これだけ大量に石灰岩を使えるということは、このナポリ周辺地域に、それが豊富だということであろう。

トルコ南部、それからミケーネなどギリシアの各地を見てきたが、地中海北部に位置する国々は石灰岩の多い同一の地質構造ではないかと推測する。日本に帰ったら、この点も確かめたい。つまり、石灰岩の豊富さが、ギリシアやローマの石造文化を創りだし、その反面として、農業の生産条件を厳しいものとし、外国への侵略を余儀なくされたとも考えられる。この発想は、自然決定論的な誤りを含んでいるが、侵略的奴隷制国家の形成を促進した条件の一つであったことは間違いないであろう。

海岸通りを歩いて行くと、その中央部に一五〇メートルほど沖に突き出した堤防がある。その突堤へ出てみると、「卵城」は目の前だ。透き通った海の水。日本では、大都会の周辺地域で、これほど澄みきった海をみることは出来ないだろう。

ナポリの公害問題については、何かの雑誌で読んだことがある。あの煙害は今でも解決すべき課題であろう。だが、この海の清らかさはどうだ。それを証拠づけるように、漁網が干されていた。網の目は、六～七節ほどだから、ナポリ湾では相当大きな魚が獲れるのだろう。あるいは、稚魚を保護するためのものかもしれない。ナポリの海岸を歩きながら、日本のことをいろいろと考えた。

この突堤から先は、その東端が卵城となっているカラッチョロの海岸通りである。ここでも石灰岩による護岸工事がなされており、それが緩やかな曲線を描いて卵城までずーっと続いている。

左手は、金網で囲まれた市民公園、緑の帯が一〇〇〇メートルも続いている。この公園の中には「アクアリオ」（水族館）があるが、いまはもう見学するだけの時間的余裕がない。

フランセスコ通りからカラッチョロ通りへと続く海岸通りは、二キロもあったろうか。いささか歩き疲れる。だが、この付近の景観も、ナポリ名物なのであろう。

美しい建物が並んでいる山手側とは異なって、海側では靄に包まれた沖合にアメリカ軍の原子力空母と原子力巡洋艦が停泊している。世界の三大美港に、軍事色は馴染まない。しかし、これが東西対立を反映した現代の縮図なのだ。

次第に、卵城が近づいてくる。遠くからだと、海に突き出た小さな砦のようであったが、近寄ってみると、中々どうして、コンクリートで固めた巨大な城塞だ。確かめることを忘れたが、コンクリートではなく、大きな石灰岩の構造物だったかもしれない。

午後四時四五分。卵城に到着。城の中には、住民がいるらしい。城内の道路も、一般道と変わりはない。車も通れば、自転車も通る。城内が住宅地になっているからだろう。

城の中へと八〇メートルも歩いたろうか、突然、大きな男が現れて、「来た方へ戻れ」と言う。言葉は判らないが、怒ったような顔の表情とゼスチュアで、そうと判る。彼が、ここの住人か、警備員か判らないが、偉い剣幕だ。イタリア語を知っておれば、ここは何とか理屈をつけて城内を見学するのだが、今はそれが出来ない。ここは退散するしかない。無用のトラブルは避けねばならない。そのためか、写真を撮ることも忘れてしまった。

「ナポリを見て死ね」という諺がある。もう、ナポリで見るべきものは見たので、死ぬことも出来るだろう。しかし、南イタリアの南部、マグレブ三国、西ヨーロッパ諸国とアメリカなど、私の旅程はまだまだ続いている。旅全体としても、まだ半分程度なのだ。仲々、死ぬわけにはいかない。いや、生きて日本へ帰りたい。そんな思いで、卵城を出る。

卵城の東側は、ヨットハーバーになっていた。漁船だろうか、小舟も係留されている。もっとも、その数は、先程のサンナツァロ港よりも遙に少ない。ここが世界的に有名なサンタルチア港である。それだけに停泊・係留料も高いのかもしれない。

「サンタルチア」というのは、この地域の名称らしく、サンタルチア通りというのもある。海岸通りの背後にある道がそれだ。ナポリへ最初に着いた雨の日に、レックス・ホテルを探して、ここへ来たことを思い出す。なお、サンタルチアについては、「あとがき」で説明する。

港は、もう夕暮れ。赤に黒が混じったスモッグの中では、ベスビオも、ぼんやりとしか見えない。ナポリ東部は工業港にもなっているようだ。観光港、商港、工業港、そして軍事という多様な性格を併せ持つ大ナポリ港である。

振り返ってみると、凱旋門がある。サンタルチア門というのかも知れない。聖ナザリオ通りである。流石に歩き疲れた。これから先、カプリ行きのフェリーが出る栈橋までは、かなりの距離がある。そこまでは頑張って、歩いて行きたい。

海岸からは暖かい風。さすがにアフリカに近い地中海沿岸だ。雰囲気としては、「月は白く、波を照らし、……、かなた島へ、友よ行こう、サンタルチア、サンタルチア」というナポリ民謡を口ずさみたくなる。だが、気分的には、あの卵城から追い出されたので、とてもそんな気分にはなれない。そうはいっても、「卵城」という名は、その昔、ある魔術師が卵を城の中に隠し、この卵が割れたら、ナポリに災いが生ずると言ったことに由来している。だから、住民は卵を守るため、私を卵城に入れなかったのかもしれない。

「観光」というものは、単なる事物の鑑賞だけでなく、人間関係、とりわけ土地の人との関係が大きな影響力をもっている。私の経験でも、掏摸（ワルシャワ）や強盗（アテネ）に遭遇した所に好印象をもつことは生涯あるまい。

車の多い海岸通りが尽きると、この道は左手へ曲がり下り坂となる。その坂を下っていくと、正面に王宮。赤茶色をした大きな建物だが、各地の王宮を見てきただけに、是非とも見学したいというほどの欲求は、もはや湧いてこなかった。

王宮より右手へ廻ると、道は広くなり、見覚えのある「アンジェ家の城」やナポリ港駅などが眼中に入ってくる。ナポリ港駅の前は、自家用車や大型トラックの駐車で一杯だ。岸壁には、外航船が停泊している。あと、もう少しという気持ちで歩き続ける。

疲労が溜まってくると、もはや周囲を見学する気力も、あれこれに対する関心も薄れてくる。外航船やアンジュ家の城を見ても、「ここは前に来た」といった感覚しかない。

こうなっては、ただひたすら歩くだけだ。海岸に沿った新マリティマ通りを暫く歩き、それより北上して、商店街の並ぶウンベルト一世通りへ出る。ここが、「もう限界」

喉が乾く。ちょうど、ジュース類を売っている店があったので、立ち寄って、「プレーゴ、アクア」とイタリア語で声を掛けてみる。プレーゴというのは、ロシア語の「パジャールスタ」、ドイツ語の「ビッテ」に相当するもので、日本語では「すみません」か「ちょっと」という程度の単語。そしてアクアは「水」。それが通じるか、どうかはこの際、どうでも良かった。

店頭にいた若い娘さんは、水道の蛇口から水をコップに入れて、私に突き出す。「グラッチェ、グランデ」（おおきに・有り難う）とカタコトで礼を述べる。ナポリの水は美味しかった。そして、予期したとおり、この可愛い娘さんは、代金を取らなかった。

先に「もう限界」といったのは嘘だ。この娘さんに声を掛けてみたかったというのが本音ではなかったか。そのように自分を客観視して評価するのも面白い。思わず、苦笑。

周囲は暗くなる。だが、流石にウンベルト一世通りである。ネオンや電灯が明るく輝く。一段と華やかなのは、土産店や貴金属店。特に名産のカメオを売っている宝石店は眩いばかりだ。それから楽器店もそうである。ナポリ民謡がある位だから、音楽はこの街の名物の一つである。「サンタルチア」「カプリ島の思い出」「フニクリ・フニクラ」「帰れソレントへ」という世界的に有名な民謡が四つもある街なのだ。さらに「オオ・ソーレ・ミオ」もある。

ガリバルディ広場に戻ったのは、午後六時一〇分。やれやれである。ホテルに戻ったのが、六時一三分。よく歩いたものである。あのサンタルチア辺りからでも、時間にして、約二時間三〇分。距離にして約一〇キロもある。日中は、ひどく汗を掻いたこともあって、ホテルの部屋ではまず入浴。疲れてはいたが、これでスッキリ。

ところで、夕食はまだである。それから、明日のことも気掛かりだ。一晩だけナポリを留守にし、明後日に、ここへ戻ってくるということをフロントに伝え、トランクの保管を頼むことなど、いろいろな配慮が必要だ。風呂から上がり、ひとまずベッドの上で「大」の字になる。

午後七時二五分になって、再び長袖のシャツに上着を身につけ、いつものレストランへ出掛ける。

繰り返すが、今日は、日本を出発してから二〇〇日目。その記念日でもあるが、なにしろ、今日は、かなりのエネルギーを消費したので、美味しいものを食べたい。

ビール、それから大きなエビを三匹とマカロニ。店頭の陳列ウインドウを覗くと、「綺麗な豚肉」があった。豚肉を「綺麗」と言うのは、妙な表現である。だが、「見事」あるいは「美味そう」という言葉では、その豚肉を見たときの感触を的確に表現することは出来ない。なにしろ淡ピンク色が余りにも綺麗だったので、これを追加注文する。

まずはマカロニだが、これは茹で方が不十分で、芯が残っている。固くて、とても食べられたものではない。スパゲティといい、このマカロニといい、イタリアでは、芯が残っているほどの固さが普通なのであろうか。エビの塩焼きのほうはまずまずの味。そして例の豚肉だが、テーブルに出てきたのは、筋肉ばかり。陳列にあった綺麗な肉とは似ても似つかない代物だった。何だか、騙されたようだが、私自身の効き眼がなかったのかもしれない。こんな苦情を抱きながらも、ビールも飲んだので、満腹になる。

午後八時三〇分。食事代として、一万八〇〇〇リラ、約二万一四〇〇円を支払って、店を出る。

ホテルの部屋に戻ってからは、明日からの準備状況を確認。そして、再度、列車の発車時刻を確かめてから、ベッドに入る。念のために、目覚時計の針を合わせておく。

一九八二年二月一二日（金曜日）

第十一日　バリとタラント

午前六時一五分に起床。直ちに手荷物をまとめて、階下に降りる。旅行資料や土産品などをローマで日本へ郵送したが、その一部がトランクにまだ残っている。不安ではあるが、このトランクをエレベータに近い場所に置き、フロントの係員に、「ここに置いて大丈夫か」と念をおして安全性を確かめ、それなりの了解をとっておく。

トランクを鎖で鉄柱に巻き付ける。日本から持ってきた鎖の錠が役立つ。さらに、フロントの若い男には、五千リラのチップを渡し、このトランクの確保を頼んでおく。

六時四五分。ナポリ・ガルバルディ駅へ行き、バリ（バーリ）までの切符を求める。一等の座席運賃が三三〇〇円で、急行料金が九四〇円、計四二四〇円（二万一二〇〇リラ）だった。乗車券は二枚。乗車券と急行券である。いずれも中央にFSのマークがあり、右手前に進行する電車の図柄が入った薄い黄土色の切符であった。ナポリからバリまでの距離は三二一キロ、それにフオッジア（FOGG）経由という印刷もある。同じ乗車券でも、予約券と違って、当日券は簡便なのであろう。

ここで気づいたことがある。ローマからナポリまでの乗車券が二枚あったのは、乗車券と座席指定券だったのである。検札にきた係員に座席指定券一枚しか見せなかったので、ローマ・ナポリ間の運賃を二度支払う羽目となったのである。そうか、そうだったのかと悔やんでみても、今更どうしようもない。一万三千二〇〇リラの失策だった。

これからの予定だが、用意した紙片には、ナポリ（ガリバルディ）駅の発車が七時一三分、バリ到着が一一時一〇分。ここで二時間ほど途中下車して、市内を巡検し、バリ発は一三時〇三分、タラント着は一四時三〇分と記されている。さらに、電車に乗り遅れた場合や、明日のタラントからナポリまでの電車時刻も書いている。

七時二五分、電車が約二五分遅れてホームに入ってくる。こんな遅れも、ここはイタリアだと思ってやり過ごす。ともかく乗車して、自分の座席を選ぶ。一等車であるが、座席指定ではないのだ。電車の進行方向に向かって、左手の座席。左手だと途中から海が見える可能性があるからだ。もとより窓際である。

七時三〇分、発車。真紅の太陽が、ベスビオの山稜から登ってくる。勇壮だが、ベスビオはまだ朝靄の中だ。

車内には大きな机があり、ここでトランプゲームを楽しんでいる人達もいる。喫煙席は僅か一二席で、私以外の客は、禁煙席の方に座っている。どうも、忌煙権は、日本よりも普及しているようだ。昨夜、レストランから持ちかえったパンを取り出して食べる。

七時四五分。車窓からの風景は、果樹園と畑作地が混在。霜がおりて、外は冷たそうだ。樹齢五〇年にもなろうかという大木に、根元から出る蔓と大きな網とを、絡ませている。葡萄の古木のようだが、あんなになるものか。

七時五二分。アベルサ駅。朝の通勤時間。だが、駅のホームは、日本ほどには混雑していない。発車すると、間もなくして畑作地。朝靄が深く、視界は五〇メートル程度しかない。何故か、電車が頻りに警笛を鳴らす。レールの枕木は、まだ木材である。

八時。複線である。隣のレールに、なんと頸のない犬の死骸。まだパンを食べ残していたので、なんとも嫌な気分。

八時〇五分。ここの駅名は不詳。学生が多い。これより単線となる。エジプトと違って、踏み切りの遮断機が降りると、誰も、線路内に入ってこない。イタリアはさすがに文明国である。

八時一〇分。電車は次第に、高度を稼いでいく。右手に大きなセメント工場。周辺の石灰岩を利用している。これは資源立地の典型だ。さらに電車は山の斜面を巻くようにして、高度を稼ぐ。もはや、ナポリ湾もベスビオも見えないが、平野部は広く、かなりの展望がきく。右手前方に、古城と教会。それを見ている間もなく、トンネル。

八時一五分。農村部に入る。三段のアーチになった水道橋。多分、ローマ時代のものだと思われる。もし、そうだとすれば、素晴らしい遺跡である。近辺は、葡萄畑。遠方は霞んで見えない。川面から霧が湯気のように立ち昇っている。これだけは、ロシア語で表現できる。「ポプリーニ、ツマーニ、ナ、ド、レコイ」だ。ロシア民謡「カチューシャ」の一句だから、丸暗記し、ウラジミールの丘（キエフ）

からドニエップルを眺めた時も、同じ文句を口にした。なんとかの一つ覚えである。

八時三五分。この地ではオリーブと葡萄とが混在している樹園。右手に大きな山塊。この辺りも、葡萄の有名な産地なのであろう。「産地形成」を、地域振興政策として安易に主張する者もいるが、それだけでは、地域農業の単作化をもたらし、価格変動から生ずる経済的危険性を軽視することになる。この地の周辺は、葡萄園の規模がいずれも数万平方メートルなので、経済学者として気になるのは、むしろ地域における土地所有の構造的変化と流通大資本による経費削減政策である。

八時五〇分。木立が多くなる。山村地域へ入ってきたらしい。葡萄園の経営面積も、一万平方メートル以下の小規模なものが多くなっている。

九時。海抜五〇〇メートルもあるだろうか。山の上に集団家屋、つまり集落が見える。あんな山の上に家を建てて、何のメリットがあるのか。交通や水補給の問題はないのだろうか。日本では考えにくい条件のもとでの集落立地である。

九時一〇分。ベネベントに停車。ここには三〇分ほど前から川が並行して流れている。河岸は石灰岩か大理石である。

九時二五分。アピス駅に停車。川は並行してまだ流れている。山々には木立が少なくなり、牧草地が多くなっている。依然として、山頂や山稜に集落や家屋がある。日本でも、西・東の祖谷をはじめ、日向の尾前や日当にも、こうした高地の集落立地がある。だが、それらは例外的存在である。もとよりイタリアでも平地に新しい家屋が建てられているが、この地域周辺では、新しい民家が山上に建てられている。なんとも不思議なことだ。この地方の集落立地の形態は、経済地理学の恰好の分析対象になると思う。

九時四三分。長いトンネル。それを抜けると、明るい陽光。アペニン山脈の東側へ抜けたのだろう。依然として、山地である。大きな牧草地と小さな果樹園が入り交じっている。暫くして、アリアノという小さな駅に停車。離合停車である。

一〇時。山間を電車は走る。狭い畑地もあるが、土壌をみると、堆積部分が二五〜三〇センチしかなく、その下部は丸みを帯びた石灰岩となっている。これだと牧草地として利用する以外に方法はあるまい。左手には山の上に集落。電車は、谷間を下っていく。谷と言っても、木曾谷のように深くはない。

一〇時一〇分。平地に出ると、麦が植えられていた。遠くから見た景観としては、平地というより、なだらかな丘陵地。畑地には石コロが多い。どうして畑地の外に石を捨てないのか。これも不思議である。

車窓から見ていると、石を積み重ねた、言わば石捨場が幾つもあった。妙な言い方になるが、石を捨てても、捨てても、地下から石が湧いてくるのかも知れない。

一〇時一五分。どこから見ても、平野部に出る。一区画の耕地面積は約二ヘクタール。平地なのに、葡萄園もある。他の路線と合流。チェルバノ駅である。

一〇時二四分。フォッジァ駅に停車。ここはイタリア東部地域の中心地の一つである。私の時計は三分ほど進んでいる。ここで、それを調整。

一〇時二五分。フォッジァ駅を発車。これまでとは進行方向が逆になる。海を見たいので、座席を替わる。この駅の東側には古くなった枕木を山のように積んでいる。一つの山は、数万本の枕木を積んでおり、それが二つもある。左手に小規模な火力発電所、右手には大型サイロを建設中。列車は杉並木の街道に沿って走る。

一〇時三三分。左右前後に、近代的な工場群。この地域は、農業地域を脱皮し、工業地域へと変容している。ここを過ぎると、葡萄園。畑地の広さは約一ヘクタール。アドリア海はまだ見えない。

一一時。バルレッタ駅に停車。この市の西北部には新しいアパート群。そして新市街地の形成。これもイタリア南部開発、すなわちバノーニ計画の一環であろうか。旧市街地の再開発も行われている。市の東南部に工場群。

あっ、海が見えた。アドリア海である。白い船が印象的だ。けれども、水平線は乳白色の霧で見えない。葡萄とオリーブが基調の風景であることは変わらない。トラニの街も再開発中。茶色や黄色に塗られたビル建設用クレーンが約二〇台。この沿線にある都市は、いずれも旧市街地を再開発中。新しいアパート群の簇出。その傍に、樹齢五〇年のオリーブ。イタリア東南部は確実に生まれ変わりつつある。

一一時二二分。バリ市のスピリット地区。あちこちに白とピンクの花、梅らしい。

一一時三〇分。バリ・セントラル駅に到着。約二〇分の延着であった。ちなみに、このバリを見学できる時間は、次に乗るタラント行きの電車が発車するまでの僅か二時間弱しかない。なにもかも、急ぎに急がねばならない。

まずは、手荷物を預ける。料金は五〇〇リラ。そしてトイレ。食事時間を短縮するため、サンドイッチを買い、これで準備良しとばかり、駅前の道を真っ直ぐに、海の方へ向かって歩き始める。

時刻は、一二時前。市中を見学できる時間は、多くみても、四〇分程度だ。

このバリの市街地も再開発をしたのであろう。歩道脇にはフェニックスを植え、電線などは地下に埋設している。

青い空に、高さを揃えた白いビルが美しく映える。若い人が多い。書店で一万分の一の市街地図を買う。二五〇〇リラだったから、日本とほぼ同じ価格。

地図を拡げて見て、驚いた。私が下車したバリ中央駅から北へ真っ直ぐ延びる通りは、バリ・スパルノ通りで、その東西は碁盤の目のように整理されている。駅前はアルド・モロ広場、さらに二〇〇メートル行くとウンベルト広場。その西側に大学がある。道理で、若い人が多いはずだ。

アドリア海に面しては、大きな港（グラン・ポルト）がある。この港の内港としては、新港と聖フランコ港がある。大きな港の西側に、フィエラ・デル・レバンテという公園があり、東側はおそらく旧市街地域で、城壁で囲まれている区域がある。そこはセントロ・ストリコ地域と呼ばれている。この公園とセントロ・ストリコ地域が、バリでの見学対象となるようだ。市街地域の外れに、大規模な墓地があり、その西部は「ゾーナ・インドゥストリアレ」（工業地区）となっている。

どうやら、バリは、市街地域の中心に広場を配置し、かつての墓地を市街地の外れに移転させ、さらに郊外には工業地区を配置するという都市計画が出来ているようだ。

さらに海とは反対側になる西部から南部を経て東部に至るまでの陸地部分では、大きな道路が放射線状に延びている。これは、まさしく人工的な、否、計画的に建設された道路網である。

地図を拡げて、前記のようなバリ市の概要を頭に叩き込む。次に、私の行動予定だが、限られた時間だから、駅から一五〇〇メートルほど離れた位置にある旧市街地のセントロ・ストリコ地域へ行き、そこから再び駅へ引き返してくる、半可通だが、それが最善のようだ。

　そうと決めたら、早速、行動。学生が多いスパラノ・ダ・バリ通りを急ぎ足で北上。通りの両側には、商店や銀行。カフェやレストランなどもある。

　多くの学生が集まり、討論している。論題が何か判らないが、ひどく熱心だ。興奮している学生もいる。大通りのあちこちで、学生がグループを作って討論している風景なんて、今の日本ではとても考えられない。中には教師らしい人物も混じっている。

　見ていると、単なる討論ではない。まさに激論だ。大学で何か問題が生じたのだろう。それでも、

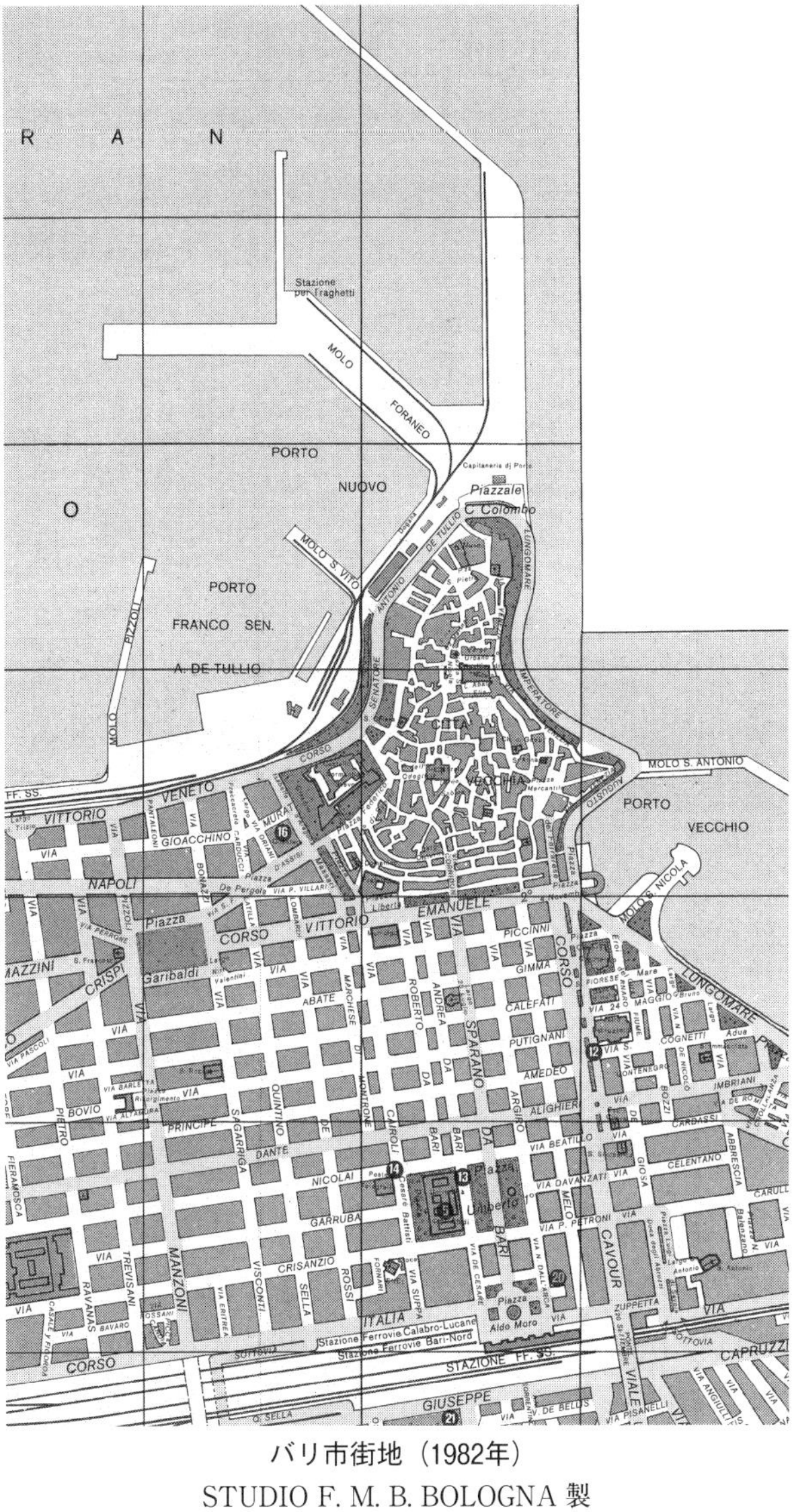

バリ市街地（1982年）
STUDIO F. M. B. BOLOGNA 製

ひと昔前の日本における学園紛争と較べれば、暴力的でないだけに和やかなものである。ここは、そのまま通り過ぎる。

さて、バリ・スパラノ大通りを北へ一キロほど歩くとヴィットリオ・エマヌエル二世通りと交差する。この通りを横断すると、旧市街地区、セントロ・ストリコである。地図でみると、この区域は城壁で囲まれており、その内部面積は約三〇ヘクタール程度。

その西側には、一万八千平方メートルほどのノルマン・スベボ城がある。この城は、本当にノルマン時代のものであろうか。ノルマンと記す以上は、シリー島を占拠したノルマンと同じであろう。バイキングは、イタリア半島の東側、中部地域まで進出していたのだろうか。アドリア海の北部にある都市国家ベニスとの対抗上、ここバリに拠点を築いたのかも知れない。

バリのスパラノ大通り

ノルマンの城は、五稜郭の原形ともみられるような形状である。出城部分が三カ所で、不格好な姿をしているが、これは年代を異にして築城していった結果であろう。

ノルマン城の現地は広々として、軍隊の兵舎にでもなっているようだった。周辺の叢の中では、子供たちがサッカーに興じている。時代が異なるとは言え、長閑で、なんと平和な情景だろう。

近くのカテドラルを見て、さらにバシリカ（教会堂）へと向かう。坂道のある古い街である。バシリカを横目で見て、次はベッキオ港。坂道を降りてきた処に、子供たちが楽しそうに遊んでいた。見ると、ビー玉である。

少年時代の私は、門司で過ごしたが、その折りに遊んだのが、このビー玉である。それ以外にはパッチンという紙片を使った遊びであった。ちなみに、門司ではビー玉のことを「ラムネ」と言った。戦前から戦後にかけては、この「ラムネ」と「パッチン」、それに独楽と竹馬がおもな遊びであった。

異国に来て、子供たちが自分と同じような遊びをしているのを見ると、とても嬉しい。ともかく懐かしい。子供たちが遊んでいるビー玉のルールは、次のようなものだった。

まず、ゲームに参加する子供は、それぞれにビー玉を拠出し、地面に描いた小さな円の中央にそれを集める。次に相手の位置に気を配りながら、順番に、円の外へビー玉を弾き出すのである。弾き出したビー玉だけが自分のものなる。私の子供時代には、地面に描くのは丸い円ではなく三角で、この遊びも「サンカク」と呼んだ。

数人の子供が遊びに参加していたが、やはり上手・下手があるようだ。勝って得意気な子、負けてションボリしている子、その明暗がはっきりしている。

しかし、時間に追われている。この場を離れて、坂を降りる。大きな道を横切ると、そこは、もうベッキオ港である。

ナポリのサンタルチア港やカプリ島の港のように、多数のヨットが停泊している。イタリアの各地がそうだとすれば、イタリアのレジャー発達度は日本のそれの数倍にもなるのではあるまいか。

イタリア人は、「生活を楽しむために」働き、日本人は「生きるため」に働く、いや、「働くために」生きていると言っても過言ではあるまい。そんな思いをいっそう深くしながら海岸通りを歩く。

鮮魚店があった。ここばかりは日本と同じだ。

バリのベッキオ港

鰻、赤貝、シラウオ、アサリ、ムール貝、サバ、エビ。店内を眺めても、どこか安心感、いや安堵感がある。

もっとも、この店は、鮮魚以外に野菜も売っている八百屋だった。

港の向こう側に突堤がある。その突端には港湾管理局らしい白いビルが見える。海岸に面した、この通りは「ルンコマーレ・オーグスト帝通り」と呼ぶ。そして街路樹は棕櫚。街灯は、三つのランプをもった古風なものである。ここの風景を写真に撮っておく。

アドリア海を前にして、想うことが二つある。一つはバルカンを旅したが、アルバニア（首都チラナ）には行けなかったこと、もう一つはユーゴスラビアで、地中海の真珠とか宝石と言われているドゥブロニク（現モンテネグロ）やプーラ（現クロアチア）、スプリト（同）という対岸の観光都市（港）を見学してないということである。せめてプーラだけは北イタリアを巡ったときに、特にベニスからトリエステを旅したときに寄ってみたいと思う。このアドリア海にはそうした思いが数多くある。これは歴史的郷愁とでもいうのであろう。

そうした郷愁は別としても、また小型車の多いことを除けば、このバリという港町を好きになれそうだ。だが、今は滞在するわけにはいかない。次に来たときには、この地からフェリーに乗って、対岸の観光地を巡りたい。

時刻は一二時二〇分。もう急いで戻らないと、タラント行きの電車に間に合わなくなる。歩く足のピッチをあげる。出来るだけ多く事物を見るという旅の効率性から言えば、もと来た道を引き返すことは非効率だ。ただし道を間違えることは絶対に出来ない。

ここはエマヌエル二世通りである。この道を西へ三〇〇メートルほど歩き、あのバリ・スパラノ通りを南へ行けば、駅に出ることが出来る。

ともかく西へと急ぐ。途中、エマヌエル二世通りを横切る。それからアルジィロ通りに入り込む。スパラノ通りに比べると、なんだか裏通りのような雰囲気。しかし、小さな店や喫茶店などがあり賑やかだ。このまま南へ行けば、駅前広場に出るのだろうが、ウンベルト広場で右折し、スパラノ大通りに出る。急ぎ足で歩いたので、汗がベットリ。バリ・セントラル駅へ戻ったのは、一二時三五分であった。

なんとか間に合った。バリからタラントまでは、一一五キロ。ブリンディジ、レッチェやオトラントへ行く本線を離れ、支線へ入る。イタリア半島の形状を長い革靴に見立てると、ちょうど、土踏まずの位置、そこがタラントだ。

切符は日本の硬券と同じサイズ。もっとも、日本と違って、印刷が縦。二等の普通席で、料金は三三〇〇リラ（六六〇円）であった。

一三時〇三分。タラント行きの列車は定刻に発車。前の座席から日本語が聞こえる。二人の日本人が乗っていた。私の方は強く意識したが、相手方は平然としている。

列車はバリ駅を出ると、広々とした畑地を走る。ここで思い切って、二人の男に声を掛けてみる。間違いなく、日本人であった。

二人とも、新日鉄の社員で、一人は室蘭から、もう一人は君津からやってきたと言う。

本来ならイタリア半島東海岸の南端にあるオトラントから最南端のサンタ・マリア・ディ・レウカ岬まで、私は行きたかった。だが、そこへ行くのは限られた日程では無理だ。したがって、バリからレッチェ方面には向かわず、やむを得ず、直通列車があるタラントを選んだのである。とはいえ、タラントのことはほとんどなにも知らない。

二人の話によると、タラントにはイダシ製鉄所があり、ここは全イタリアの七〇％に当たる一五〇〇万トンの銑鉄を生産しており、製鉄所の敷地面積は何と、一二〇〇万平方メートルに達するそうだ。

一九八二年当時の日本で最大の敷地面積をもっている製鉄所は、日本鋼管福山と川崎製鉄水島で、それぞれ一〇〇〇万平方メートルであった。だから、このイダシ製鉄所は、それらよりも広い。また、日本からは二〇〇人の製鉄マンが、ここタラントに技術指導に来ていると言う。

さて、車窓は丘陵性の平坦地が続き、そこにはオリーブの樹木。次第に登り勾配となり、岩が多い山地となる。これだと畑作は出来ないだろう。降雨で浸食された谷があちこちにある。その深さは六〇〜七〇メートル。これでは畑作どころか、土地利用そのものが不可能である。岩は石灰岩だろうが、見たところ品質が悪く、セメントの原料にはなりそうにもない。

時折、モーターで揚水している箇所が見られる。南部イタリアが貧困と言われるのは、この自然的悪条件が影響しているのであろう。戦後に南部イタリアの地域開発を行ったバノーニ計画がどこまで成功したのか、それが気になる。

タラントへ来ている日本人は、地元の人々とのトラブルを避けるために、一区画にまとまって住んでおり、夜間は外出しないとのこと。なるほど、新日鉄が君津へ進出したときに、いわゆる「八幡町」を市内に作ったことを思い出した。あの時は、地元住民からも、また新日鉄の社員・家族からも、お互いに疎外感が大きかったと聞いている。

二人の話を聞いて、タラントの市民は日本人をどうみているのか、日本人は安全なのかどうか、いささか不安になってくる。もっとも、今更ビク、ビクしても始まらない。

列車は、山地をぐるり、ぐるりと巡って、海の見える平野部に降りてきて、ほぼ定刻にタラントへ到着した。午後三時に近い。日本人二人は、「市街地へ行けば、ホテルがあるだろう」と言い、ここで別れ、私は駅前で八番のバスに乗った。

駅前を発車したバスは直ぐに橋を渡る。小さな海、そして大きな海。それからまた小さな橋を渡って、市街地に入る。ここで下車しなさいと隣人に言われて、慌てて降りる。

ここは海に近い。潮風がある。もっとも、タラントの市街地だとは判っても、ここが何処か、どちらへ行けばホテルがあるのか判らない。しかし、今は手荷物一つだから、これまでとは違って、随分と気楽なものである。

初めての土地なので、どこをどう歩いたかは判ら

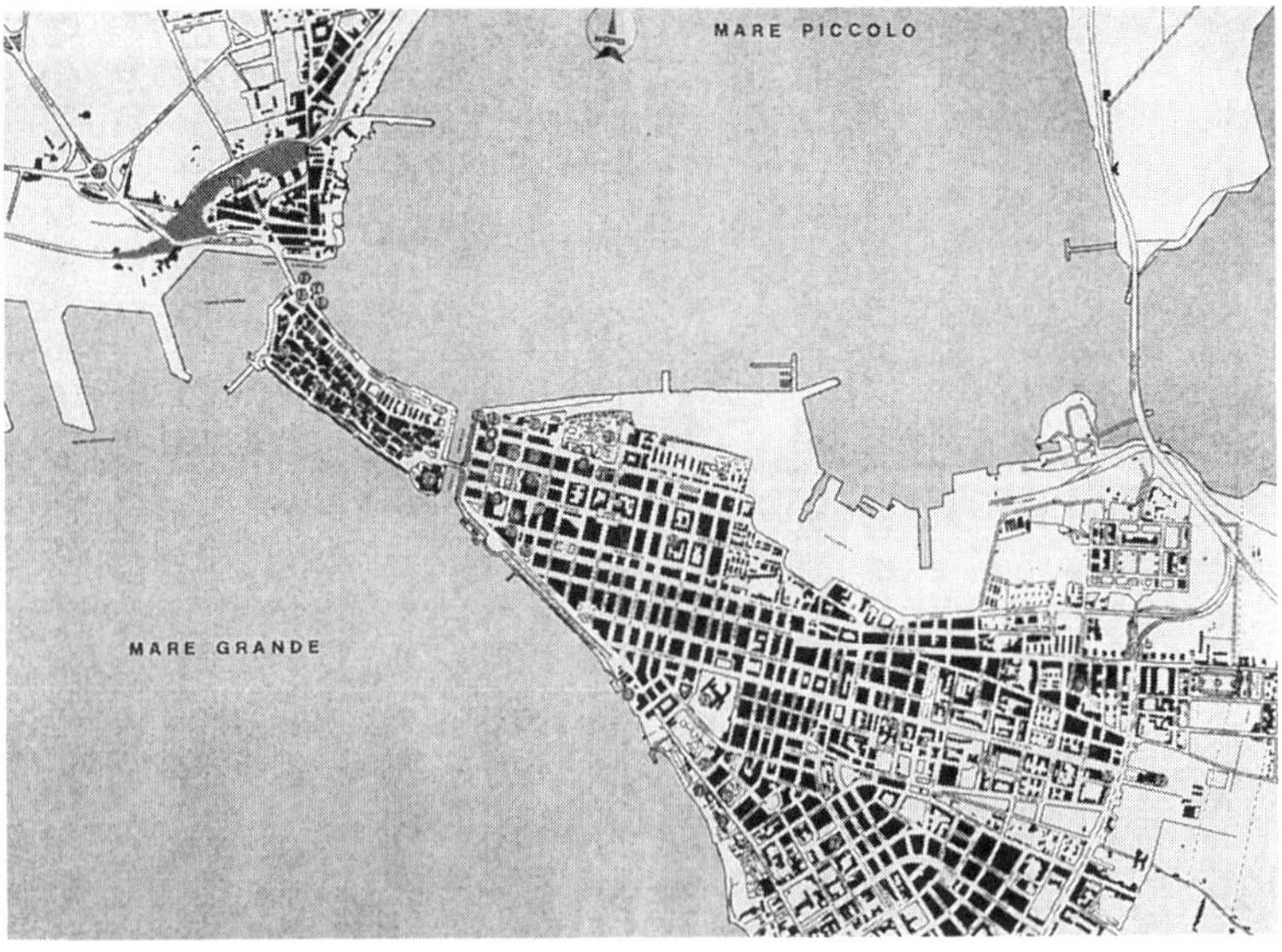

タラントの市街図（1982年）
観光パンフPIANTA DELLA CITTA' DI TARANTOより

ないが、ともかく海岸通に出てみる。あの二人が言っていたように、近代的な白い建物のホテルがあった。名がホテル・パレスというだけあって、料金は高そうだ。なにも無理して、高級ホテルに泊まることはない。そう思って、海岸通に沿って、少しばかり歩いてみる。しかし、ホテルらしき建物が見当たらず、しかも疲れ気味なので、そこから引き返し、パレスホテルへ。

レセプションで、空室の有無を尋ねてみる。海が見える部屋があるというので、一夜の宿に決める。料金は思ったよりも安く、五千円程度だった。これなら文句はない。

ボーイに案内された部屋は眺望が素晴らしかった。まさにオーシャン・ビューである。それと同時に、ナポリのインチキ宿に高い料金で泊まっている自分が阿呆らしく思えてくる。だが、今は、そんな野暮なことを嘆いている暇はない。タラントの滞在は今日限りなので、市内見学も夕方までに済ませておかねばならない。

時計を見ると、午後四時。ホテルに備え付けの市街地図があったので、二部ほどもらい、急いで市街地のほうへと出掛ける。

タラントは奇妙な市街地で、南の方にグランデ・マーレ（大きな海）、そしてバスで渡った小さな橋の北側がピッコロ・マーレ（小さな海）となっている。タラント市の全体像は判らないが、見学場所としては、あの橋が中心になるのだろうと思う。

パレス・ホテルはマーレ・グランデに面して建てられている。その海岸通りは、ヴィットロ・エマヌエル三世ルンゴ・マーレと言う。「ルンゴ・マーレ」はバリにもあったが、直訳すれば、「長い海」だが、海岸通りと解してもよいのではないかと思う。

海岸通りを西のほうへ歩く。この通りは、いわば観光通りとなっていて、若い男女や老夫妻などに混じって、観光客らしい姿も見かける。子供たちが大きな声を出して、駆けていく。どうやら、アイスクリーム屋へ急いでいるらしかった。

そのアイスクリーム屋だが、有名なのか子供たちだけでなく、多くの水兵さんたちも集まっている。

ドイツ海軍は戦艦ビスマルクや戦闘巡洋艦シューペー号という戦史に残るほどの活躍があった。また、大西洋上におけるUボートの活躍は有名である。しかし、私には、イタリア海軍が第二次世界大戦で活躍したという記憶がない。それだけに、イタ

タラントのプロムナード（臨海公園）

リア海軍の水兵を見て、イタリアはいつ再軍備したのかという頓珍漢な疑問を抱く。

そうだった。ファシストが降伏すると、イタリアはドイツのナチスに対して宣戦を布告したのだった。そんな記憶がある。まだ戦闘を続けていた日本人にとっては、「何という変わり身の早さか」と驚いた記憶も蘇る。そういう意味では、現代のイタリア海軍よりも、古代ローマ軍のほうが、凄さと魅力を感じさせるものがある。

話が脇にそれたが、アイスクリーム屋は、この水兵たちで大賑わい。それもそのはず、若い娘が店頭で愛嬌を振りまいている。これでは私の入り込む余地はない。この店で買うのを諦めて、五〇メートルほど離れた別の店へ行く。

ここでは若い男の店員がいた。アイスクリームの値段は五〇〇リラ（一〇〇円）である。チョコレートが入っており、味はまずまずと言ったところ。これで一〇〇円とは安い。

ところで、この海岸通りだが、右手には一〇階建てのビルが幾つか建ち並んでいる。高級ホテルもあるらしい。

前面は海。地中海であることは間違いないが、ここはタラント湾とでも呼ばれているのだろうと思う。

　遠くには、造船所と思われる数々のクレーンが見える。あの造船所は日本の東芝（株）も技術援助をしているという話を、さきほどの製鉄マンに聞いたばかりである。沖合には、タンカーや鉱石運搬船が停泊している。イダシ製鉄所と関連があるのだろう。

　海岸道路の一部が半円形で海へ張り出したプロムナードがある。回廊公園、小規模な臨海公園とでも呼んだら良いのだろうか。背後にある棕櫚の樹が、いやでも南国ムードを醸し出している。

　タラント湾は、夕靄に落日が映える。バリのルンゴ・マールにあったのと全く同じ形式の黒い街灯が、クッキリとしたシルエットを描く。豊かなる旅情。素晴らしいの一語。すかさず、カメラのシャッターを押す。

　この回廊公園を過ぎると、この先二〇〇メートルほどの対岸に、中世風の城塞が見える。カイト・ベイ（エジプト・アレキサンドリア）の豪壮さも、アンジュ家の城（ナポリ）の華麗さもないが、城塞としては、それなりの風格を

タラントのジレボレ橋とアンジェロの城塞

タラントのエビ曳網漁船

もっている。地図で見ると、アンジェロの城塞となっている。

近づくに従って、この城塞が現在でも使用されていることが判る。イタリア国旗が翻っている。また、沖に向かって、青銅製の二連砲が据えられている。今は飾り物となっているが、二連砲とは珍しい。歴史博物館で保管し、展示されて然るべきものだと思う。なお、この城塞の西側は商港になっていて、五万トン級の船が入っている。

ルンゴマール・エマヌエル三世通りの突き当たりは、マーレ・グランデとマーレ・ピッコロを繋ぐ水路（カナル）となっており、そこに開閉橋が架かっている。地図で確かめると、名前はジレボレ橋。正確な発音ではない。もっとも、タラント駅から直ぐ近くの橋は、ナポリ港橋となっている。つまり、大小二つの海を繋ぐ水路は二つあるのだ。

私が買った市街地図には掲載されていないが、ホテルにあった地図には「ナビガビル・カナル」（航行できる水路）としてジレボレ橋が紹介されている。

橋を渡り、北詰まで行く。途中で、まるで人形のような男の子を見かける。それから花嫁さんに会う。白いレースの衣装が清純。しかも空色の縁取りが、その白さを浮き上がらせる。異国とはいえ、予期せぬことがあるものだ。

水路の北詰には軍事施設があった。この周辺は写真の撮影が禁止されている。しかも、「小さな海」から北にある造船所を見るには不便だ。

この時、一人の中年男が近づいてくる。彼は、カタコトの英語を話す。求められれば、煙草一本くらいなら、恵んでやろうと思う。そこで、彼に尋ねてみる。「向う側はイダシ製鉄所か」と問えば「そうだ」という返事。また「向う側は造船所か」と聞くと「そうだ」と答える。あまりにも簡単に応諾するところが、どうも怪しい。

彼は、「フィッシング・ボートに乗らないか」と誘ってくる。やや肌寒いが、海に出るのも悪くない。そこで「オーケー」と言い、彼に「ボートはどこにあるのか」と尋ねると、「ここだ」と答える。しかし、そこにボートはなかった。やはり、この男、どこか奇怪しい。もう相手にする必要はない。彼を睨み付けて、「バーイ」と別れる。彼は、気の抜けた顔をして、じっと佇んでいるだけであった。

その次に、一〇〇メートルほどのジレボレ橋を渡り向こう岸へ行く。そこは漁港になっていた。小さな漁船が一隻。三トン位の大きさだが、緑色の漁網を積んでいる。漁網は三〇節程度なので、多分、これはエビ曳網漁船だと思う。六～七センチほどのエビを獲るのであろう。この漁船を真横と背後の二面から写真を資料として撮っておく。

ここから左手をみると、旧い建物を壊して、新しいビルを建てている。それが数棟にも連なっているところを見ると、どうやら都市計画に基づいて、市街地再開発の工事をしているらしい。海岸側は小舟が係留されたり、陸揚されたりしている。これらの小舟は、ヨットやモーターボートのようなレジャー用ではない。かと言って、魚釣りのためのものでもない。これらは、岸壁とエビ網漁船との間を往来する小舟ではないかと思う。

風が出てくる。気温が急速に下がっていく。これでは風邪を引くおそれがある。慌ててホテルへと引き返す。

その帰途で気づいたことだが、ジレボレ橋はバスやトラックが通ると、その振動で上下に大きく揺れるのだ。それは開閉橋だから仕方があるまい。

次第に、陽が沈み、もはや写真を撮ることは困難。海岸沿いに、大きな龍舌蘭が植えられており、黄色い実がいくつも付いていた。龍舌蘭は潮風に強いのかも知れない。

ホテルへ戻ると、部屋のベッドで寛ぎ、集めてきた資料や地図、それからカメラを手提げ鞄に仕舞う。やや温まったので、これより食事だ。

午後七時になって、ホテルの外へ出る。ホテルで食事をするよりも、夜のタラント市街地を見学するために、外食するのだ。行く先は、ホテルのフロント係員に、噴水のある素敵なレストランを教えてもらっている。だが、そのレストランへ行ってみたものの、そこは休みであった。残念至極。

仕方がないので、他を探す。多分、ブルノ通りと思われる道路の向う側、クリスクオロかパリシ通りだと思うのだが、そこのゴミゴミした場所に小さなレストランを見つけた。日本流に言えば、さしあたり「赤提灯」といったところである。

中を覗いてみると、タラント市民の皆さんが、ワイ、ワイ、ガヤ、ガヤとやっている。今の私には、こんな処がよく似合う。一人でも入場可能ということを確かめてから、木製のテーブルに席をとる。

なんと、皆さん、エビを食べている。嬉しい。早速、ボーイに二皿注文する。それにビールとパン。エビ一皿の値段は、日本円にして約七〇〇円、日本だと、その四倍は取られるだろう。新鮮なだけに、身が締まり、舌の上では、蕩けるような甘さ。

エジプトのアブキールで食べた大きな海老とは違った味。あの時は、海老専門店であったし、中堂さんなどと一緒だったので、食べる雰囲気もここととは異なっていた。

この店の雰囲気と言えば、馬鹿に騒々しい。水兵さんが歌っている。大学生らしい若い娘たちがグループでビールを飲んでいる。口を揃えてのお喋り。みんな楽しそうだ。

若い水兵も、三人ないし四、五人のグループで賑やかに飲んでいる。こちらのほうは外出するときは、集団で行動することが義務付けられているのかも知れない。

私が一人と見たのか、隣の席から中年男のグループが声を掛けてくる。「製鉄所へ来たのか」と聞くので、「いや、ツーリストだ」と応える。このタラントの男たちは、私の顔を見て、日本人と判断したらしい。それはそれでよい。

だが、私としては、列車の中で会った製鉄所の人々が地元の人との交流を避けているということを知っているので、ここは笑顔で対応しておく。相手も、笑顔で頷いて、それで終わりであった。

彼らは、「スチール・カンパニー」という英単語しか知らなかったのか、あるいは製鉄所の関係者以外には関心がなかったのか、それは判らない。私とて、イタリア語は二つか三つしか知らないので、これ以上の会話は無理だった。

こんなこともあって、この「赤提灯」の雰囲気は、私の閉じ籠もりがちの気持ちを、ほんわかとしてくれた。

記憶にある道を辿って、午後九時にホテルへ戻る。窓のカーテンを開いてみると、タラント湾には船舶の灯、それからイカ舟の燭光が沖に並んでいた。イカ舟と思ったが、海老舟だったかも知れない。漁火というには、余りにも近代的、余りにも非日常的であった。

今朝も早かったし、明朝も早いので、午後一一時にベッドへ入った。日本の皆さん、お休みなさい。

一九八二年二月一三日（土曜日）

第十二日　ナポリへ戻る

早朝に目を覚ます。タラント湾は深い霧の中に眠っている。タラント市の紋章は、イルカに乗ったネプチューンである。なお、その昔、タラントはギリシアの植民地であったらしく、この紋章の上部には「タラス」というギリシア文字がある。さらに五つの望楼をもった城塞を王冠に象って、これを紋章の上に飾っている。こんな紋章を眺めていると、一泊しか滞在していないのに、このタラントに愛着が生まれてくる。不思議なもんだ。

ヨーロッパだけでなく、日本も含めて、どの都市にも紋章がある。「市章」というのであろう。盾と剣をもった人魚（シレナ）のワルシャワ、地名の起源となっているベルリンの熊などが印象的だが、このタラント市の紋章も、冒険とロマンスを感じさせる素晴らしいものだ。

明け方に、奇妙な夢をみた。飯粒を顔面一杯に付けた二人の老人が出てきて、「ええやんか、ええやんか」と笑顔で私に語り掛けてくるのだ。「ええやんか」というのは友人の上田政弘氏の口癖だが、何故、布袋さんが二人も夢に出て来たのか。

「夢」には、心の中にある欲求不満を解消させる作用があるのだろう。そう言えば、海外旅行中は、自分の思うようにならず、「忍の一字」で耐えることが多い。それだけストレスも溜まる。それはそうだが、飯粒を付けた老人が二人も出てくるとは、どんな夢判断をしたらよいのか。まぁ、そんな夢をみても、ここは「ええやんか」と納得し、一人で苦笑するしかない。

朝食は午前六時三〇分。七時一〇分にホテルを出る。しかし、玄関前にタクシーは待機していなかった。まだ肌寒いが、ホテル前の道路へ出て、タクシーを止める。運転手に「スタチオーネ」（駅）と行き先を告げると、運転手は黙って車を動かし始めた。

タクシーは、昨夕歩いた道を走る。海岸通りから、右へ廻って、あの城塞前を通り、さらに廻って、開閉橋を渡る。ここは島のようになっているのだが、昨日見たように、街路に沿った建物は再建中のものが多い。それから、もう一つの橋を渡って、タラントの駅前で停車。

運転手は、「タクシーのメーターが、二二〇〇リラ、それに初乗り料金が一〇〇〇リラ、そしてサービス料金が八〇〇リラ、全体で四〇〇〇リラ」と英語で請求してくる。日本円にして約八〇〇円だから文句を言っても始まらない。だが、初乗り料金とかサービス料なんてものを請求する運転手の魂胆が気に食わない。ローマやナポリでも、こんなことはなかった。相手を日本人とみて吹っ掛けているのだろう。ここは断固値切るべきだ。

意識的に目を尖らせ、低音で「三〇〇〇リラ」と言って、差し出す。相手も私の出方を見ていたのだろう。彼は「グラッチェ」と一言吐いて、三〇〇〇リラを受け取り、そのまま元来た道を引き返して行った。

タラントからナポリまでは二等車を利用する。料金は九一〇〇リラ、急行料金が二四〇〇リラ、計一一五〇〇リラ、約二三〇〇円だ。乗車券はバリからタラントまでのものと同じ硬券。ホームに入っていくと、列車は既に入構していた。

午前七時五八分、列車は定刻に発車。以下、車窓風景を点描する。タラント湾は曇天のためか、灰白色であった。港には、大型のタンカーや鉱石専用船が入っている。海岸は砂地で、小さな松や小灌木が生えている。海からの風が強いためか、樹木は捩れ、曲がって陸地のほうを向いている。

八時二〇分。やがて、景観は小麦の畑地。ここも岩石が多い。この辺りから、次第に牧草地へと変わっていく。それより葡萄栽培が盛んな地方へ。一区画の規模は五万平方メートル位で、かなり広い。

水路があり、その両脇に表皮の剥けた樹木が植えられている。ナイル河の沿岸に植えられていた種類と同じである。多分、ユーカリだと思う。この樹木は、オーストラリアに多いが、郷土の門司小学校の校庭にも二本あったので、よく知っている。小さな実をコマにして、遊んだもんだ。この樹木の葉は、周知のようにコアラの大好物。ここで昨日、大衆食堂からもらってきたパンを取り出し、口にする。

八時二五分、停車。メサポイントという処らしい。五分後に発車。これより列車は方向を転じ、バセント川に沿って内陸部の方へ向かう。平野から丘陵地へ。牧草とオリーブの樹が目立つ。

八時四五分。右手に大きな化学工場。もはや谷間と言ってよい地形。次第に、丘陵性の山地が迫ってくる。

八時五三分。山稜の頂に大集落。白いビルも建っている。三千人位は居住していそうだから、町である。昨日もそうだったが、水と交通のことを考えると、どうも集落立地の理由が判らない。日本へ帰ったら、イタリアの経済地理に詳しい一橋大学の竹内啓一教授に尋ねてみようと思う。

山々には、オリーブの樹が目立つ。地盤が悪いのか、地肌が剥き出し、地崩れした場所が多い。

八時五八分。ベルナンディア駅に停車。暫くして発車。

九時〇五分。右手の山上に街。人口数は五千人を越えるだろう。なぜ、そんな場所に街があるのか不思議だ。

九時一〇分。山上に教会もある街。サンドラという町かも知れない。山と言っても、高度は三〇〇～五〇〇メートルで、それほど高くはない。だが、車窓から眺めると、全く奇異な感じだ。低地は地盤が悪く、土石流や山崩れの危険があるからかも知れない。

九時二八分。高速道路と交差。この道路はバノーニ計画で建設されたのであろう。左手前方に岩峰。ニードル状やチムニー状の岩峰群が現れる。そしてトンネル。それを抜けると、左手に「峨々とした」山群。しかし、それはあっと言う間に見えなくなった。

九時三二分。鉄橋。周辺は日本的な山々である。また、トンネル。国道は上下線が完全に分離されており、各二車線となっている。

九時四五分。列車は山の斜面を走り、かつ次第に高度を稼いでいる。丘陵性の山地がずーっと続いていて、その山地を取り巻くように列車は走る。

九時五二分。霧が出てくる。その三分後、広い谷間に大きな街。日本的な風景なので、気分が安らぐ。近代的な工場もある。右手に高層アパート。ポテンザに到着。

今までは、コンパートメントに一人だったが、ワィワィ、ガヤガヤとイタリア人の客が乗ってくる。ここはイタリアだ。イタリア人が乗ってくるのは当然だが、賑やかというのか、煩いというのか、常軌を逸している。これがイタリア人と言うものだろうか。

外は寒いのに、自分だけ窓を開けて平然としているバパイカ（ロシアの幼児語でおばあさんの意）。

無見識というのか非常識というのか、とても理解できない。言い換えれば、思い遣りをするとか、周囲に気を配るとか、そんな繊細な精神はないらしい。

一〇時一〇分に発車。ここからは緩やかな下り勾配。丘陵性の山地は牧草地として利用されている。葡萄やオリーブは見えない。やがて緩い登り勾配。トンネルを出ると、やや下り勾配。展望は開けるが、丘陵、山地とやや複雑な風景。一人の物乞が客室に入って来て、空缶を客の前に差し出す。だが、誰も知らぬ顔。

一〇時二一分。列車は石橋をゆっくりと渡る。山々は広葉樹。下界は霧の海。こうしてみると、列車は相当の高度で走っているのだろう。海抜八〇〇メートル位ではなかろうか。相変わらず曇天である。

一〇時四〇分。やや狭い谷間を下っていく。水は清く澄んでいるが、流量は少ない。京都の保津峡に似て、長いトンネルを続けて列車が走るので、渓流をみるのは難しい。

一〇時五五分。やっと広い平地に出る。時間にして僅か一五分だったが、トンネルの数が多かったので、長く感じたのであろう。もう一度、物乞いが来る。

一一時。広川原より、またしても渓谷に入る。しかし、トンネルを一つ抜けると、渓谷はそれまであった。明るい日差しを浴びたオリーブの樹々。左手山稜の上に街。そして山腹には、一望して六キロは続くかと思われる石垣。その石垣には一体どのくらいの石が積まれているのだろうか。その膨大な石の量を活用して建設されているのが、ナポリやサレルノから南部イタリアのジョルジ・カラブリアに通じている高速道路である。

一一時一〇分。水量豊かな川となる。サレルノ湾に注ぐセレ川かも知れない。同じコンパートメントのイタリア人は、なにやら議論を始めだした。社会主義の是非をめぐる議論らしい。「ユマニテ」という新聞の名がしきりに出てくる。先程の物乞いが議論の種火になったらしい。ダムが見えてくる。今は雨期なのか閘門を開いて、全面的に放流している。

一一時二〇分。西海岸の平野部に出てくる。オリーブとオレンジ、そして葡萄。大地を黄色に染めた菜の花畠が美しい。

一一時二五分。エボリ駅で停車。この時、同室の幼い女の子が母親に、何か食べたいとしきりにねだる。母親は、人前なので、暫くは宥めていたが、イタリアでも泣く子には勝てぬとみて、サンドイッチを手渡す。ところが驚いた。

この幼い子は、自分では直ぐに食べず、私の隣席の客に向かって、「如何ですか」と勧めるのだ。この子の名前はモニカちゃん。よほど良家の娘なのであろう。隣人も、そして私も紳士らしく、「いや、結構です」と丁寧に断る。モニカちゃんは、それから母親の同意を得て、はじめてサンドイッチを口にしたのである。

この国では、これまで嫌なことが幾つかあり、苦情を口にしたこともある。だが、このような素晴らしいマナーが民衆の中に活きていたのである。イタリアでの悪い印象の全てが、このモニカちゃんのマナーによって払拭されたのであった。

一一時三〇分。ここで、イタリア西海岸を走る幹線と合流。バッチパグリアであろう。

一一時四〇分。女の子を抱いた男が「金をくれ」と車内に入ってくる。どうなるかと見ていると、婦人の三人が、計一〇〇〇リラ（二〇〇円）を彼に手渡す。これに対して、私の前の座席に坐っている男が苦情を述べ出し、その行為を批判する。

「このような貧窮民に対する援助は、本来国家なり、国連がすべきである。もし、個別に援助が行われるならば、国家は援助を緩め、貧窮民を抜本的に救済することにはならない。つまり貴女方の個別的な援助は、真の援助にならないばかりか、むしろそれを妨害することになるのだ」

イタリア語は判らないが、男の主張は、ざっとまぁ、こんな論理である。資本主義における相対的過剰人口と貧困を関連させた男の主張は、それなりの合理性を持っている。

ところが、ご婦人たちも負けてはいない。「成るほど、貴方の言うことは正しいかも知れない。だが、あの親子についてみれば、今日、そして明日の生活はどうなるのですか」という立派な反論。しかも手厳しい。確かに、ご婦人たちの論理には現実性がある。

私見では、いずれも正しいように思える。ただし、物乞いの親子が本物のそれであればの話である。レニングラードやベオグラードで「子貸し屋」を数多くみてきたので、こんな発想が出てくるのである。いずれにせよ、賑やかなイタリア人たちだ。

列車は、西海岸の幹線を猛烈なスピードで北上する。

一一時四五分。アパート群が見える。線路脇には、一坪菜園が続いている。

一一時五〇分。サレルノ着。五五分に発車。

一二時五分、ポンペイ。同二四分、海岸線に沿って走る。霧が深く、海上には何も見えず。カモメだけが波の上を飛翔している。ここからは車窓見学を中止。

一二時四二分。ナポリ中央駅に到着。定刻に遅れること、僅か二分だった。ホームの階段を登り、ナポリ駅の正面入口へ出る。ここはもう何度も通った場所だから、眼をキョロ、キョロすることもない。

明日のメッシナまでの乗車券および指定席券を購入しておく。ナポリ・ガリバルディ駅からシシリー島のメッシナ中央駅まで、四六九キロ。列車番号は九九一、客車は七号車で一等。発車時刻は午前九時一六分。料金は乗車券が二三九〇〇リラ、座席指定券が八八〇〇リラ、合計で三二七〇〇リラ（約六五四〇円）。もとより喫煙席。これで明日は、いよいよシシリー島かと思うと、気が締まる。同時に、フッと息が出て、タラントへの旅が終わったのでひと安心。

午後一時。プグリーゼ・ホテルへ戻る。まず第一に、ホテルに預けていた私のトランクが無事かどうかを確かめる。客室への入口、つまりエレベータの脇に、鎖に繋がれた臙脂のトランクが目に入ってきた。あった、あった。トランクは無事だった。ああ、良かったと安堵する。私が迎えにきたので、トランクも精一杯に喜んでいる。

フロントの若い係員は、相変わらず無愛想だった。私としては、トランクが無事だったので、ここは愛想も含めて笑顔で話掛ける。ここはチップが必要なのかも知れないが、既に五〇〇〇リラ渡しているので、それは勘弁してもらう。渡された鍵は、前に私が泊まった部屋のものと同じだった。

それにしても疲れた。湿気のある安物のベッドだが、そこに横になると、もう我を忘れての眠りであった。

午後四時になって、目を覚ます。無駄な仮睡だったと思うが、長旅だから、無理をすることもない。体力の保全・保持が何よりも大切なのだ。

夕食にはまだ時間があるので、衣服を着替えてから、街中へと出掛ける。まず、訪ねてみたのは、初めてナポリに到着した折りに探したホテル「さよなら」のある市場である。庶民の生活というのは、どこでも同じである。この市場では、商品を店先一杯に展示しているので、路が狭くなっている。しかも、雑踏なので、掏摸に気をつけねばならない。日本人は特に狙われているからだ。

商店の二階、三階は居住用になっているようだ。通路の上を見上げれば、ここでも洗濯物がいっぱいに干されている。

市場の商品を一つ一つ見学することはしなかった。探してみると、何か珍しいものがあるはずだがそうするだけの気力が残っていなかった。緑の多い青果店、そして大きくて真っ赤なピーマンだけが印象に残っている。

この庶民市場は、どうやら行き止まりのようだ。探せば、通り抜ける路があるかも知れないが、危険を察したのか、私の気持ちは、それより先に行くことを拒否している。君子、危うきに近寄らずだ。

それより、ナポリの中心街であるウンベルト一世通りへ出る。さすがにここは、現代のイタリアを代表するような大商店街である。だが、千メートル以上も続く、この大通りを端まで歩く気力はない。

賑やかな大通りを、ぶらり、ぶらりと歩く。だが、商店も人も車も私の意識の中には残っていない。ただ舗道の模様だけが目に映っていたようだ。それも、明確には覚えていない。余程、疲れていたのだと思う。

そう、五〇〇メートルも歩いただろうか。ニコラ・アモーレ広場のロータリーで横断道路を渡り、再びホテルへ戻ることにする。途中、カメオや貴金属製品を売っている土産店で、ナポリの絵葉書を買っておく。

もう、ナポリは今日で終わりである。そう思うと、何か記念になるものが欲しくなる。正直な話、女房への土産として、カメオを買ってやろうと思うのだが、高価でとても手が出ない。ナポリの絵葉書では、ベスビオを背景としたサンタルチアや卵城などの港風景を写したものが多い。おそらく、これがナポリの典型的風景なのであろう。だが、このウンベルト一世通りも捨てたものではない。ところが、それが絵葉書にない。何故か。この通りの北側には、多くの教会があり、それが風景としては陳腐で味気ないものにしているからだろう。そうだとしても、先程のニコラ・アセーレ広場周辺は素敵な絵になるのではないかと思う。もっとも、これは私の勝手な発想であって、一般の観光客にとってはどうなのか、それは判らない。

すっかり暗くなって、ガリバルディ広場へ戻る。白くて偏平なナポリ・セントラル駅がやたらと目につく。広場はバス・プールになっていて、左右に動くライトが眩い。

街角のレストラン、そう、最初の一日を除けば、毎晩、この店で夕食を採っていたことになる。店の名前は、「ゲンナリーノ」である。日本人にとっては覚えやすい店名であるが、これを聞いて、果して食欲が湧いてくるかどうか。美味なものを飽食して、ゲンナリするという意味に解してもらえば有り難い。

その夕食も、今日で終わりである。この店は坂道に建設されたビルの一階部分になるので正面から入ると、食事するホールと厨房、それからもう一段下がった処にもホールがあるという、ちょっとだけ変則的な構造になっている。そのことを問題にするのは、上部のホールで食事したほうが下層部よりも優越感をもつからである。人間とは不思議なものだ。

ナポリとお別れの食事メニューは、パンとビール。パンは注文しなくても、大きな籠にいろんな種類のパンを山盛りにして、店員が持ってくる。ビールの「つまみ」には、店頭のウインドウにあった美味しそうな生ハム。これもまた豚肉と同じように騙されるのではないかと思うが、明日のことを考えて注文しておく。また、エネルギー補給のために、大きな貝柱を二つとエビを三匹。さらにスープを持ってきてもらう。大きなレストランだと、スープは昼食だけだが、この店は注文すれば特別に作ってくれるから有り難い。まぁ、これだけ食べれば、満腹だ。

「ゲンナリーノ」を出るとき、パンを二個、それから生ハムを二片、紙に包んで、手提げ鞄の中に仕舞い込む。テイク・アウトだ。それから、まだ固い西洋梨を二個。全体では、かなりの値段になったが、明日からのことを考えれば、やむを得ない。

のんびりとした午後だった。ナポリでは、名所、旧跡の見学が不十分だったと思うが、カプリ島やポンペイの見学をしたので、自分としては納得している。考古学博物館で「イッススの戦い」を見学したことも、忘れえぬ思い出となるであろう。

ホテル・プグリーゼに戻ったのは、午後八時過ぎであった。このホテルには腹が立ったが、一人旅なので、暴力団とトラブルを起こす必要はない。朝のミルクには感謝するにしても、どう考えても普通のホテルではない。ひょっとすると連れ込みホテルではないかと思うが、それにしても調度品が貧弱すぎる。まぁ、これも今晩だけだと思って辛抱するしかない。

明日は、いよいよシシリー島へむけて出発だ。シチリアの後は、マグレブ三国、北アフリカを旅することになる。チュニジアのカルタゴの遺跡、アルジェリアのサハラ砂漠とカスバ、モロッコはフェズやマラケッシュのスークとアトラス山脈、夢は果てることもなく尽きない。

明日の旅支度が出来ているかを確かめて、就床。なお、大学と家族宛に絵葉書を書いておく。

一九八二年二月一四日（日曜日）

第十三日　メッシナまで

午前四時三〇分、目が覚める。隣室から妙声あり。高からず、低からず。好きなものは、好きにするがよいと、また目を閉じる。だが、やはり私も人間。気になって、眠れない。

午前五時。喉が乾く。「ゲンナリ」で調達しておいた西洋梨を食べる。それが良かったのか、いつの間にやら夢の中。

午前八時、起床。出発の準備は出来ている。それを整えて、部屋を出る。例によって、「さらば〜地球よ」と口ずさむ。そんな自分が、なにやら可笑しくなって、苦笑。だが、これは、ファイト！　ファイト！　の替わりである。

午前八時三〇分。ホテルを出るとき、フロントの若い係員にちょっと挨拶しておく。ホテル代は支払済だから、文句はないはず。それでも、淋しい笑顔の旅立ちであった。

外は雨。初めてナポリへ着いた時も雨。そして出発する時も雨。私の心が泣いているのかもしれない。

午前八時三八分。ナポリ中央駅。切符は、既に昨日買っている。まだ、時間があるので、売店で、ハムを挟んだパンとミルクを買う。それが朝食。

九時〇五分。二番ホームへ出る。列車は九時一六分発であるが、その時刻になっても入線してこない。ちなみに、この列車は、午前七時ちょうどにローマのテルミーニ駅を発車し、二時間一一分で、当駅に到着することになっている。列車の愛称は「オーロラ」、レニングラードに停泊している巡洋艦と同じ名だ。食堂車もあるが、それはメッシナまでで、それ以降は、パレルモ行きとシラクサ行きとに分岐すると食堂車は外される。

九時三五分。二四分遅れて、列車が到着。さっそく乗り込む。

九時四五分。三〇分遅れて、発車。コンパート内の相客はただ一人。

九時五三分。右手に海が見える。昨日と同じく青灰色。霧が深く、ソレント半島をはじめ、遠方は見えない。小雨の中に孤舟あり。波穏やかにして、鴎の群舞。

一〇時。右手にソレント半島の山々が霞んで見える。沿線には漁港。それから小麦貯蔵用のコンクリート製サイロ。左手のベスビオ火山は全く見えない。

一〇時一〇分。ポンペイを通過。相客に「メンタール」をもらう。仁丹と梅丹を合わせたようなもので、口にいれると、スーッとして爽やかになる。喉に良いらしい。外国には、いろんなものがあるもんだ。もっとも、歴史的にみれば、西洋文化を輸入したのは日本のほうだから、日本を起点とする思考方法には注意が肝要。

一〇時二〇分。トンネル。これからサレルノまではトンネル続きだから、車窓風景は楽しめない。

一〇時二六分。サレルノに停車。予定到着時刻よりも、三〇分ほど遅れている。

一〇時四五分。バッティパグリア着。ナポリからここまでは、町工場が点在している農工混在地域。

一一時。近郊農村地域。日本のそれと余り変わらない風景なので、旨く表現できない。右手に海が見える。海面は穏やかだが、船は一隻も見当たらず。アグロポール駅を通過。

一一時一五分。遠くに緑の山。雨と雲で霞んで見える。近くの樹木にも、小雨が降っている。それが余りにも日本的なのだ。異なっているのは、オリーブの樹園だけ。

一一時二五分。右手に海。海岸は砂浜。

一一時三〇分。右手前方に半島が見える。地図で見るとパリヌロ岬のある半島であろう。これから先はトンネルが続くはずだ。海は、ノッタリ、ノッタリとした地中海。ソラッ来た。トンネルに次ぐトンネルだ。

一一時三五分。右手にセントローラの岩峰と岩壁。ほんの一瞬だったが、ハッとするような素晴らしい景観。南東斜面は霧で見えない。

一一時四五分。右手はなおも海。弓状になった浜辺がある。キャンピングカーが、ウーン、ざっと千台はいる。そしてトンネル。これを過ぎると、右手に桜島のような山。サプリ駅を通過。トンネルに次ぐトンネル。左手の山が、右手の海に迫っている。

一一時五五分。食堂車に行き、ビール、コーラを買ってきて、相客と分ける。

一二時〇五分。右手に島。いや、ほんの僅かだが、陸繋島になっている。この島には白く塗られたバンガローが四つ。

一二時一四分。右手に、もう一つ島。岩ばかりの島だが、砦のようなものもある。この地域は、「ダイアモンテ」という新しい避暑地として開発中である。ダイアモンテというのは、この地方の都市名である。左手には箱根型の山々と別荘地。海のほうはあくまでも、ゆったりとして長閑。

一二時二〇分。右手は、引き続き海。海岸から沖合三〇メートルぐらいまでは浅いが、それより先は急に深くなっているようだ。ここも海水浴場として開発されており、モダンな家が続々と新築中。冬期なので、家々はみんな閉まっている。売れないのかもしれない。そういう意味では、未だこれからの別荘地である。

一二時二五分。車窓は、海、トンネル、さらに海。トンネルと海の連続。この辺りは、夏の海水浴場となるのであろう。今は、いずれも締め切った建物ばかりが目につく。山の上から海へ。冬季とはいえ、余りにも空き家が多すぎる。しかも未使用の新しい家が多い。過剰資本が、リゾート開発として先行投資をしたものの、それが売れないままになっているのかもしれない。

一二時三〇分。列車が、これほど長時間にわたって海岸線を走ってくれると、私は嬉しくて堪らない。おそらく、ここは山陰本線の石見海岸かそれ以上であろう。右手は、ずーっと灰茶色の砂浜。白い小石が混じった砂浜もある。

一二時三五分。フスカルドという駅を通過。砂浜の波打ち際と並行して、列車はもう二〇〇キロ以上も走っている。こんな場所は日本でも珍しい。まぁ、羽越本線と五能線、あるいは函館本線から室蘭本線へと繋ぎ、さらに日高本線と連続させれば、こんな距離になるかもしれない。新しい臨海道路を建設中。

一二時四〇分。バオラの駅で停車。遅れは一五分に縮まっている。この駅で、パレルモからローマへの特急（ペロリターノ）と離合。ジャスト・タイミングであった。

一二時四五分。海岸線が大きく湾曲している。これだけ単調な海岸線も珍しい。

一二時五五分。右手に二つの岩が見える。アマンチ駅を通過。なんだか眠くなる。

一三時四〇分。この間、一時間近くもウト、ウトとしていた。相客も眠っている。内ポケットを触り、パスポートの有無を確かめる。それらしき感触があったので、まずは安心。地図で見ると、アマンチャから四五キロほど南下するまでは、単純な海岸線が続く。だが、ピッツォという町からは山地が海に迫ってくるので、風光明媚な海岸が続く。海水浴場などもあるようだ。列車は単調な海岸線を走っている。眼下に漁港。

一三時五五分。丘と谷。そしてオリーブ。樹齢の多くは、五〇年位であるが、中には一〇〇年を越えたものもある。再び平地へ出ると、そこは見渡すかぎりのオレンジ畑。オレンジの樹齢は一五年から二〇年位のものが多い。勿論、新しく植えたものもある。

一四時。右手に海。色調はやや青色が強くなってきたようだ。雲が多いとはいえ、ここまで来ると、空は晴れ上がっている。さすがに地中海気候。そしてアラブ・ムードの家々。

一四時〇五分。ジョイア・タウロに停車。鉄道距離にして、ナポリの中央駅からちょうど四〇〇キロ南の位置にある。ここまでに要した時間が四時間と二〇分だから、列車は時速一〇〇キロで走っていることになる。また、車内で居眠りしていた間に、トロペアを中心とした海岸の景勝地を見過ごした。恥ずかしい。あとはジョイア・タウロからレッジョ・カラブリアまで約五〇キロを残すばかりである。相客は、まだ眠ったままだ。

椰子、サボテン、棕櫚などの植生。そして白と薄茶の住宅。エジプトのムードを思い出させる。そう言えば、この列車の機関車が発する警笛は、エジプトの国鉄と同じ音だ。

列車のコンパートメント、相客の姿、オリーブ、鉄橋、そうしたものが、ここをエジプトだと錯覚するのを妨げている。

左手は山。右手は海へ鋭く切り込んだ断崖。その中腹を列車は走る。従って、トンネルが多い。西日になった太陽が、コンパートの奥まで差し込んで来る。

一四時一五分。切り立った絶壁と海。トンネルの外は奇勝地である。人家の地を過ぎて、再び列車は海の近くを走る。左手は谷が多く、急斜面の山地が迫ってくる。幾層にもなった階段状の畑に、オレンジが植えられている。

一四時二〇分。右手の突出した岩上に古城。自動車道は、大きく海にはみ出している。

一四時二四分。右手に大きな陸地。赤と白に塗られた高圧送電の塔が見える。シシリー島であろう。果して、そうであった。対岸までの距離は、明石海峡ぐらいであろうか。メッシナ海峡の幅は六キロ程度だったと記憶している。

一四時三〇分。なんやらの駅に到着。メッシナの対岸、すなわち半島側の駅名は、レッジョ・カラブリアだとばかり思い込んでいたので、この駅名を知らない。慌てて、確かめてみると、ここは連絡船が往復しているヴィラ・サン・ジョバンニ駅であった。だとすれば、列車は一五分の遅れだ。自動車航送船、そして鉄道航送船も見える。

一四時四〇分。このジョバンニ駅では、客車をどのようにして航送船に載せるのか、それに興味があった。

まず、前の方の客車八輌を切り離し、これを別の機関車が後方へ曳いて行く。次に逆行して、三輌の客車を最初に航送船の中に入れる。そののち、機関車はバックしてきて、残る五輌を船に載せる。思うに、これはパレルモ行きとメッシナ行きとを予め分割したのであろう。

一四時五〇分。船尾のハッチを閉じないままで出港。三分後に、ハッチが閉まる。船内には、広い鉄板の上に線路が四本。その各線路毎に、余裕をもって客車を五輌ずつ格納できるようにしている。

船腹の横に空いている直径五〇センチほどの丸窓から眺めると、海面が動いているので、既に航行中なのだ。

相客も、また隣のコンパートの客も、のんびりと本を読んでいる。本船は一万トン級の大きさだし、波も穏やかなので、転覆する危険性はない。

しかし、何かの拍子で転覆すれば、船室から、あるいは車輌から出られないので、海の藻屑となりかねない。私は水泳が余り上手ではないので、高所の場合と同様、恐怖心が強い。船が少し揺れる度にビクリッとし、何事も起こらねば良いがと心配する。なにしろ、今は二月、寒い海に投げ出されれば、人の命なんて、ひとたまりもない。

このメッシナ海峡は、大きな地殻断層帯があって、年間一センチだったか、海峡が拡がっているという話を聞いたことがある。しかも、海峡の水深は相当のものであり、トンネルの掘削は不可能ということ、また橋梁を架けようにも、海峡が年々拡がっていくので、それに対応した橋を架けるとなれば相当高度の技術を要するだろう。それだけに、橋梁設計も難しいらしい。

航送船の中では、そんなことを考えていた。もとより船外に出て、外の景色を見たいのだが、不思議に、その気になれなかった。

航行中は、便所の使用は禁止。関門トンネルの開通当時もそうだったと回想する。

一五時一三分。船腹の丸窓を通してみると、船は逆方向に進んでいる。船尾と思ったが、ここは船首だった。私の三半規管が狂っている。それにしても相当のスピードである。

一五時一五分。船首のハッチが開く。船は減速。接岸間近なのであろう。乗客は荷物を持って、出口のほうへ集まっている。青函連絡船の風景を思い出す。

一五時一九分。軽いショックで接岸。五分後に、機関車がやってくる。客車を船外に牽き出すため、連結にきたのである。

一五時二五分。列車はゆっくりと船外へと動き出す。私は、こうしてシシリー島へ到達。正直に言えば、ここシシリー島へ来たというだけで、嬉しい。ちょっとした満足感。

船から列車を引き出すときは、入れる時と全く逆だった。まず五輌を先に出し、それからバックして三輌と連結し、そして八輌全部を船から引き出すのであった。

念のために、この列車航送船の名前を見ると、シバリ（ＳＩＢＡＲＩ）号とあった。

一五時三四分。メッシナ駅のホームに到着。やれやれである。

このメッシナはシチリアからイタリア半島への出入口である。九州だと門司港がそれに該当する。門司港に生まれ育った私としては、イスタンブールと同様、この街が好きになれそうだ。ともかく、海峡風景と港に漂う汐の香りがなんとも言えない。

まだ時刻は早い。大きなトランクはパレルモ行きの列車に乗るまで必要ないので、それまでの期間、駅の一時預かりへ預ける。それが終わると、次は宿探しだ。

駅構内の売店で市街地図を買い、ホテルの所在地を調べる。駅前に出ると、そこは共和国広場。広場の端から端まで見回して、街の雰囲気を感じ取り、ホテルのありそうな場所を嗅ぎつける。

午後四時。駅前通りを少し歩いたところに、アルベルゴ（宿屋）の看板を見つける。さっそく出掛け

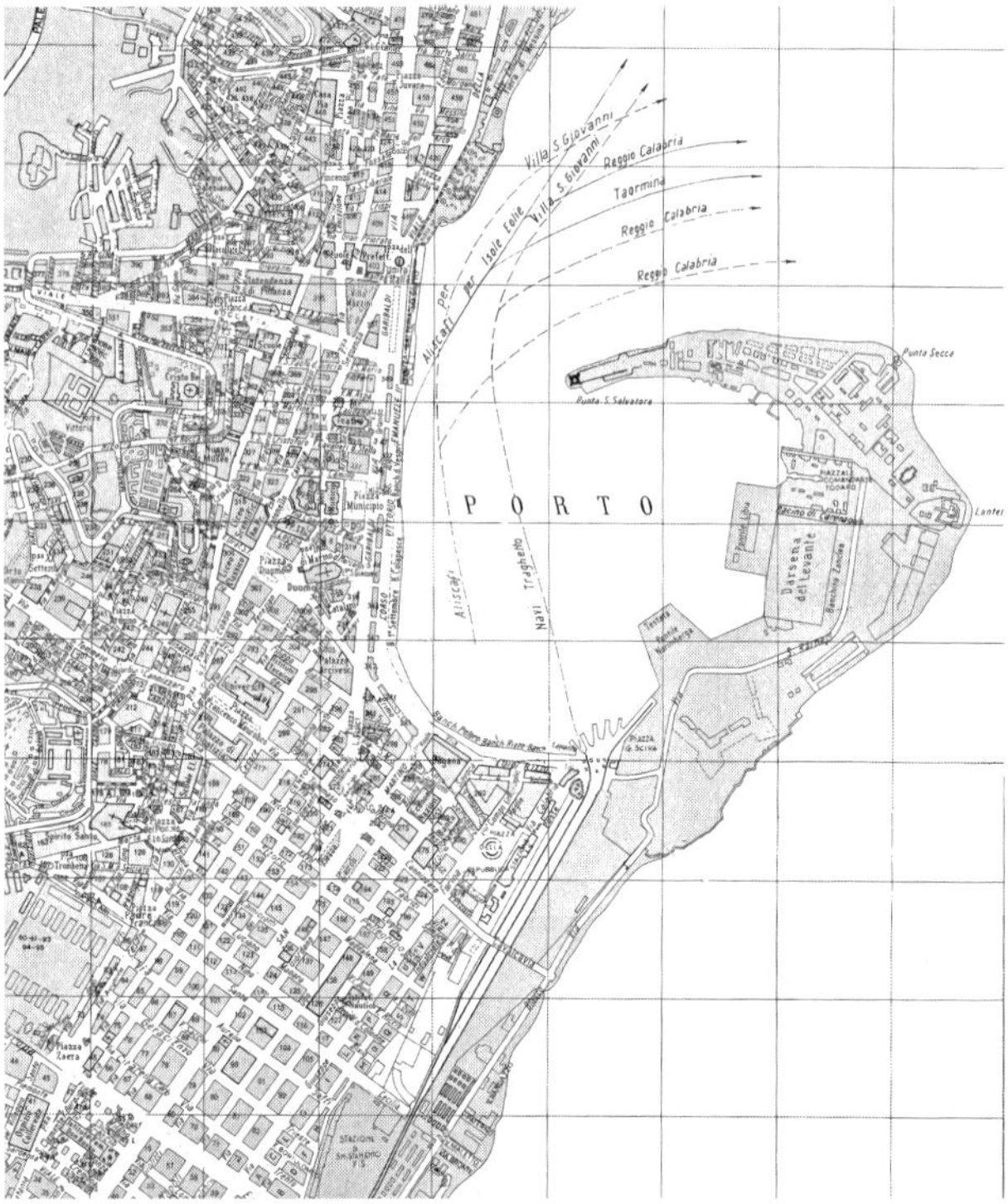

メッシナ港中心部（1982年）
VISCEGLIA PIANTE GUIDE CARTE 製

てみる。ホテルの名前は「モデルノ・テルミナス」と言い、これまで泊まったホテルの中では安っぽくみえる。だが、旅はともかく、泊まるところと夕食を確保することが先決だ。

ホテル内に入ってみると、清潔な感じ。料金は一泊につき一四四五〇リラと言う。日本円だと三千円弱だ。ナポリでは三五〇〇〇リラ、ローマでは三三〇〇〇リラだったから、この宿は格安である。さすがに、シチリア、私を満足させてくれる。ここには二泊ほどお願いして、三万リラを前払いする。

案内された部屋は五七号室。タラントのように海が見える部屋（オーシャン・ビュー）ではなかった。宿泊料金のことを勘案すれば、この部屋で満足するしかない。

さて、このシシリー島だが、世界交通史の中では、特異な位置を占めている。『オデッセイ』はともかく、中世には、北欧のノルマンがここに足跡を残しているからだ。映画『エル・シド』の内容もそれだとすると、ノルマン（バイキング）はロング・シップを使ったらしい。だが、具体的な話になると、私は何も知らない。交通経済論の講義のためにも、その点だけはじっくりと勉強しておきたい。

ところで、私の「旅行ノート」は、このメッシナについて全くの白紙である。それどころか、「街自体魅力なし」とまで記している。幸いなことに、英文の「シチリア」というパンフレットがホテルの受付に置いてあった。僅か六五ページのものだが、このパンフには、シシリー島の文化遺産、ビーチ、小さな島々、山・火山そして湖、民俗、食事とワイン、ショー、祭と催物などの項目が記載されているる。メッシナについては、カテドラルと教会が紹介されているので、それだけは見学しておきたい。

それから航送船では車中にいたので、メッシナ海峡とりわけ港の風景を眺めていない。これは高台にでも登って是非とも眺望しておきたい。

あれこれと準備して、街中へと出掛ける。市街地図でみると、ホテル前の通りを北西のほうへ八〇〇メートルほど行けば、ドウオモと記されているので、そこまで歩く。

そこは広場だった。高い時計塔があって、その横が教会である。時計の針は午後四時四五分を指していた。

パンフにも記されていたが、三角屋根の時計塔に興味を惹かれる。高さは、ざっと一三メートル。時計塔の上部より紹介していく。

一番上がトンガリ帽子の時計台で、時計は正確に動いている。そのすぐ下が、金色の獅子が長い柄のついた旗をもっており、次の下は金色の鷲を中央にして、その両脇に、これまた金色に輝く二人の聖女が二つの鐘を鳴らす紐をもち、さらにその下は、三段のバルコニー状の台座があり、そこを金色の聖者

メッシナの時計塔

上部のアップ

が回転する仕掛けとなっている。その仕掛けがある下の段は、さらに二段に分かれ、上段は骸骨男が大きな鎌をもって立ち、下段は馬や鹿が車を曳いて回転するようになっている。いずれも金色のピカピカなので、それらが回転しなくても、これだけでも見学する値打ちがある。実に素晴らしい。この一語に尽きる。

パンフによれば、二人の聖女はダイナとクラーレンツァと言い、この二人のヒロインはシシリー島における明けの明星と宵の明星となっている。正午には、全ての像が動き、獅子は三度吠え、雄鶏は羽ばたいて、コケコッコーと鳴くらしい。

その他にも、いろいろと動くらしいが、これ以上は、辞書無しでは読めない。なお、私が鷲と見たのは、雄鶏であった。私の眼も、往々にして見間違うことがある。

また、パンフによると、この教会はロジャー二世治下の一一九七年に建立され、シシリー風ノルマンの建築物としては、その典型だと言う。ノルマンの影響は、ここで現れた。そこで、珍しさも手伝って、教会の中に入ってみる。

教会（建物はドウオモ）の天井には一三本の梁があり、それに七八人の聖者、そして張り板に二〇八人、合わせて二八六人の聖者が描かれている。それが金や銀色を含んだ天然色だから、思わず「美しい！」と感嘆。

時刻と共に人形が回転する時計台については、ミュンヘン（西ドイツ）市役所のそれが世界的に有名だが、メッシナのこれも世界に誇って良いのではなかろうか。今回の旅で得た収穫の一つである。

収穫という点では、「シシリー風ノルマンの建築物」を紹介しなければならない。このカテドラルでは、天井に一三本の梁を組み合わせており、その梁の傾斜が舟形の屋根を形造っている。それが「ノルマン風」というのではあるまいか。どうも、素人が勝手なことを喋ると、あとで恥を掻くことになるから、この辺で止めておく。

午後五時になって、この広場から高台に向けて歩き始める。五〇メートル程歩くと、売店があった。それは「切手ショップ」と言って良いほど、各国の古切手も含め、いろんな切手を売っている。赤、黄、桃色などの花切手、それからサボテンの花などの切手がある。蒐集も兼ねて、数種類のイタリア切手をこの売店で買っておく。

さてっと、ここでやおら市街地図を取り出し、展望台が何処か確かめる。ここより北西方向に登っていくと、教会があり、そこがどうやら展望所のようだ。そこは「クリスト・レ」と呼ばれ、東側はプラザ（広場）で、その前はマルチノ通りである。正直な話、ホテルからドウオモまで歩きつつ遠望し、あそこが良いのではないかと見当を付けていた場所だった。ここより、どの位の時間がかかるか判らないが、ともかく歩き始める。

広い道から、民家の間にある狭い道を山手の方へ登っていく。疲れもあり、汗も掻きはじめたので、ここから引き返そうかという気になる。だが、折角ここまで来たのだから、あともう少し頑張ろうという気持ちのほうが強かった。道路の舗装もあちこちで剥がれ、塵の多い坂道である。

路傍に、黄色いタンポポのような花。泥にまみれながらが、咲いている。それが、なんとも意地らしく、印象的。疲れた足を無理に運んでいる私のようでもあった。

狭い道に続く小さな階段を登り、今度は一八〇度方向を変えると、そこはビアーレ・マルチノ通りに出る。さらに登ると、左手に教会があった。学校のようでもある。

ちょうど、広場に向かってカーブする手前に喫茶店。店の外にはコカ・コーラの箱が山積みになっている。空腹だったから、ヒョイと店内に入ってみる。数人の若い客がいた。陳列棚にあったサンドイッチとコーヒーを注文し、一服する。紫煙の中で、なんとか体力と気力を回復。

一七時四〇分。教会前の展望台に出る。背後と左手のほうはシシリー島の山々。眼下には、メッシナの市街地。白い灯台が目立つ。海を挟んで、その対岸にある街が、ビラ・サン・ジョバンニである。あれがイタリア半島の先端か、それに近い場所だ。その右手にはカラブリア地方の山々。なんとも壮大、素晴らしい眺望だ。

そうは言っても、あそこはヨーロッパ、そうユーラシア大陸である。だが、このシシリー島は、ヨーロッパであっても、大陸ではない。敢えて、そのように言うのは、私自身が、数日後には、そのヨーロッパを離れ、再びアフリカへと旅立つからだ。それだけに、海峡への詩情よりも、「さよならヨーロッパ」という惜別の情のほうが強かった。

その昔、ノルマンのバイキングたちが船でやってきたとき、彼らはなにを思い、何を考えたであろうか。それよりも、海峡を渡るときに、船室、あるいは車室から抜け出して、海峡の風景をなぜ写真に撮らなかったのか、それが悔やまれる。後から考えれば、そんな後悔をしながら、この展望台からの写真を撮ることも忘れていたのだ。迂闊千万。

ここでも、若いカップルが燃えていた。青春はいい。その青春の炎をいつまでも、灯し続けてほしい。シチリアの恋。それだけで、ロマンチックだが、一人旅の自分を振り返ってみると、俄に淋しくなる。

自分には、自分の人生があり、今の今を力一杯に生きていくしか道はない。日本へ帰国するまで、あと二〇〇日。それもマグレブ三国の旅を無事に過ごせればの話である。その難所を無事に克服できれば、北西ヨーロッパからイギリス、そしてアメリカ大陸を横断し、ハワイを経由して帰国するという私の世界旅行は、七〇%成功するだろうと思う。要は、マグレブ三国の旅次第だと思う。単純に言えば、あと一カ月が勝負だ。

先程、登ってきた階段を下り、大きな通りへ出る。窓という窓にテラスのある建物。アパートなのだろうが、一階部分は、全て商店となっている。何故か、不思議なことに、どの商店も、その店先に小型車をそれぞれ一台だけ停めている。車種はフィアットだと思うが、車を運転できない私には確なことが言えない。

ここは、ウニタ・イタリア広場へ通じるガリバルディ通りである。しかし、個々の建物には特徴がなく、アテネの街を思い出す。これより海岸へ出てみる。ヴットリオ・エマヌエル大通りである。眼前は、メッシナ港。右手の奥には、鉄道連絡船が停泊する岩壁があるのだが、ここからは見えない。おや、今出航してきたばかりなのであろう、白い煙突に、二本の赤い線。そして真っ白な船体。それが、突堤の先端にある灯台から姿を現した。

こうしてみると、出船、入船で賑わうメッシナ港である。

ホテルでもらったシチリアのパンフで航路図を見ると、レッジョ・カラブリアへ行くのが三航路、それからヴィラ・サン・ジョバンニ港、タオルミナ、エオリー諸島への航路がそれぞれ一航路となっている。

視線を北の方の岩壁に眼を移すと、三千トン級の客船が停泊している。これはレッジョ・カラブリアへの高速フェリーである。それ以外にも小型の高速艇もいる。いずれも真っ白な船体だ。

近くの岩壁では、老人が釣りを楽しんでいた。ハンチング帽子を被り、ヤッケを着た老人。しかし、今は、魚よりも、近づいてきた私のほうに興味があるらしかった。

笑顔で、「釣れますか」と日本語で太公望のように尋ねたら、老人は小さく笑いながら、首を振るばかりだった。

釣り人に掛ける言葉は、万国共通だから、日本語が判らなくても、意味は通じたものと思われる。まさか、「お前の言葉は判らんよ」と言ったのではあるまい。時間があれば、釣りをするのに絶好の機会。だが、旅する身であれば、それも出来ない。

一人、岩壁に佇む。波がヒタ、ヒタと寄せてくる。この海が遠く日本まで続いているのかと思うと、つい望郷の念にかられる。京都の女房や子供たち、そして門司の老母も私の帰国を首を長くして待っていることだろう。

だが、私の世界旅行は、やっと半分を消化したに過ぎない。サハラ砂漠、闘牛のスペイン、花のパリ、スイスのアルプス、それから白夜の北極圏、ロンドンやマンチェスター、アメリカの大平原、常夏のハワイ。あれやこれやと見学したい場所が無数に残っている。それらを消化するには、あと少なくとも半年は必要なのだ。それまでは、どんなことがあっても帰国できない。親不孝である。家族に対して非情だと思う。それでも男は忍の一字。目に涙。岸に寄せてくる波が、ぼんやりと崩れる。

釣りを楽しむ老人と海峡フェリー

やおら、岩壁にそって歩き始める。釣り人は、いずれも老人であった。映画では、いつも陽気なイタリア人が、釣りをするとは驚きだった。だが、ひねもす海を見て、思わず涙ぐんだ。そんな私が恥ずかしい。

出船、入船で賑わうメッシナ港（1982年・絵はがき）

外から見ると、一般の民家のように見えるホテルに戻ったのは午後七時。このホテルでは食事が出来ないと言うので、もう一度、外へ出掛ける。メッシナの繁華街をみていないのでちょうどいい機会だ。早速、街へと出掛ける。

思ったよりも人通りが多く、明るい街であった。だが、時刻が時刻。商店街は閉店したり、シャッターを降ろしかけていた。帰りの道を間違えないように、東西、いや、それは正確にはわからないから、街路の縦と横の区画を数えて歩く。

メッシナの中心街は、ダンテ広場に続くサン・マルチノ通りである。昼間は相当の車が走っていたが、今はそれも途切れている。それでも、交通事故に遭わぬように車の走行には注意を怠ってはならない。

西洋風の洒落た店々、とは言っても、ここはヨーロッパ、銀座風の高級店舗というべきかも知れない。

そんな店々は、もう閉まっている。小さなレストランはあったが、今、私が食べたい料理があるかどうか、それが問題なのだ。決して美食のことを言っているのではない。折角、ここまで来たのだから、シシリー名物、出来ればメッシナ名物の料理を口にしたい。

サン・マルチノ大通りを横切って、明るい街のほうへ行って、大きなレストランのメニューを見たが、食べたいものはなかった。グズ、グズしていると、夕食に食いはぐれる。それは困るから、先程見た小さなレストランまで引き返す。

「ローザ」というレストランであった。時計を見ると、午後八時一〇分。大衆食堂という表現がピッタリの店。大型テレビがあって、それを客の皆さんが楽しんでいる。

シシリー産のワインを注文。一杯が一八〇〇リラ、それから団子になった蛸と鰯のフライ。パンはここでも付いて出る。まずは、これで十分だ。

客に混じって、店内のテレビを見ていたら、山岳風景の映像。北イタリアかスイスのアルプスらしい。どうも、見たことのあるような画面だ。忘れもしない、トレッシー・スペンサーが主演だった「山」という映画の舞台となった、その山である。その素晴らしい鋭鋒は、強烈な印象を私に与えた。忘れようにも、それが出来ない。あの山が何処にあるのか、せめて中腹までは登ってみたい。学生時代には、そんな願望をもっていた。

山々に憧れ、彷徨うようにあちこちの山に登った。一人前の山男と自負した、そんな時代もあったのである。

スイスまで行けば、あの山に会えるだろうか。いや、いや、その前に、サハラ砂漠を初め、アトラス山脈の乗り越えなど、幾つもの難所があるマグレブ三国の旅が待っている。

二一時二〇分。一三八〇〇リラ（約二七六〇円）を支払って、レストラン「ローザ」を出る。全体としては、感じのよい店であった。テレビで山の風景を楽しめたのが良かったのかもしれない。ホテルまでは、歩いて一〇分だった。

明日は、車窓からエトナ火山を眺められることを期待しながら、アルキメデスの町、シラクサを訪れる予定である。

一九八二年二月一五日（月曜日）

第十四日　シラクサへの往復

午前八時に起床。一時間後に、小旅行の準備を整え、ホテルを出る。

八時三〇分。メッシナ駅のバル（売店）で、ハム・パンとミルクを注文。だが、出てきたのは、パンと赤ワイン。おそらく店員の聞き間違いだろうと思う。まさか、メッシナではワインのことをミルクと呼ぶのではあるまい。ひょっとすると、メッシナでは、朝食には、パンと赤ワインという慣習があるのかもしれない。

食べてみると、仲々のもの。パンに赤ワインが滲み込み、結構、食欲が進む。「聖書」では、「パンと赤ワイン」が主な食事だったような気がする。今もそうだとすれば、シシリー島のみならず、イタリア、いやヨーロッパ全土では、これが食事の基本なのだ。そうか、そうかと納得。

八時五〇分。列車は定刻に発車。メッシナからシラクサまで一八〇キロ。二等で、五三〇〇リラ（約一〇六〇円）の運賃。切符は硬券だ。インフレを反映して、印刷した四四〇〇リラを消して、ボールペンで五三〇〇リラと書き換えている。

空はどんよりとした曇り。右手の丘陵は谷間が多く、雑木が生えている。だが、地味は肥えているようには見えない。

九時〇五分。メッシナ海峡も、ここまで来れば、広くなる。カーブが多いので、列車の進行方向によって対岸が見えたり、見えなかったりする。海の色は青味がかった薄い鉛色。

九時一〇分。もう、イタリア半島、いやユーラシア大陸は見えず。海上には一隻の漁船も見当たらない。列車は弓なりになった黒い砂浜の海岸を走る。

九時二五分。右手の山は雲に隠れて見えない。これではエトナ火山も見えないだろう。折角、楽しみにしていたのに、残念だ。まぁ、一年に亘る長旅だから、天気の悪い日もあろうと諦める。

九時三〇分。ナントカ駅に停車。快速列車なのに、数多く停車する。駅名を一つ一つメモするのが億劫だ。ただ駅に着くたびに、妙な閑けさ。これは日本の地方駅でも同じ。やがて乗り込んでくる客のドヤ、ドヤという音。そしてまた元の閑けさに戻る。

九時四〇分。左手は陸繋島や奇岩のある海岸。それに続いて市街地。観光と保養で有名なタオルミナである。この町まではメッシナからフェリーがある。上り下りの列車離合はうまくいっている。

九時五〇分。右手は山地が開け、やや広く展望できるようになる。手前にはオレンジの樹園。奥の方は、雲が低く垂れ込め、山と谷が続いている。

一〇時。左手は海が見えず、オレンジ樹園。右手は緩やかな傾斜がある丘陵地となり、ここでもオレンジの樹園。「ジョアレ、ピロスト」という車内放送があって、停車。田舎だが、日本のような雰囲気の駅舎。なお、周辺地域は、オレンジの産地となっている。

一〇時二〇分。右手は白茶色の石造家屋とオレンジ。左手は、約一〇〇メートル先に海。

一〇時三〇分。左手の海岸に、古城のある街。右手は緩やかな傾斜地で、オレンジ樹園の中に民家が点在。オレンジは小粒で、黄色。そのオレンジ畑に、サボテン、それから棕櫚やバナナが時折見られる。なんだか南国風。あるいはアフリカ風と言ったほうがよい。

一〇時四〇分。カタニア着。シシリー島で二番目に大きい都市だが、ここまで来ると、車窓からはエトナ火山を見ることが出来ない。その無念さが、復路での期待に変わる。

それはさておき、ここで後部車輌の一部を切り離したのか、後部車両より乗客がどっと移ってくる。二人だったコンパートは七人となる。エトナ火山の眺望を期待して進行方向に向かって右手の窓際に席をとったので、左手の海が見え辛い。

一〇時五七分。発車。時刻表では、カタニアに一〇時四四分着、一〇時五六分発だから、ほぼ定刻で走っている。

街中に大きな教会があって、それを過ぎると露天市場。さらに走ると、視界が拡がって、近郊農村地域となる。畑地には、人参、白菜、柄子菜、それに花卉の植付。なかでも人参畑が多い。耕地面積は各区画が五反程度で狭い。しかも、休耕地か牧草地か判らぬ程度に放置された土地が広く展開している。ここでも農業問題が深刻になっているのではないかと推測する。

石ころが多い畑地である。エトナ火山の麓だからであろう。それと同時に、トルコからギリシア、イタリア、スペインと続く、石灰岩地帯の延長だとも考えられる。

畑地に石は多いが、その石を丁寧に取り除いて、一万平方メートルほどの広さに耕した立派な農地もあった。やがてオレンジ畑になるのだろうか。なお、ここでオレンジというのは、日本の温州蜜柑ではなく、「マンダリン」というネーブルのようなものだ。

一一時二〇分。やがて広い平坦部に出る。一区画当たりの面積は二万平方メートルほど。

一一時三〇分。レンティニ着。折角、客室の皆さんと仲良くなれたのに、この駅で降りてしまった。「チャオ」、そして「ボン・ジョールノ」。「ボン・ジョールノ」は、「今日は」だけでなく、「ご機嫌よう」という広い意味に使われている。

一一時五〇分。ブルック着。石の多い地方である。

一一時五八分。進行方向の右手前方に海。これは一体どうしたことか。大きな街も見える。ここは列車が大きくSの字状にカーブしたからで、次の瞬間から海は左手へ戻る。

一二時。アウグスタ着。ピシャリ定刻通りである。五階建てのアパートが立ち並んだ近代的な街。しかし、活気に乏しく、うら淋しい。直ぐ近くに畑作地。牛はホルシュタイン種とジャージ種。左手に大規模な精油所が見える。

一二時〇八分。その精油所の直ぐ右手のところを走る。精油所の規模は、日本の徳山の出光興産、あるいはそれ以上の規模。凄い。

一二時一〇分。さらに右手に精油所。これは広い。敷地面積だけから判断すると、徳山の三倍近くはあるだろう。石油化学工場かも知れない。そして、左手にも精油所。

沖合には、二〇〜三〇万トン級のタンカーが五隻も停泊している。こんな風景が五分間も続くのだから、全く、シチリアの近代化も大したものだ。プリヨロ・メルモニ駅に停車。

一二時二〇分。右手に石油化学工場、そしてセメント工場。岩や石ころの多い土地だから、客土して敷地造成をしていることがよく判る。鉄道の路線は、この岩石を切り開き、左右の石壁を押し分けるようにして走っている。

一二時二五分。新しい住宅団地を造成中。五階建てのアパートが約三〇棟。塵埃処理が旨く行っていないようで、石場がゴミの堆積場と成りつつある。ここでも、列車は切り開いた岩石の壁の間を走っていく。こんな線路は世界でも珍しい。それを抜けるとシラクサの街。いかにも古い街である。錆びた古色が漂っている。

一二時三〇分。列車は定刻に、終着駅シラクサに到着。まず、駅の構内で、ピアンタ（地図）を買う。四四〇円だった。それからメッシナへ戻る列車の時刻が、一四時三六分、その次が一五時二四分であることを確認。いずれも、ローマ行きの特急で、明日の朝、ローマに到着する遠距離列車である。先の列車だとメッシナへ到着するのは一七時四八分、後の列車だと一九時三四分。遅くならないためには、前者に乗らねばならない。かくして、シラクサの市街地を見学する時間は、バリと同様、僅か二時間となる。

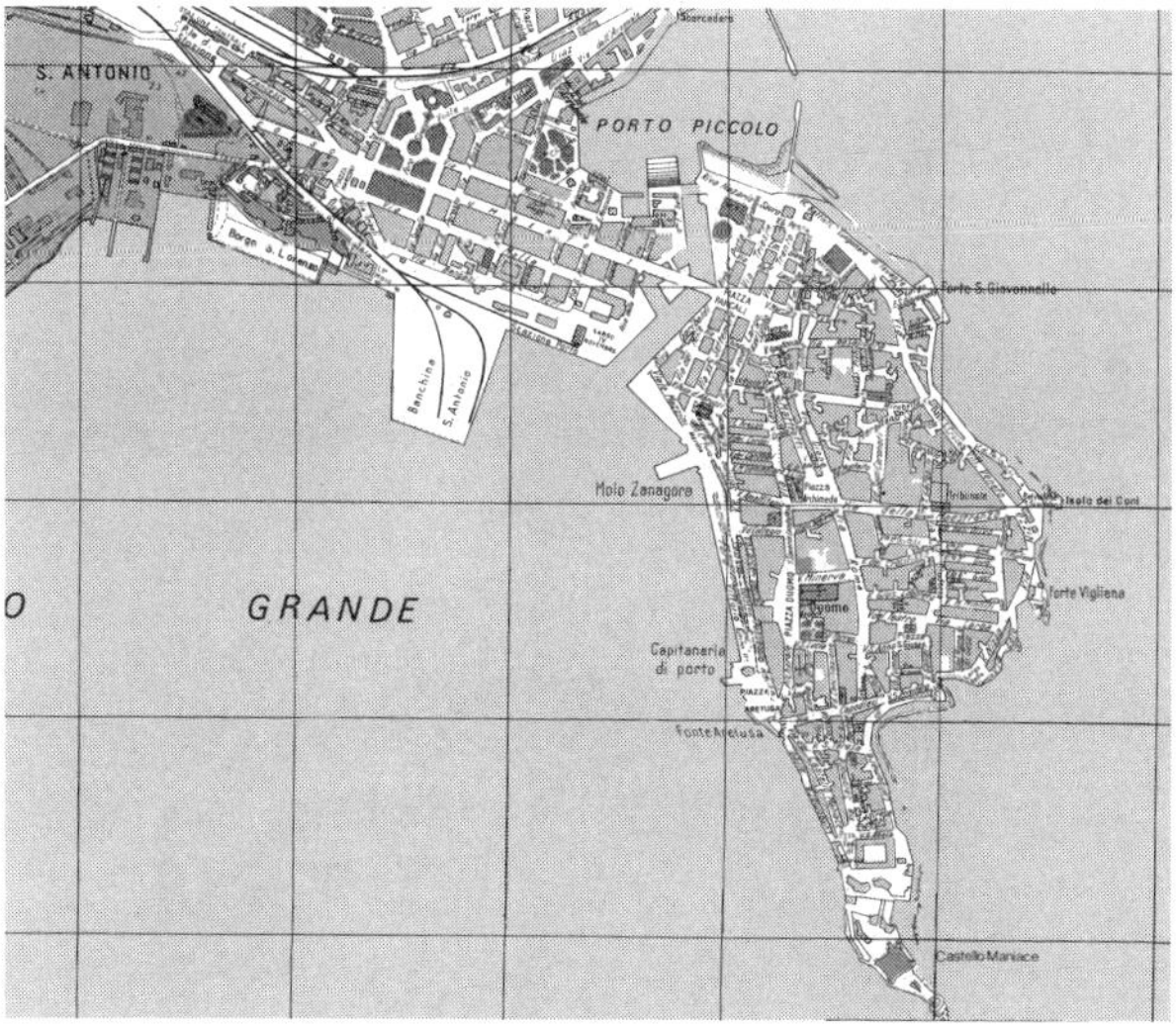

シラクサ市街図（1982年）
VISCEGLIA PIANTE GUIDE CARTE 製

そうとなれば、早速行動に移らねばならない。まずは、帰途のメッシナまでの切符を購入。それから市街地図を見て、大凡の巡検コースを決める。このシラクサの地形で特徴的なのは、駅前の商店街から抜けた東部に、橋で繋いだオルティージャ島があることだ。そこにはドウオモがある。要するに、昔のシラクサは、この島を中心として発展したらしい。しかも、島の先端部にはマニアケ城がある。城の右手となる海岸部は岩礁が多い。だが、海岸通りがあるので回巡することが出来る。そこから再び駅へ戻るというコースであれば、二時間でもなんとかなると思う。そのようなコース設定をしながら、もう歩き始めている。

たくさんの漁船（シラクサ西海岸）

駅前の大きな通りはウンベルト一世通り。白い石造りの三階建のビルが、ガッチリと並んでいる。これは偉観だ。この道を一四〇〇メートルほど歩くと、そこに大きな橋があった。ここから見える大きな建物は市庁舎であろう。

これより橋を渡って、島部へと入る。そこはパンカリ広場。この広場より西の海岸には、多くの漁船が停泊していた。三トン程度の動力船が多い。網がないので、何を獲っているのか判らない。イカ釣り船かとも考えたが、集魚灯を具備していない。それでもって魚探のアンテナは装備しているので、やはり底曳網漁船かとも思う。いずれにせよ、不思議な漁船である。その数はおよそ五〇隻。ここは写真を撮って、後日の研究資料としておく。これより街中に入り、ドウオモ（大聖堂）へと向かう。

狭い路地を通って、街中に入ると、アルキメデス広場。この近くで、ギリシア人のアルキメデスが住んでいたのかも知れない。さらに、もう少し歩くと、観光対象となるドウオモがあった。

大聖堂の正面は、いろいろと装飾されて華美である。結核予防シールのマークと同じ「二十字架」の下に天使たちが踊っている屋根。その屋根を支える左右二本ずつの円柱。その柱頭の彫刻はコリント式より華美だ。それぞれの円柱の中央に、マリア像。下からはよく見えないが、イエスを抱いているのかも知れない。これが二階部分の正面である。

そして一階正面は、コリント式の円柱があり、その中央に大きな扉。扉の上部には、大きな鷲が翼を広げ、その上部にはラテン語（多分）で書かれた聖書が広げられている。なんとも華麗な正面なので、これはフィルムに収めておく。

大聖堂正面の重厚な彫刻（シラクサ）

さて、もう時刻は四五分を経過している。焦りながら、マニアケ城のある南端部へと近づく。海岸へ出る。風が強くて冷たい。ここで振り返って見ると、西側の海岸は大きく湾入している。地図では、「ポルト・グランデ」だ。カプリ島、バリ、それからタラントでも、この「大きな港」と「ポルト・ピッコロ」があったから、こうした命名は一つの慣習になっているのだろう。

マニアケ城のある南端の岬は、立入禁止になっていた。軍事関係の施設があるのだろう。落胆すると同時に、見学しなくてよいから、ホッとする。矛盾した心理だが、それが事実であった。ここまで約一時間経過。

これより、再び北上。島の東側海岸に出ると、風がいっそう強くなり、おまけに小雨が降ってきた。いささか寒い。これは大変なことになってきた。歩速を緩めず、ただひたすら歩く。どんな因縁で、こんな処を歩いているのか、自分でも情けなくなる。

市街地の赤茶けた建物、曇った空と

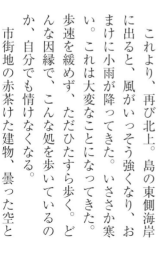

冷たい風。暗い波間に、時折、雨が降りかかる。やがて、それが激しくなる。打ち寄せる波までが荒々しい。

オルティジィア海岸通りまで歩いて、時間の限界を感じる。もはや東側海岸をぐるりと廻るのは無理だ。断念。直ちに、ドウオモの東側になるローマ通りを歩いて北上。雨は、幾分小降りとなる。

出てきた所は、先程のアルキメデス広場、さらに往路を避けて、もう一つ東側にあるディオーネ通りを歩いて、アポロンの像がある広場へと出る。

広場の周囲には、シチリア銀行などの建物がある。しかし、目立つのは、広場の中心部にある円形の噴水と中央に立っている大理石の像。

円形の噴水は、直径が八メートルもあろうか。その中央の立像は、胸部が豊満な女性。基台の高さが五メートルほどあり、像自体の高さは等身大。弓矢をもって岩上に直立した姿は、まさしく神だ。その女神の周囲には、天空を駆けるような姿の裸馬に裸人像が三体。ギリシア神話と思われるが、これが誰か判らない。勿論、その芸術性も判らない。

雨はあがった。先程の橋を渡って、ウンベルト一世通りを西へ。もう、走るようにして、歩く。残された時間はあと二〇分。それでも、あと一〇分で駅という処まで来る。

そのまま歩いて行けば、無事に戻れる。だが、そうはいかない。心頭のどこに棲んでいるのか、邪鬼が出てきて、「隣の路に行けば、好いことがあるよ」と囁く。

そこで、ウンベルト通りの隣にある鉄道線路に沿った路を辿ることにする。だが、ここはどうも殺風景な路だ。用心しなければならない。

この路はずれに、小さな土産店があった。中に入ってみると、陳列棚にシラクサの土産品が並んでいる。目の前に、軽金属製の「騎士」人形のミニチュア。咄嗟に、これを買うことに決める。この「騎士」人形は、もともと寸劇に使う糸繰人形である。騎士人形には大小あるが、人形劇に使うものとしては、大きいものが本物であろう。だが、値段の関係で中ぐらいのものを選ぶ。それからもう一つ、女店員が自分で作ったという色紙の荷馬車を買うことにした。

シチリア名物の騎士人形だし、美人の店員の手になる品である。しかも、色紙の荷馬車は彼女の人柄が偲ばれるような出来ばえだ。客も余り無さそうな店なので、この二つを買う気になったのは、そのためであろう。

ところが、支払いのときになって、彼女は四五〇〇リラと言う。私の計算では、四三〇〇リラなので、苦情を言うと、彼女は四五〇〇リラといって頑として譲らない。何処にいたのか、若い男が出てきて、「なんだ、なんだ」とやって来る。私の思い違いであった。騎士人形は、三三〇〇リラではなく、三五〇〇リラだったのである。ただ、それだけの問題であった。

時間がないので、そのまま新聞紙に包んでもらって、駅へと走り込む。

列車は既に入構していた。だが、客車はいずれも寝台車なので、どれに乗り、どこに坐ってよいのやら、迷ってしまう。まぁ、どこでも良いわいなと、空いたコンパートに入り込んで席を確保。

思えば、気ぜわしい旅であった。時間があれば、エトナ火山の登山口であるカタニアで下車して、山へ登り、このシラクサに宿をとって、ギリシアやローマの遺跡をゆっくりと見学するのだが、世界旅行の日程が窮屈なので、それも出来ない。

シラクサの市街地図を見ると、多分、ギリシアやローマの遺跡と思われるものが、この駅近くにもある。「ジナーシャ・ロマーノ」と書かれているが、その具体的内容は判らない。

島になっている旧市街とは別に、この駅の東北には新市街地が広く展開している。その新市街地の西北部には「テアトロ・グレコ」(ギリシアの劇場)や「アンフィテアトロ・ロマーノ」(ローマの古代劇場)といった遺跡がある。もっとも、これまでにも、グレコ・ローマンの劇場を見てきているから、それらの遺跡自体にはそれほど興味はない。それでも観光資源としての保存・利用状況については見学しておきたかった。もっとも、今の今では、無理というもの。いつしか女房と来るのを楽しみにしておこう。

列車が動き出すのを前に、このシラクサを十分に見学できなかったことを反省。同時に次の機会を夢見る鷹揚さ。本当は、「見残し」の悔しさを嘆じているだけ。

その時である。黒衣装のババイカさんがやって来て、「ここは全て私が借りた席です」と言う。イタリア語は判らないが、少なくとも、そのように聞こえた。

いつもなら、「そうですか」と言って、席を立つところだが、アラブ世界を経験しているだけに、「それならビレットを見せて下さい」と尋ねる。この単語が通じなかったのだろう。老婆はポカンとしている。それはそうであろう。英語が判っても、

「ビレット」というロシア語までは判るまい。「ビグリエット」というのが、イタリア語で切符なり、入場券を意味する言葉なのだが、それは私の口から出るはずもなかった。

ところが、どう考えたのか、老婆は「一つの席だけは使っても良いですよ」と言う。自分の切符も見せずに、何を言うかと思う。だが、この列車は寝台車のみだから、席は全て予約席なのかも知れない。そうなると、私のほうが不利だ。ここは何も判らぬ振りをして、そのまま座席に坐っておく。

このように書くと、長い時間だが、この間、僅か三分ほど。列車は定刻の一四時三六分に発車した。

婦女子による見送りが異常に多かった。この列車がローマまでの直行であることを考えると、乗客のかなりの部分がイタリア北部へ行くのであろう。それも、短期ではなく、長期的なものだとすれば、北部、あるいは他国へ出稼ぎに出掛けているのではなろうか。

気候に恵まれた南シシリーだが、農産物価格が不安定あるいは低迷するような状況のもとでは、現金収入を求めての出稼ぎを余儀なくされるのであろう。

映画やマスコミによる過大宣伝があるとしても、この人情豊かなシチリアで、凶悪な組織的犯罪が問題にされるのだが、その解決のためには、地域的貧困という経済問題を解決しなければならない。列車がホームを離れるとき、そんなことが頭の中で瞬間的によぎる。

進行方向の左手、つまり山側に坐っているので、海岸風景は愉しむことができない。山手の風景も、これと言って特記することがない。それでもエトナ火山だけは見たい。

一時間ほどして、カタニアに到着。この街はエトナへの登山口。下車したいと思っていただけに、街並みや教会、名所などの場所を頭の中に叩き込む。そんなことは、何時しか忘れてしまうのだが、それを覚悟で覚えているのだから、私も奇妙な習癖をもっている。

カタニアは、近代的な工場もあるが、中世風の

ムードも残っている町である。

驚いたことに、車窓から眺めていると、「オレンジの値下げ反対」「オレンジ農家を守れ」というプラカードを掲げた農民たちのデモ行進。その数は、ざっと二千人。子供連れはもとより、自転車や自家用車に乗って参加している者もいる。その人達が、いっせいに気勢を挙げていた。

オレンジが豊作であれば価格が下がり、アメリカなどからグレープフルーツやバナナといった果物が大量に輸入されれば、その値下がりに拍車を掛けることになる。結果として、「豊作貧乏」という状況となる。これが市場経済、いや資本制という経済体制がもっている根本的な矛盾に起因していることは言うまでもない。

オレンジが豊作であれば、その余剰分を日本へ安くても輸出すれば良いのにと思うが、それでは日本の蜜柑農家が困る。現に、温州蜜柑の輸出を和歌山県などに提言してみたが、それはアメリカの高い関税障壁によって阻まれているということだった。計画的生産ということも考えられるが、利潤追求を至上目的とする資本制経済のもとでは、それがどれだけ可能となるのか疑問である。

もっと言えば、等しく「オレンジ農家」といっても、大農場経営者と小農・貧農、さらには農業労働者の経済的利害関係は異なっており、さらに農業協同組合や農村労組などの結成、各種奨励金の交付、土地税制の変更といった政治問題が介入してくれば、オレンジを巡る経済問題は、ますます複雑になる。その場合には、農地の所有状況が決定的な意義を持つようになる。

このとき、客室へ年配の男性が入ってきて、私の座席はなくなる。どうも不可解だが、どうやら私は座席指定車に乗っていたらしい。それならそれで機敏に対応。

これよりコンパートを出て、前方の車両に移る。幸いに、空いている客室と座席があった。だが、こうなっては、メモ帳を取り出して、メモする気力が失せてしまう。

いつの間にか、車窓からカタニアの街は離れて行き、雲間からはエトナ火山を見ることが出来なかった。残念至極。

時刻は午後五時。タオルミナの辺りから、イタリア本土が見えてくる。しかし、それも向う側の窓だから、凝視するわけにもいかない。

一七時四八分。三分ほど遅れてメッシナへ到着。この五九六号列車は、ローマが終点かと思ったが、トリエステやブレンネル方面にも行くらしい。言うなれば、国際列車だ。持ち前の意地悪蟲が出てきて、「このまま乗って行け」とけしかけるが、そうもいかない。

このメッシナに荷物を預けているし、第一、今晩の宿はこのメッシナなのだ。さらに言えば、明後日には、ここシシリーからチュニジアへ、つまりアフリカへ旅立つのだ。ここは蟲を殺して、予定通りに、下車。

今日は、疲れた。ホテルへ戻って、一時間ほどの仮睡。健康のためにはそれが良い。目覚まし時計の針を調整して、ベッドに横たわる。

午後七時三〇分。昨晩のレストラン「ローザ」へ出掛け、昨晩と同じ席に坐る。今日はシラクサまで行ったのだから、飲食に関する腹の虫の欲求は全て満たしてやりたい。

まず、蛸を注文。足一本で一四〇〇円、ただし、その長さは一二センチもある。次に、エビとイカのフライ。それからスープ、これには卵が入っている。最後に、小瓶のビール（二〇〇円）と赤ワイン（一杯三六〇円）を頼む。

空腹だったからであろうか。食べたり、飲んだりで、この日の夕食については、それ以上のことは覚えていない。

午後八時四〇分。レストランを出て、ホテルへ戻る。明日はシシリー島の中心地、パレルモへの旅である。

一九八二年二月一六日（火曜日）

第十五日　パレルモへ

今日の旅は、メッシナからパレルモまで。この旅の見どころは、ティレニア海に浮かぶリパリ諸島のストロンボリ火山。それが車窓から見えるかどうかが旅の焦点。

なお、パレルモに到着したのち、時間的余裕があれば、市街地を見学したい。

午前八時に起床。出発準備を整え、いつものように、「さらば地球よ〜」と口ずさみながら、ホテルを出る。

八時二五分。駅の売店で、朝食のパンを買う。値段は六〇〇リラ（一二〇円）。一〇〇〇リラ払うと、お釣りは四〇〇リラのはず。ところが、売店の娘は、ドロップス一個と五〇リラを差し出し、私には通じないイタリア語で、ペラペラと喋って、ニッコリ笑う。

なんとも愛嬌のある娘だ。恐らく、「お釣りの小銭がないから、これで御免ね」と言ったのであろう。こんなときは、黙って笑顔を返すのが、紳士のマナーというもの。

トランクを預けているので、今は手軽。その間にパレルモまでの乗車券を買う。

二等で六七〇〇リラ、日本円だと一三〇〇円強。ちなみに、メッシナからパレルモまでは、シシリー島の北側海岸沿いで、二三二キロ。料金は、安い。

八時三〇分。一時預かりで、トランクを受け取る。預かり料金は、一日三〇〇リラ、三日間で九〇〇リラだから、日本のコインロッカーや一時預かりの料金よりも安い。こうしてみると、イタリアの場合、鉄道やバスなどの公共料金は、日本に比して、一般的に安いと言えよう。もとより為替相場の問題は残る。

八時四五分。発車予定時刻だが、列車はまだ動かない。上り列車の到着が遅れているようだ。

五分遅れて発車。四分後に右へ大きく曲がり、ここでカタニア方面の線路と岐れる。その後は次第に、高度をとり、右手に霧の懸かった海峡とメッシナの市街地を望む。曇天。トンネルが多い。午前九時も、ちょうどトンネルの中だった。

九時〇五分。トンネルを出ると、右手の山上に集落が見える。そして左手は川。川と言っても、水は流れていない。川原だけである。砂漠ではないから、ワジとは言えない。

ゲッソ駅で停車。離合停車であった。トーマス・クックの『時刻表』を見ると、この二六九一番の列車は、午後一時一二分にパレルモ着という予定になっている。

九時〇八分。駅長が緑色の大きな杓子板に、白い二重丸を描いたものを掲げると、それが出発進行の合図であった。ここから先は下り勾配。そして鉛色の海が見えてくる。ティレニア海だ。海上は、霞んで孤舟の影すら見えず。

ここは地中海。そしてこの海域を特にティレニア海と言う。パレルモからチュニスまで乗船予定の海運会社は「ティレニア」という名を採っている。

ところで、この海はシチリアの北海岸に面しているから、シチリアの海でもある。敢えて、このように言うのは、森鷗外の『即興詩人』を思い出したからである。鷗外はアンデルセンの『即興詩人』を翻訳しているが、その中で、「そはシチリアの海なり」と浪漫調で訳した文章がある。いや、あれは文語体であった。覚えているのは、その一文だけ。

ところで、「シチリアの海」とは何処なのか、昨日はシチリアの東海岸を見てきたが、それを「シチリアの海」と呼ぶのには、いささか躊躇する。また、カプリ島から南側の海をそのように呼ぶのも、「これから先の海はシチリアまで続く海だ」というように解釈すればともかく、それも強引過ぎる。

敢えて、この問題を解こうとすれば、訳文の前後関係から判断するしかない。今は手元に『即興詩人』がないので、勝手に「シチリアの北方の海」を、それだと見なしておく。

線路は高速道路と交差。ちなみに、この列車は特急（エキスプレス）ではなく、快速（ファスト）である。もっとも、路線は電化されている。

九時一五分。右手にオレンジの樹園。しかし、市街地は、メッシナから「途切れ、途切れ」であっても、ずーっと続いている。

天候は曇り。明日夜半の天気が気になる。私の船酔いは、荒れる海には特に弱いから、それまでの天気回復を祈念する。この調子では七〇キロ離れたストロンボリ火山は見えないかも知れない。

九時二〇分。民家が見えなくなり、やっと市街地から離れる。近郊野菜の畑である。豌豆、ソラマメ、ニンジン、大根、それから蔬菜類。
九時二五分。右手に製鋼所。続いて石油化学工場。それから石油タンク群。ここは石油精製工場を中心とした石油コンビナートである。岸壁には接岸荷揚（原油）施設がある。

沖合には、一〇万トン級のタンカーが停泊している。やがてミラッツオという駅に到着。

九時三七分。発車。列車の遅れは約三分。周辺はオレンジ園。それから、ニンジン、キャベツ、ソラマメ、タカナなどの畑作地。左手はかなり奥の方まで平坦地が広がっている。

右手前方に、小富士が見える。形は良いが、高さは周辺の山よりも低い。

九時四五分。バルチェロナ・カステローリに停車。民家の庭に、紫と白の木蓮。それが、わが家にある紫木蓮を想い出させる。

曇った空と鉛色の海。白色と薄い海老茶色だけの家々。いずれも煉瓦造りである。植生は、オレンジとお化けサボテン。ここまで来ると、楽しみにしていたストロンボリ火山の眺望は諦める。

風が強く吹き、オリーブの葉が激しく揺れている。ここはテルメ・ヒグリオテーネ（?）という地名らしい。

一〇時。前方に、高い絶壁のある山。その頂上に、ホテルか病院が建っている。列車はその山の下をトンネルで潜り抜ける。

トンネルを出ると海はすぐ近く。幾分、青味が濃くなって、地中海らしくなっている。海面には小さな白い波頭。地上には、オレンジ、オリーブに混じって、枇杷の木がある。

日本では見かけないアザミの型をした野菜。それだけに印象的。素晴らしい高速道路が右手に見える。各二車線だが、これが上下に分かれている。以上は、車窓の点描。

一〇時一五分。海上遥か四〇キロの先に、平坦な島。さらに、その沖合二〇キロ前方にも島があり、この島には高さ三〇〇〇メートルほどの山。リバリ島か。

地図では、シシリー島北方の海上に七つの小島がある。今、その二つを霧の中に見ることができた。だが、活火山であるストロンボリではない。昨日もエトナ火山を見れず残念だった。だが、車窓展望としては、リバリ島を眺望できた。それだけで満足。

一〇時二五分。列車はネズミ色の砂浜海岸と並行して走る。護岸工事は、大きな直方体のコンクリート塊を並べているだけ。日本のテトラポットは見当たらない。

一〇時三〇分。右手前方の海岸に、ピラミッド型の岩山がある。

一〇時五〇分。車窓風景は、遠くに海、近くにオレンジとオリーブ。住宅が白色か海老茶色であることに、大きな変化はない。ほんの僅かだが、青空が見える。チュニスへの出航を控えているので、明日の夕方までには晴れてほしい。

左手の山上に住宅街。なぜ、あんな高地に集落があるのか、どうしても理解できない。イタリア半島の南部でもそうであった。

一一時。アガタ・ディ・ミリテロで長い停車。この近くにある川原は、ゴミ捨て場になっている。日常生活における公共道徳の欠落という問題もあるが、ゴミ処理政策の拙さもあるのだろう。ここでも駅長が二重丸を描いた杓子板を右手に掲げて、発車。

一一時一〇分。岩場の多い海岸である。海の水は澄んでいて、海底の藻が見える。

一一時二七分。ステファーノ・ミステレッタ駅。ここで相客の二人は「ボンジョールノ」と言って、下車していった。コンパートは私一人となる。

一一時三〇分。依然として、車窓風景は海である。波はなく、ゆったりとしたシチリアの海だ。ここでも、明日の深夜からの航海が平穏であることを祈る。今は、海上に漁船は見当たらない。遙か西へと続く海岸は山々が折り重なっている。

一一時四五分。数隻の漁船。そのうちの一隻だけが五トン程度の大きさで、二本マストに電探を装備している。その他は、一トンほどの漁船で、漁撈装備はほとんどなく、大型ボートに発動機を装備しただけ。機能としては、船外機を着けた遊魚用ボートと余り変わらない。これらを船団漁業、例えば志布志湾の「八田網」のような漁法だとしても、この程度の規模では、沿岸漁業として成り立つのだろうか。捕獲し、供給できる漁獲量も、したがって地元魚市場の規模も限られるだろう。

一一時五二分。岩場の多い海岸。そこから二〇メートルほどの陸地を列車は走っている。前方に、城のような岩山が見える。左手には山並みがずーっと続いている。ここは北シチリアの景勝地。

正午。城のような岩山をトンネルで潜り抜けて、チェハル駅に停車。観光と保養の地である。パレルモまで、あと一時間半。

一二時一〇分。風が強いのであろう。オリーブの葉が白くなって見える。そして海上は一面の白波。前方には孤立した大きな山。

この時、四人のイタリア学生が、ドヤ、ドヤとコンパートに入ってくる。途端に、賑やかとなる。詳しいことは判らないが、どうやら安ホテルかペンションの食事のことで議論しているようだ。書き忘れていたが、先程、車窓から見たアザミに似た野菜の名称を学生に尋ねると、「カルチョフィ」と言うのだそうだ。

一二時二〇分。そのカルチョフィが広範に植えられている。花の芯が食用になるらしい。

一二時二五分。ナントカ駅に着く。この駅を出ると、コンテナ基地と石油化学工場。揚油施設が沖合一キロまで突き出している。

一二時三五分。テルミニ・イメレーセ着。ここは先程見た高い山の北麓である。古い街並みが続いている。右手前方には、ピラミッド型の岩山と階段状の山が海へ突き出している。極めて特徴的な山である。

一二時四〇分。一面の枇杷園。全部併せると、三〇〇万平方メートル位になるだろうか。一区画の面積も一〇万平方メートル位の広さである。シチリアは果樹の豊富な島である。

階段状の山とピラミッド型の山は、いずれも陸続きである。階段状の山の西側に、もう一つ同じ型の山があった。

いつの間にか、路線は複線電化となっており、枕木もコンクリートとなっている。

一二時五五分。二つの駅をノン・ストップで通過。階段型の山も岩山で、樹木はほとんど生えていない。土壌は赤茶色。これまでとは異なった風土相を呈している。

石灰岩の採石所が西側の山麓にあった。余り、良質の石灰岩ではなさそうだ。なんとかリアという駅の近くには、コンクリート製の枕木が山のように積まれていた。

一三時。右手前方に、大きく弓状になった浜がある。距離にして、一〇キロもあろうか。近辺は、相変わらずオレンジと枇杷の産地である。そして城のような岩山が海上に突き出している。函館の臥牛山にそっくりである。もう、パレルモだ。その市街地はが先程から続いている。ここでも、市街地の再開発が行われているのか、多くのアパート群が建設されている。ローマ時代の橋が保存され、周辺は公園となっている。

一三時一〇分。定刻よりも、二分ほど早く、終点パレルモに到着。下車。駅舎は思ったより大きかった。駅前にホテルはないかと目で探してみたが、それらしきものはない。仕方なく、電話でホテルを探すことにする。

電話は、P. T. Tと刻印されたメダルを買い、そのメダルを電話機に投入するという初めての経験。なお、このメダルのことを「トクン」と言う。

ホテル「セントラル」は英語で用が足りた。バスタブ付きである。値段も、それほど高くなかった。しかも、駅前からタクシーで直ぐだと言う。

駅構内で市街地図を一五〇〇リラで購入し、ホテル・セントラルの位置を探す。だが、小さなホテルなのか、それを見つけるのは容易でなかった。これだと、タクシーの運転手に任せるのが早いと思い、駅前のタクシーを拾う。運転手は「シー」と言って、走り出す。

車は、駅前通りを一キロも走ったであろうか。と、ある十字路で左に曲がり、二筋行ったところで、大きな通りを横切り、それから暫く走って停車。そこがセントラルの玄関前であった。

レセプションで、「ボンジョールノ、ヤー、スギノ」と言うと、初老の係員が、「シー、シー」と愛想よく対応してくれた。後で気がついたのだが、ここで何故に「ヤー」というのが入ったのか。それが不思議である。「イヤー」というのは、ロシア語ではないか。

このホテルにはエレベータがない。手荷物があるので、一階の方が良いのだが、部屋は二階と言う。言われるままに、四千円強の宿泊料を支払う。それから重い荷物を持って、幅広の階段をエッチラ、オッチラと登る。昔は一流のホテルだったのだろう。

部屋は二階だったが、窓を開いてみると、すぐ目の前が坂道だ。その坂が急なので、ここは二階と言うより、一階半というような感じ。外が近いので物騒だが、この窓さえ閉めておけば、安全だろう。ホテル内部は、盗難があるような雰囲気ではない。何と言っても、バスタブがあるのが嬉しい。

昼食は、ホテル一階の食堂で摂る。ここは喫茶もできるし、カラッとした明るい感じの食堂である。出てきたのは、スープ付きの定食。それで結構。代金も納得。庶民の私には、良いムードのホテルである。

食後は、仕事に取り組む。仕事というのは、荷物を梱包して、日本へ送ることである。ナポリ以来の買物品が溜まっているし、何と言っても、これから先はマグレブの国々だ。日本への郵送はいっそう困難になりそうである。そこで荷造りの作業だ。

それにしても、階下が騒がしい。ドラムを叩き、他の楽器の音も聞こえる。昼間からショーをやっているわけではあるまい。階下に降りてみると、地元の青年たちが、モダン・ミュージックの演奏を楽しんでいた。今は昼休みなのかもしれない。部屋へ戻る。

さて、この地図でホテルの所在地を調べてみると、駅前から北西へ延びるローマ通りと、ビットリオ・エマヌエル大通りとの交差点をやや西南に行った地点に位置している。いわば、パレルモ旧市街の中心部である。

改めて、パレルモの市街地全体を地図で概観してみると、市域はかなり広い。南北六キロ、東西二キロと言ったところだ。

北の方には、車窓からも眺めたように、特徴のある大きな岩山があり、その麓には総合競技場がある。それに続いているのが、パレルモ港である。港には、四つの突堤があり、その一つは鉄道の引込線がある。

市域の中心部は、市街地だが、そこには大小の公園がある。市街地を縦断して、南北に大きく走っているのは、リベルタ通りで、これはパレルモ第一の大通りである。「リベルタ」というのは「自由」という意味であろう。

また、先述したビットリオ・エマヌエル大通りを西の方へ行くと、奇妙な配置の建物があるが、これがカペーレ・パラチナ、すなわち「パラチナ礼拝堂」であろう。近くに位置するのが、「ノルマンの王宮」だ。パレルモ第一の観光対象である。もっとも、これは明日の見学予定にしている。

ここまで市街地図を眺めてきたが、今はひどく眠い。これより仮睡……。

目を覚ましたのは、午後五時過ぎだった。このまま、もっと寝ていたいのだが、そうもいかない。少なくとも、このパレルモの雰囲気を肌で知っておく

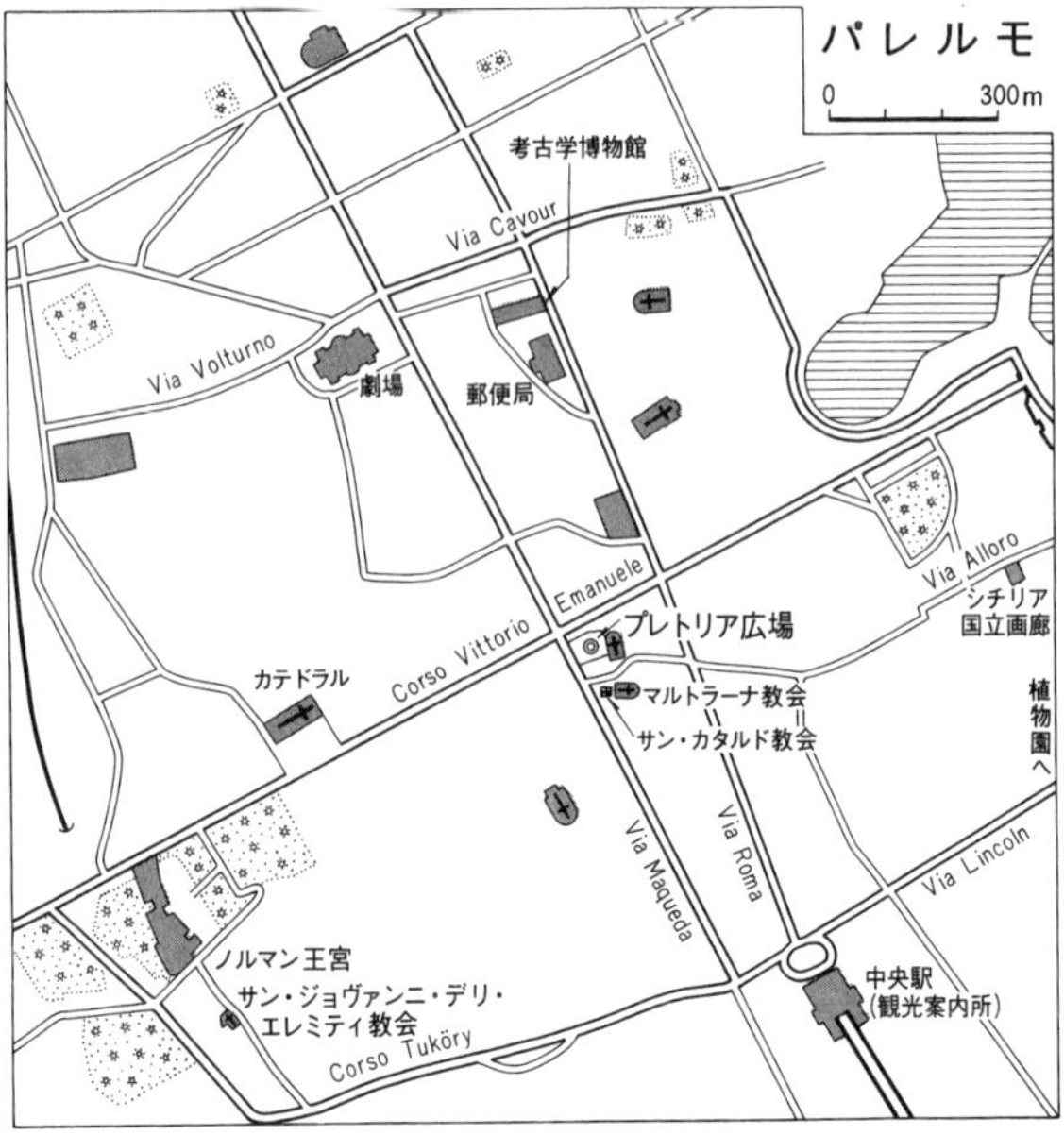

『ローマとイタリア』ブルーガイド海外版／日本航空監修
（1979年実業之日本社）

必要がある。それに、小包を出しに郵便局へ行かねばならない。

ブルーガイドの略地図には、ローマ通りに郵便局が記入されている。そこまでは歩いて一〇分程だ。イタリアの通貨リラは、明日の分を残しておけば良いので、何か買って日本へ送りたいと思う。だが、もう荷造りした後だ。それは止めておく。荷の中には、シラクサで買った軽金属製の人形やナポリやカプリ島で買った土産品が入っている。市街地図も、バリやタラントなどを含めて、一〇部近くが入っている。

郵便局は意外と遠かった。そして、もう一つ意外だったのは、郵便局の建物が立派だったことだ。石造文化のイタリアだから驚くこともないが、パレルモは流石に伝統の街、パラッツオ・ポステの建物は、まるで大銀行のようであった。

ピョンボは必要なかった。局員は、「このピョンボがあると高くなりますよ」と言い、さらに「ピョンボを取って、再度荷造りをしては如何ですか」と助言してくれる。

しかし、これは面倒くさい。料金は高くても良いから、ピョンボはその儘にしておく。重量はローマで送った時の三分の一程度なのに、料金は逆に三倍の九千リラだった。船便と航空便との違いなのかもしれない。しかも、今月の一〇日より値上げされたと言う。何かスッキリしないが、ともかく荷を送れるなら、それで良いと納得。

ピョンボ、この鉛玉はイタリアで発見した、もっとも愛すべきものだ。楽しい旅の話の種になる。

係員から荷送票をもらって、私の肩の荷も降りる。南イタリアの旅で残されているのは、明日のパレルモ市街地の見学だけである。もとより南イタリアで言えば、半島の最南端であるスパルティベント岬や今回行けなかったオトラント、イスキア島をはじめティレニア海の島々、具体的には、サルディニア島をはじめ、ストロンボリ火山など、シシリー島の南や西の地方など、「見残し」は多い。言葉には表せないが、それらを断腸の思いで諦める。

このローマ通りは、かなりの人通りだ。今から、オペラにでも行くのであろうか。服装も華やかである。パレルモはシシリー島の中では最大の都市であり、州都でもある。名は知らないが、市街地の北側にある岩山がひどく気になる。バレルモの象徴であろう。地図で名をちょっと調べてみると、モンテ・ペレグリノだった。あの山に登れば、パレルモの市街地を一望できると思うのだが、明日だけの日程では、それも無理というもの。

これは初印象だが、パレルモという街はどこか重厚さをもっている。それが歴史の重みというものかも知れない。あるいは、未知の何かがあるような、そんな魅力をもった街と言ったらよいのかも知れない。もし、日数があれば、日本にはない何かを発見できそうな魅力をもった街である。なにしろ、ここは、かつてバイキング、アラブ、それからマフィアの支配地域だったのだ。だから地域経済の構造に、何か特殊な性格があるはずだ。

郵便局から、ホテルへ戻ることにする。だが、このままローマ通りを引き返したのでは、旅人としての芸がない。そこで、もう一つ東側の小さな道を歩いて帰る。結果としては、これと言って新しい発見はなかった。

一般的に言えば、大都市では、大通りから一歩でも裏路地に入ると、どこでも見られる景観がある。それは汚い壁のビルや民家の塀、駄菓子屋や小さな果物屋などの店舗、中古の自動車や自転車、それからごみ取り箱などだ。この路地も、それと変わることはなかった。そのまま素通りする。

散髪屋があった。思えば、昨年の一二月に、トルコのカイセリーで調髪して以来、三カ月を経ている。髪もいささか長く伸びている。まして明後日からはマグレブの国々を旅するのだ。ここは紳士らしい恰好をしておいたほうが得策のようだ。

ドアを開けて、中へ入ると、客は誰もいなかった。主人らしい老人が出てきて、イタリア語で「いらっしゃい」と言う。そう解釈して、私も、自分の頭を指さし、チョキ、チョキと切る真似をして、ニコッと笑ってみせる。それで話は十分に通じた。

老理髪師は、二つしかない椅子の一つに私を招き、「ここへ坐れ」と合図する。

古びた散髪台であった。大きいが、曇った鏡が前面にある。日本と同様、湿ったタオルで毛髪を拭い、安物の櫛で髪をオールバックにしてから、鋏を入れる。

チャキ、チャキという快い音を立てながら、細長い鋏で端毛を切る。次にバリカンで裾の方を刈って、最後にレザー・カット。

散髪に要した時間は二〇分程度。続いて老人が「顔を剃るか」と身振りで尋ねるので、「シー」と応える。

「シー」と応えたものの、内心は不安である。店内には誰もいない。カミソリで喉元を一閃すれば、私はお陀仏となる。

初めて見た時は、ひどく老人に見えていたが、この理髪師の年齢は六〇歳くらい。日焼けした顔の皺にも、どこか人懐っこさを感じさせるものがある。

顔を剃っている間に、私が日本人であることを確かめ、「第二次大戦では、自分も兵士として戦った。戦争は負けたが、また日本と組んで一緒に戦おう」と、カタコトの英語で言う。

おそらく老理髪師は、私への親近感を精一杯に示したつもりであろうが、返答にはちょっとばかり戸惑う。第一、どこの国と戦おうと言っているのか判らないし、平和主義者の私としても賛成できない。第二に、カミソリでやられても困る。だから、ここは「シー、シー」と曖昧で、気のない語調で返事をしておく。

こんな生返事だと、「軟弱な日本人と一緒に戦うのは止めだ」と考えるかもしれない。外国では、冗談の対応も難しいもんだ。

ところで、顔を剃るのに要した時間は約一五分。昔のように、革帯でカミソリを研ぎながらの仕事なので、その程度の時間は止むを得ない。最後に、冷たい水で顔を洗いタオルで拭いて、散髪は終わり。喉元が安全だったので、ホッとする。料金は日本円に換算して約一三〇〇円だった。

カイセリーでは三〇〇円、モスクワでは六〇〇円に比べると、料金は高いが、サービスが格段と違う。そんなことから、「サービス労働と価値論」の解明に関する方法論が頭の中を駆けめぐる。旅をしながら、物事を考えるのは、私の習癖。随分と変わった性格だ。

調髪料の高さが、サービス労働を社会的に評価する基準の一つになるとすれば、それを手掛かりにして、ある地域の経済構造を一部だけでも解明できるのではないかと思う。その場合には、研究対象とする業種の選択、業種間の比重といった厄介な問題が生じる。だが、それはそれ、それ以上のことは考えない。

パレルモまで来て、こんなことを考えるとは、随分と酔狂である。そうなるのは、海外旅行中は、理論問題を考えることが滅多にないので、それに飢えていたのであろう。

パレルモの理髪師を見ていると、いかにも楽天的で、仕事をしながら鼻唄でも出てきそうな雰囲気。明るくて、陽気なイタリア人の気質は、ここパレルモ、いやシチリアが発祥地なのかもしれない。

そんな気分が私に移ったのか、これから先の調髪予定日について予測する。次はマグレブではなく、スペインだろう。というのも、「セビリアの理髪師」という音楽があるからだ。時期的にみると、セビリアに到着するのは三月の下旬になる予定だ。私の調髪サイクルからすると、やや時期が早いが、スペイン以降はヨーロッパを旅するのだから、少しはダンディに振る舞う必要がある。そんなことを夢想しながら、ジグザグになったパレルモの市街地、それも路地をゆったりと歩く。

旧市街地とは言うものの、あのシラクサのドーム付近で出会った、つまり漁師町のような狭い路ばかりではない。それにしても、パレルモは教会がやたらと多い街である。そのために町の区画が無茶苦茶になり、路が迷路のようにジグザグとなっている。

これは最近になって感ずることだが、都市計画あるいは都市再開発政策を策定する場合、歴史的な建造物、たとえば教会や共同墓地の位置をどうするかが問題となる。これらについては、現存する人間の生活との関連があるので、工学的に思考するだけでは限界がある。その際には、土地および建造物の所有関係が問題となるので、社会科学や人文科学なども援用しなければならない。厄介なことである。

パレルモの旧市街地を歩いていると、細い路がジグザグに走っているので、どうしても、こんなことを考える。

市街地図で見る限り、パレルモの西部や北部は、都市計画あるいは地域配置構想によって、立派な公園や競技場が配置されている。だから、都市計画の策定と歴史的建造物との関係についての問題発想は、パレルモからの発想ではなく、むしろ遺跡が市街のあちこちにあるローマを典型とした問題発想である。もっと一般的に言えば、W・ハーヴェイの「建造物障害」の問題でもある。

今となっては、どこをどう歩いたか正確には判らない。煉瓦造りの民家、随分と古い教会や広場がある旧市街を南へと歩く。あるいは西南、ある時は南東といったジグザグの街路である。

まだ考える。社会科学の視点からみれば、資本制社会における都市問題というのは、飽くことなき資本蓄積と労働者階級の低賃金・貧困化をその基底的本質としている。しかしながら、生産力の発達に伴って、生活用具や備品は変化する。すなわち、従来の用具や備品の高性能化や省力型の機械・用具の発明、その商品化と価値実現のための販売競争を通じて、それらは一般家庭へ普及する。かくして生活用具や備品は、旧来のそれらを不要のものとする。つまり、「大型ゴミ」の弛むことなき出現である。片や、他方における労働様式及び勤務形態の変化とあわせて、食事方法や居住形態、服装スタイル、余暇形態をも含めて、日常の生活様式、個々の生活習慣までが変化する。

こうした変化は、一般住宅のみならず、業務用の建造物、さらには宗教や文化・スポーツなどの諸施設についても現れる。古い建造物に新しいものを入れることは可能だが、不可能な場合もある。例えば、旧来の狭い道路を自動車が走るわけにはいかない。かくして、古い建造物や生活用具は、新しい生活様式や交通様式にとって障害となる。

生活用品の場合には、ゴミ捨て場で、ある程度の処理はできるだろう。しかし、建造物の場合は、その所有権とも絡んで、簡単に処理することはできない。斯くして、古いものと新しいものとが市中に混在するようになる。時代が移り変われば、そんなことは当然である。それが人間らしくて良い。だから、こんな旧市街地を歩くのが好きなのだ。

観念の世界から現実へと戻る。狭い路を、立ち止まっては、ジグザグに歩いた。それでも、ホテルのある方角だけは頭の中にきちんと入っている。大きな道に出る。これがホテルのあるビットロ・エマヌエル通りだと思う。なんだかんだと考えてきたので、道草をくった感じだが、ここまでに要した時間は、僅かに八分でしかない。

これより西へと歩く。ローマ通り横切って、暫く歩き、マクエーダ通り出る寸前に、石の階段があった。登ってみると、小さな噴水があった。噴水の土台には、大理石を刻んだいろんな彫刻。これもギリシア神話かローマ神話であろう。その彫刻を見ていると、古いテーマを扱っているようだが、銅像の配置や噴水全体の構造などに近代的なセンスが溢れている。

噴水の傍では、若い母親が子供を遊ばせている。おばあさんが、腰掛けて編み物をしている。やや黒くなった大理石だが、これが生活色とうまく調和している。いうなれば、市民生活に密着した噴水だ。それが素晴らしい。

旧市街にある噴水、市民生活に憩と潤いを与える噴水、まさに社会的生活手段として大切なものだ。

ローマには、広場という広場に噴水があった。また、戦前の日本でも広場や公園には必ず噴水があったように記憶している。門司の老松公園にも簡素ながら噴水があった。真夏の暑い日、手を水に漬けると、冷たい感触が指先から全身に伝わっていくのだ。それが戦争で防火用水となり、また工業用水の確保のために渇水が生じ、噴水だけでなく生活用水までもが市民生活から遠ざかった。噴水一つの存在にしても、社会経済的な問題と絡んでいるのだ。

旧市街の問題を考えていただけに、市民生活に溶け込んだ広場と噴水を見つけたことが嬉しかった。

ホテルに戻って、地図で調べてみると、先程の噴水があった場所は、プレトリア広場であった。あるいは、プレトリアの噴水があるので、逆に広場の名前になったのかも知れない。東京の湯島天神や神田明神といったイメージと重なるのが不思議であった。

午後七時。整髪したので、服装もキッチリとして、階下のレストランで食事。パレルモでの夕食は白ワインにヒラメ。もっと新鮮な魚が食べられると思ったのに、残念。明日の夜は、どうなるか判らないので、ともかく女房と大学宛に絵葉書を書いて、早寝する。

時に、午後九時であった。

一九八二年二月一七日（水曜日）

第十六日　ノルマン王宮

随分と眠ったらしい。快い目覚め。ホテルの傍の坂道を、コツン、コツンと降りていく靴の音がベッドまで響いてくる。今夜はパレルモの港から出航し、明日の昼には、アフリカ、チュニジアのチュニスに着いているのかと思うと、気持ちが次第に高ぶってくる。

それはそれ、時刻は八時三〇分。朝食券を持って、一階のレストランへ。パンとコーヒーそして茹卵という簡単なメニュー。このレストランは思ったよりも繁盛しているらしい。宿泊客以外にも、多くの客が朝食を摂っている。

さて、今日の行動予定だが、私の旅行ノートには、「ノルマン王宮とドゥオモ」という二つだけが記載されている。「ノルマン王宮」というのは、「パラツォ・ノルマーニ」とも呼び、カパーレ・パラチナという礼拝堂があること、また、その位置も既に昨日の午後に踏査している。問題は「ドゥオモ」である。探し方が悪かったのか、地図でみても判らない。判らないものは仕方がない。今日の見学を「ノルマン王宮」に絞ることにする。

そのように決めたものの、あの港から見える岩山、そう、ペレグリノ山に登れるならば、是非とも登ってみたい。なにしろ乗船は午後一二時、その機会は十分にありそうだ。

今日は一日、ゆっくりと出来る。それにしても、乗船までの間、荷物をホテルかどこかに預かってもらわなくてはならない。

レセプションの係員に話してみると、「荷物はそのまま部屋に置いていても結構です。部屋は出発まで自由に使って下さい」という有り難い返事。シチリアは人情味に溢れる島だと聞き、また、そのように感じていたが、まさに、その通りであった。

午前一〇時少し前にホテルを出る。曇天。これより「ノルマン王宮」のある西南に向かって歩き始める。ビットリオ・エマヌエル通りと言うのは、古風な街灯と立派な歩道をもった大通りで、ゆっくりとした登り坂となっている。地図では、それほどの距離があるとは思えないが、縮図との関係だろうか、とにかく遠くに感じる。

まだ午前中というのに、気温が高いのか、汗が出てくる。トボ、トボと歩きながら、「何の因縁があって、こんな所を歩いているんだろう」と思う。続いて「また、同じようなことを考えている」と自嘲。最後に、「そんなことは考えるな」という自制が働く。

右手に広場があって、その奥に寺院がある。カテドラルらしい。その前面には、非西欧的な塔門が見えてくる。大きな寺院だ。茶褐色に黒ずんだ色は中世的雰囲気を醸し出している。地図には、「オラトリ」とあり、「ペレグリニ」とあるが、何のことか判らない。カテドラルなので、本来ならパレルモ市域を代表する大寺院のはずなのだが、それが、まるで兵舎のように見える。なんとも不思議なことであ

パレルモのノルマン王宮

る。

左手前方には、ノルマン王宮だと思われる建物。正面には金色に輝く塔門があり、私の視線は、どちらかと言えば、その方に惹かれる。

風見鶏の真下が三角形の屋根。それが燦然と輝いている。その屋根の下はアーチ式の柱が六本あり、いかにも非西欧的だ。そこがノルマン的なのかもしれぬ。

塔門の全体構造から見れば、それまでが、いわば塔の上部構造で、その下部が、これまた大きなアーチとなっている。全体の高さは二〇メートルもあろうか。

エジプトのカルナック神殿がもっていた塔門の豪壮さはない。だが、北欧の旅はこれからなので、これがノルマン的とか、バイキング的だとは断言できない。そこが、素人の悲しさである。だが「ノルマン王宮」という以上、これがノルマン風なのだろう。その真偽はともかく、珍しい建築様式だから、写真に撮っておく。

エマヌエル大通りは、その門を潜って、西南方向へ延びている。バスはもとより多くの自家用車が走っている。歩道には椰子の木が植えられており、南国ムード。塔門の下は、そこそこの風があって、汗を掻いた肌には、爽やかだ。

眼前は、大きく開けた新しいパレルモ。そして、やって来た道を振り返ると、歴史が蓄積された古いパレルモ。新旧市街地の対照が、いかにも鮮やかである。

塔門を潜り抜けると、左手に大きな公園。市街地図では「独立広場」となっている。この広場もそれなりの歴史があるのだろう。しかし、今の私には関心が薄い。

その広場の手前で、左に曲がり、ノルマン王宮の方へ登っていく。この登り道が、ちょっとばかり気になった。エマヌエル大通りから眺めたノルマン王宮は立派だった。また歴史的伝統をもった西欧風の建造物が多いパレルモの街も美しかった。だが、この登り口から見た王宮の裏側は、実に惨々たるものであった。

継ぎ接ぎだらけの窓飾り、壁が剥げ落ちた側壁、苔がついたコンクリートの土台。その一つ一つが無残だ。そう言えば、先の塔門も修理中であった。このノルマンの王宮も、修理に修理を重ねてきたのだろう。その歴史が手に取るように判るような側壁であった。

それだけではない。苔や雑草の生えた側壁の場所には、鉄格子を嵌め込んだ幾つかの地下室の跡があった。それらは、かつての地下牢だと思う。通行人は誰も居ない。白昼の幽囚。スロバキアのブルノで見た地下牢の陰惨さを想い出す。

空腹にうちしおれ、この裏道を歩く人々を恨めしげに見つめる囚人たち。まるで、自分がその囚人の一人になったような感覚。なんとも気分が滅入ってしまう。だが、ここでは懐古的な観念世界だけでなく、現実世界でも気が滅入ることがあった。

この坂道には、車が無造作に駐車している。それが気になるのだ。バレルモの市街地やこの王宮の周辺では、駐車場が不足しているらしい。この問題は、パレルモだけでなく、ローマやナポリのように遺跡や歴史的な宗教施設などが埋没している都市、あるいは南イタリアをはじめ、ギリシアなどの石造文化の都市では深刻になっているのではないかと思う。

しかしながら、現象からの推論という方法では事実誤認ということもある。したがって、その結論を急いではいけない。直観と客観、思考過程におけるそれぞれのメリット・デメリットを弁えておくことが必要であろう。

一〇時二〇分。さて、坂を登り切ると、カペーレ・パラチナという礼拝堂の前面に出る。このカペーレ・パラチナというのは、一二世紀初頭の寺院である。内部は、薄暗く、しかも静閑としていて、人影はない。

目を奪われたのは、モザイクのタイルで描かれたキリストの肖像であった。この寺院がアラブ風であり、かつノルマンの王宮でもあったという歴史的背景が、この画像を一段と素晴らしく見せているのであろう。

建物のあちこちが修理中であった。ここでは、組立作業用として金属製のパイプではなく、まだ細い間伐材が使われている。この分だと、シチリアの造林業はまだ健在だと思う。

あれやこれやと考えて、どうも頭がスッキリしない。歩き疲れたのか、それとも感動が少ないからか、あるいは、誰にも断らずに、宮殿の中を歩いているからだろうか。

二階に登る。回廊がある。列柱の間を抜けて、外廊に出る。ここにも、モザイクを使った壁画が数点並んでいる。こうしたモザイク模様のイエス像は、トルコ（イスタンブール）やギリシアの寺院で、またナポリやローマの国立美術館でもタイルのモザイク画をみてきた。それらに比して、ここのモザイク画が格段と優れているとは思わない。それでいて、何とも言えぬ魅力を感じるのは、アラブとの関連を想起しているからだろう。

紳士然とした三人の見学者が登ってくる。西欧の人たちであった。いや、それが当たり前なのだ。アラブ、アラブと考えているうちに、ここが西欧であるということを忘れていた。それだけではない。この三人のことに気を取られて、この場からパレルモの市街地を鳥瞰することを忘れてしまった。当時は、そのことにも気づかなかった。

これを機会にして、この王宮を去る。他にもっと見学する処があったのではないか。何だか半可通の感じである。

王宮前の広場から、階段を降りる。雨は降っていないが、空は暗い。今晩の航海が思いやられる。もっとも、今はそんなことを心配している暇はない。

時刻は午前一〇時五〇分を少々廻ったところである。疲れているので、ゆっくりと歩く。ボナン公園を経て、ビットリオ・エマヌエル大通りに出る。この通りをカテドラルの方へ横切り、北へ向かう。これと言った目標はないが、市中見学なので、ともかく市街地の中心部にある劇場を目指す。この劇場の正式名称は、マッシモ劇場（テアトロ・マッシモ）と言うのである。旧市街地の中は迷路のようになっているので、地図を頼りに北へ向かって歩くしかない。

一〇分も歩いただろうか。やがて前方に古典的な建造物が見えてくる。あれが多分、大劇場であろう。

この劇場の周辺は、広場になっているが、その西側だけは、特に「ベルディ広場」という名が付けられている。その先は、多くの人で賑わっている。露天商がずーっと続いている。庶民市場と言ったら良いのか、そこを見学しない手はない。

八百屋、魚屋、それから果物屋がある。生鮮食料品を売っている店が多い。まず目を惹いたのが、大きなピーマン。特に赤い色をしたピーマンは、日本では珍しい。トルコやアラブ料理では見ることも多かったが、その形状をそのまま見るのは初めてだ。

それからシチリアの北海岸を走った列車の窓から見た野菜。青々とした葉で、根が赤いから人参かと思ったが、そうではなかった。葉の方を食べるらしい。名は「フィーノ」。

果物屋で多いのは、何といってもマンダリン。これが各店とも箱に入れて、山積だ。どこから輸入されたのか、バナナが幾房も並べられ、赤くて大きなリンゴも店頭を飾っている。西洋梨は勿論、濃緑にツブツブのある南洋フルーツもある。特異な匂いで有名なドリアンであろう。

過剰に生産されたシチリアのマンダリンは、シベリアへ送れば良い。だが、それを阻んでいるのは、「人為」である。それは国家であり、「利潤」である。そうした人為が、片方で過剰を、そして他方では不足を生み出している。そんな思いが、ふと脳裏を掠める。

鮮魚店には、北海で獲れたと思われる白身の魚（タラ？）もあったが、鯖、サヨリなどの青魚、それからブルガリアの黒海沿岸で見た、皮膚にトゲのあるカレイもあった。この種のカレイは地中海でも獲れるのであろう。驚くべきは、カジキマグロが売られていたことだ。こうした魚種を見ると、シチリアでは沿岸漁業だけでなく、他国からの鮮魚輸入も相当なものだと判断する。もっとも、これら鮮魚の価格がどうなっていたか、それらについては一つ一つメモすることは出来なかった。

この露天市場を歩き、それが尽きたところから、再び市場へと引き返す。私が昨日から歩いた市街地の範囲、具体的には、パレルモ駅、ノルマンの王宮、そしてこの大劇場を結んだ市域の面積は、地図で目測する限り、市域全体の僅か二割程度でしかない。

パレルモの市域は、時代の動きに対応して拡張していき、南側だけでなく北部にも鉄道の駅を設置し、交通面でもシチリアの政治経済的中心地としての役割を果している。その交通という点では、東に四つの桟橋（突堤）をもった近代的な港湾がある。したがって、市域全体を巡検・踏査し、市域と周辺農村との関係などを把握しようとすれば、ここに一週間ほど滞在して歩き廻らねばならないだろう。

大劇場を右手に見ながら、海岸の方へ歩いてみる。出てきたのはローマ通りである。そのローマ通りを郵便局のほうへ少し歩くと、そこが考古学博物館であった。

時刻は午前一一時四〇分。入口で、七五〇リラを支払って中に入る。その入場券のデザインは、これまでのものと同じだ。つまり、ローマ、カプリ、ナポリ、ポンペイなどの観光・文化的諸施設の入場券では、一様に「リプブリカ・イタリアーナ」という印刷がある。だが、この博物館の入場券には、これまでとは違って、「レギオーネ・シチリアナ」とも印刷されている。イタリアの税制については全く知らない。したがって、以下は推測である。

これは地域の特殊性に基づいた観光財等に関する特別税(観光税、入場税など)ではないかと思う。すなわち、シチリアの場合には、人口流出地域、あるいは後発地域などという地域指定を受け、その地域振興のために、税制上、特別の措置が採られているのであろう。だからと言って、特別に高い入場料金が設定されているわけでもなかった。

ちなみに、ローマを含む南イタリアで蒐集した入場券に印刷された料金は、一五〇、二〇〇、七五〇、一〇〇〇リラであり、一五〇と二〇〇リラの場合には、スタンプで七五〇リラと改訂されている。これはインフレに対応したものである。

これより考古学博物館の見学を始める。博物館前の広場に、ローマ時代の碇が一四点ほどある。幅は二メートル四〇センチで、中央部にある鉛の部分は四〇センチ四方である。碇の中には、この鉛の部分を石で代替しているものもある。広場の碇を見学したのち、博物館内に入る。見学の常道として、まずは三階まで階段を登り詰め、右手の廊下より見学を開始。

小さな素焼きの壺はギリシアのコリント産。地肌は薄茶色で、濃茶と黒の模様が入っている。頭部に穴があり、そして右の部分にも二つの横穴がある素焼きの玩具。この玩具には、人、鳥人、獅子の三点があり、いずれも一〇センチ以下だが、面白味のある珍しい玩具である。いや、玩具ではなく、ランプかもしれない。

その下にある棚には、羊二点、鳥人二点、それから鬼が一点。館内の係員が「カンテラ」と説明するが、実際に鉱山なんかにカンテラとして使用されたものかどうか。私は、家庭用の灯明具か、あるいは玩具であると見做したい。

イオニア製の壺。明るい赤茶色の地に、黒の横線模様。細い茄子の形をしている。一見すると、鉄製のようだが、セラミックスという説明がある。中央部に穴が開いているから、これらもカンテラとして使用した壺の一種であろう。係員は「香水入れ」と言うが、この説明もどうであろうか。

中央部がやや膨らみをもった素焼の壺。ギリシアの大きな壺だ。黒い色で、戦士の絵柄を描いている。この種の壺は葡萄酒運搬用のもので、アテネの考古学博物館で見たように、船底などで、これを立てるためには鉄製の「壺支え」が別に必要だ。それから、狩猟や宮廷の舞姫などを描いた同じ形の壺。薄茶色の素地に黒の絵を浮かしている。これが大小合わせて二〇〇点ほどある。中には、人の首を描いたものもある。いずれも、黒の彩色があるので、通称、「ギリシアの黒絵」といわれる尖底式の壺だ。

ところで、これらの壺は、五世紀のものと言う。五世紀のギリシアは東ローマ帝国の支配下にあり、ギリシア独自の文化がビザンチン文化として残っていたのであろう。

この博物館では、係員や掲示されている説明に一つ一つ難癖を付けている。だが、自分で納得しないのだから仕方がない。それだけ、自分の目が肥えたとも思うが、所詮は素人の自惚れに過ぎない。

次はタイル・モザイクの部屋。壁画レリーフが五点。そのうちの最大のものは、縦八メートル、横四メートルで、図柄はドラゴンに乗った女性（女神？）を中心に、人の顔や鳥人など、いろんな絵柄が描かれている。また、縦六メートル、横四メートルのものは、中央に竪琴を弾く女性（女神）がおり、周囲に馬、猿、鳥、牛、ライオン、蛇、豹、イモリ、亀、虎、カモシカなどを配置した構図である。ただし、その出来ばえは、それほど素晴らしいとは言えない。

上手ではないが、男の恥部を描いたギリシアの壺、シチリアでの出土品である。パレルモのミラベラ山にある洞穴に描かれていたという、人と馬（犬？）の絵。細片石器の数々。赤いものが多く、瑪瑙ではないかと思う。先史時代のものであろう。

岩壁に描かれた馬と牛の絵のレリーフ。出土場所や年次は不詳。また一緒に出土したというマンモスの牙や貝殻類の化石もある。

三階の見学は以上で終わり、二階へ降りる。二階は、石像、モザイク・レリーフなどを収録したフロアーらしい。

まずは青銅品の部屋。鳩、鶏、牛、馬、鹿、蛙、鬼、アヒル、獅子頭などの小さな像。鬼や獅子頭は日本にもあるが、両者には若干の違いがある。

そして手鏡。ランプ（カンテラ）、ギリシア神話に出てくるような人形が約一五〇点。四世紀から五世紀のものらしい。

次はセラミックの部屋。ランプ一五点。汚れ、疵付いたガラスの破片。墓石が八点。そのうちの一点には、興味ある絵が描かれている。その絵とは、恐らく埋葬された男であろう、その男がベッドに上半身を起こし、右手に盃を持ち上げながら、女性（妻？）を相手に酒を飲んでいる。酒と女というモチーフから見れば、時代と場所が異なるとはいえ、人生の快楽は同じようなものである。これに似た彫像がローマのボルゲーゼ美術館にあったことを思い出す。

この男の上方部には、小函、果物、籠、手拭きなどの日用具が描かれているが、これらは、「副葬品」として描いたのかも知れぬ。言わば、副葬の残存形態であろう。

鉛の塊がある。碇に用いたものであろう。ギリシアの陶器人形が約三〇〇点。小さな壺、椀など約二〇〇点、ランプ約一〇〇点。デコレーション用か、五層になったランプがある。その頂上部はともかく、その他の層には、五本、六本、九本、八本という具合に、「芯」が配備されている。これは世界的にも珍しい。昔のシャンデリアであろう。

セラミックで出来た像が、なんと二〇もの陳列棚の中に収められている。首や胸部だけのものもある。一つの棚に平均四〇点としても、八〇〇点になるが、実感としては一五〇〇点はあるようだ。

一階に降りる。そこは広い庭。既に見ておいた処で、石棺や石像、それから石の柱頭、墓石などが並べられている。上手く表現できないが、墓石の一種なのか、単頭石と双頭石が五〇点ほどある。

ずーっと奥の部屋。ここには石棺が多数。死者が子供の場合には、小さな石棺に入れられる。どの石棺の蓋にも、死者が彫刻されており、例外なく「マンジャーレ」を持っている。日本流に言えば、「托鉢皿」である。銅製の壺、水入れなどの副葬品。

丸い形の骨壺。これは現在の日本でも使われている形のものに近い。石棺の側面に、聖人や騎馬戦などの彫刻をしたものもある。

ある石棺に目が惹き付けられた。その石棺の蓋には、多分、埋葬された男であろうが、その男が半身を起こし、寝そべっている若い女（女房？）の乳房を右手で撫でている白亜の彫像がある。この彫像の芸術的価値についての客観的な評価はできないが、彫刻のモチーフは、従来と同じであっても、その細微な点については、これまでのものと違って、一段と精緻化されている。

女性の顔だちと眼差しの方向、乳房の隆起と腰のひねり具合など、それから全体のポーズも悪くない。縦九〇センチ、横五〇センチの蓋だが、死後も変わらぬ愛を誓った像として、私にはひどく印象的であった。名は「アラバストロのウルナ・チネラリア」とあり、紀元前三〜二世紀の人物とされている。もし、そうであれば、これは神話の世界に係わる彫像であろう。

広い庭に戻る。小雨が降っている。傷みが酷く、とても鑑賞に耐えるものではないが、そんな石棺と石像が散乱し、それが雨に濡れている。いささか侘しい。

時刻は午後一時二〇分。この博物館の建物を出ようとして、ふと、二つの石棺に気づく。この二つの石棺は、人体の形状を蓋に刻んでいる。いずれも、五世紀頃のものとなっているが、古代エジプトにおけるミイラ棺の形状が、ローマに伝わり、それがシチリアまで継承されて残ったのではないかと思う。これは「物の形状からの連想」という観念的発想であり、科学的ではない。

それから、これまた先程見たことだが、碇の方を見ると、中庭の一隅に、「鉛」がどのように使われたかを説明する模型があった。碇については、福岡市の筥崎宮にある「蒙古の碇石」（通称　蒙古石）は、正確には高麗か福州の碇石なのであろうが、それに関心があるので、もう一度立ち寄ってみる。

その中庭の奥にある倉庫には鉛の碇が一五点ほど収められていた。その傍にあった模型を参考にすると、丸い石に穴を開け、そこに鉛を「重し」として嵌め込むのである。これは初めて見る碇の形態だ。鉛の用途は、これで納得。周囲には、丸い石に穴を開けただけの素朴な碇。この穴は鉛で塞ぐのであろう。それから、海底ですっかり錆びついてしまった鉄の錨。鉄の錨については、のちに中国の南京で、明時代の造船所跡に沢山あったから珍しくはない。それらを横目で眺めながら、考古学博物館を出る。時に一三時二五分だった。

さて、これからどうするか。今晩の乗船場所を確認しておく必要がある。だが、二時間前に行けば問題なかろうと思い、ここはひとまずホテルへ戻ることにする。

その途中、すぐ近くに郵便局があった。ここに立寄り、絵葉書用の切手を買っておく。余分に買っても、四月には北イタリアを旅する予定なので、使い途はある。

そこで思い出したのは、列車の車窓から、またパレルモに着いてからも気になっていた山、あのピラミッド型の岩山である。名前は確かペレグリノ山だった。あの岩山に登ってみたくなる。だが、歩いて登るわけにはいかない。ここは急遽、ホテルへ戻るのを止め、タクシーを拾う。

タクシーの運転手は「ペレグリノ山」と聞いて、妙な顔をしたが、それでも私を乗せると、北のほうに向けて走り出した。山麓までは思ったよりも近かった。それより岩山へ登り始める。中腹まで登ってきたであろうか。タクシーはそこで停車。運転手が振り向いて、「ミリタリー」と言う。つまり、ここから先は、軍事施設ということだ。

それにしても、ここからの景色はどうだ。眼下に、パレルモの港が一望できる。頂上へは登れなかったが、この眺望を得て、大満足。写真を撮っておこうとカメラを出した途端、運転手から「撮影禁止地区だ」と制止される。ここは「そうか、そうか」と了解。これより、タクシーをターンさせ、ホテルへ戻ることにする。

ホテルへ戻ったのは、午後二時。イタリアでは恰好の昼食時である。階下の食堂では「今日のお勧め」定食を注文。汗を掻いたので、ビールも欲しい。明日からの予想される困難な旅に備えて、スタミナもつけておきたい。

満腹になったところで、手に数片のパンをもって部屋へ戻る。パンは明日から始まるアラブ世界の旅に備えてのものだ。

部屋はそのままで、トランクも無事だった。乗船切符をはじめ、出発準備をもう一度確かめてから、ベッドの中にもぐり込む。五時間はゆっくりと睡眠できる。明日、チュニスに到着するのは、午後二時の予定。アフリカと言っても、チュニスは大都会だから、ホテルを探すのは容易だろう。

……。

目が覚めたのは、午後八時。乗船までの時間は、まだタップリある。背広にネクタイを締め、階下に降り、食堂へ。

まずワインを注文。次に、もう食べ飽きたが、ウィンナーシュニッツエル。パレルモに来たのだから、出来れば海鮮料理と思ったのだが、今はこれだけで十分。

午後一〇時過ぎ、タクシーにトランクを積んで、波止場へ。運転手に「ポルト・ディ・チュニス」と言ったが、この片言のイタリア語が通じたかどうか。「シー、シー」と運転手は言って、あらかじめ地図で確かめておいた方角へ車を走らす。まずは安心。

波止場というのか、突堤というのか、タクシーは予期した場所ではなく、その突堤に近い建物の前で停車。そこが出入国管理事務所であった。流石にタクシーの運転手である。ここはチップを弾んでおく。だが、その時の料金が幾らであったか覚えていない。

時間的には、まだ早いので、旅行者の姿も疎らである。乗船までの時間を利用して、波止場の方へ歩いてみる。

今夜半に乗る船は「エスプレッソ号」ということになっているのだが、接岸しているフェリーは「ペトラルカ号」であった。船籍はイタリア、パレルモが母港となっている。船体は一万二千トン位あるから、青函連絡船よりも、やや大きい程度である。青函の場合は内航船だが、パレルモとチュニス間を結ぶ船は、内航船か外航船か判断に迷う。

外国へ行くという意味なら、外航船だが、外海を渡る船という意味では、ちょっとばかり判断が鈍る。それと言うのも、地中海を外海とみるか内海とみるかという判断で迷うからである。

常識的には「地中海」であっても、外航船と言うべきであろう。港湾を照らす照明灯で、船体が闇の中に浮いて見える。この船なら、少々の荒波でも大丈夫。そう思って安心する。同時に、「私が乗るのだから頑張れよ」と激励しておく。なにしろ私は船酔いが酷いのだ。

真冬なのだが、風が暖かく感じる。アフリカからの風であろう。波も穏やか。この分なら、今夜の航海は楽なものになるだろう。

再び、管理事務所に戻る。その出入口に、日本の学生らしい男がいた。私が近づくと、ニヤッと笑いかけてくる。その癖をみても、どうやら、日本人らしい。

まだ高校生というのか、中学生のような幼稚さが顔に残っている。訊ねてみると、東京のある私大の一回生で、これからチュニジア、アルジェリア、モロッコを旅するのだと言う。意外に大胆な旅プランを持っているので驚く（自分のことは棚上げにしている）。

氏名を仮に、村上君としておこう。彼は、シシリー島の北海岸に一週間ほど滞在し、子供たちと楽しく遊んだと言う。海外へ出てきたのは、のんびりしたかったからだと言う。

旅の目的が私とは異なる。どうやら私とは気性が合わないようだ。私の場合は、生まれてから四六年目に、初めての海外旅行だ。あれやこれやと精一杯に見学してきた。その私からみれば、この若者の旅は余りにも勿体ない。

聞けば、彼は、日本の各地を歩き終えたわけでもない。また、広く世界を知るための旅でもない。ただ、安息のための旅であるらしい。考えてみると、彼の旅が本当の旅で、私の旅は単なる仕事なのかもしれない。そう思ったのも事実である。

だが、羨ましいとは思わなかった。彼の旅は余りにも無駄が多すぎる。それだけに、彼の旅については軽蔑に似た思いが強かった。

しかし、ここで村上君と出会うのも、なにかの縁。何方からともなく、マグレブ三国を一緒に旅しようということになった。

彼の船室がどこなのか聞かなかった。時間がきたので、出国手続きを済ませ、乗船。

私の船室は、乗船券には記載されておらず、それを買ったローマの事務所で、「007のA」と指定されている。ボーイに案内された、その船室は、上下に寝台のある二人部屋であった。それでも一等である。

上段のベッドには、既に客がおり、英語で話してみると、ドイツ人であった。カタコトではあるが、私がドイツ語を話すと知って、ひどく驚く。だが、詳しい話はそれまで。

もう、出航前である。船からパレルモの夜景を愉しみたかった。だが、気分が嵩じていたのか、それとも船室を離れることに不安を覚えたのか、とてもそんな余裕はなかった。今夜は船が揺れないようにと祈りつつ、下段のベッドにもぐり込む。床に入ってからも、すぐには寝つけなかった。

ドラが叩かれ、汽笛が鳴って、出航。一等船室であっても、エンジンの音は煩い。同室の相客となったドイツ人は、紳士風ではないが、明日の朝も同じ船の中だから問題あるまい。

ここで、またマグレブを旅する不安が頭の中を過《よぎ》る。南イタリアから直ぐにアフリカへは行かず、フランスやスイスなどの見学を先行させるべきではなかったか。今更、そんなことを考えても、どうしようもない。そのように割り切っていても、ヨーロッパを離れ、再びアフリカへ向かうことには、正直に言って、一抹の不安がある。

だが、そんな不安があるのに、敢えてマグレブ三国を旅しようとするのは何故か。こうなると、答えは、「旅する者の旺盛な好奇心だ」と答えるしかない。登山者が未踏峰の初登頂をめざす気持ちと似ている。まさしく、そこにマグレブがあるからだ。

チュニス郊外のカルタゴ遺跡、アルジェのカスバ、サハラ砂漠とオアシス、アガハル山地、カミュ『ペスト』のオラン、フェズのスーク、カサブランカ、マラケッシュの「赤」、ティシカ峠とアトラス山脈、カスバ街道など、マグレブを旅する魅力が一杯。数えれば限りがない。自然の雄大さと異質文化への憧れは無限に拡がる。

まして、経済地理学や交通経済論を講義する身であれば、これらを自分の目で確かめることは、社会的義務ではないか。観念的空論の講義だけはしたくない。それが世界旅行という海外留学の目的でもあるからだ。

だから、一抹の不安はあっても、魅力溢れるマグレブへはどうしても行きたかった。今や、その未知なる世界が目の前にある。

船が波を切る音、そして船底から、ドンゴラ、ドンゴラというエンジンの回転音。その響が煩い。やがて、その音響も気にならなくなり、私はいつしか夢の中であった。

一九八二年二月一八日（木曜日）

あとがき

本書の草稿は、一九八二年二月に南イタリアの旅行中に記したものである。それから約四〇年の年月が経ち、二〇二一年に草稿を踏まえながら、原稿を作成した。その際には、幾つかの問題を抱えることになった。以下では、その幾つかを示しておこう。

その第一は、草稿の誤字や当て字の修正はともかく、文意不詳や事実確認を修正する際に、多くの関連資料や市街地図が手元にないのには苦慮した。書庫にはそれらがあるのだが、目下、蔵書を整理中なので残念ながら利用できなかった。

因みに、参考にしたのは、世界旅行写真集（南イタリア編・私製）、世界旅行写真集（人物編・私製）、世界旅行入場券等資料集（南イタリア編・私製）という三冊の私製版。『ローマとイタリア』（ブルーガイド海外版、実業之日本社、一九七九年）、『時刻表』（大陸編、トーマス・クック社、一九八〇年）、「旅行ノート」（私製）、立命館大学経済共同研究室、片山由紀子宛絵葉書（ローマ→ミュンヘンの部）などである。

第二に、四〇年という年月は、南イタリアの観光事情を大きく変えてしまった。それは、世界的に展開されている「観光化」であり、その推力となっている「世界遺産」への登録である。ちなみに、現在（二〇二一年）では、イタリア全土で実に六〇に近い世界遺産が登録されている。もし、今の私が南イタリアを旅するとなれば、アマルフィ海岸（一九九七年登録）、アルベロベッロ（一九九六年）、南シチリアのアグリジェント（一九九七年）などへ足を運んだであろう。本書には、それが欠落している。もっとも、エトナ山（二〇一三年）やリパリ諸島のストロンボリ火山（二〇〇〇年）には登りたくても、当時における私の事情が許さなかっただろう。その状況は本文中でも記している。

第三に、南イタリアにおける地域経済問題、具体的には、シチリアにおけるマンダリンの過剰生産問題、パレルモやローマにおける都市計画と建造物障害の問題、山地部の集落立地の問題、タラントにおける鉄鋼業や造船業と日本企業との関連など、それらについては何れも詳しく分析できなかったことである。

シチリア、とりわけパレルモの一九六〇～七〇年代におけるマフィアの経済的基盤の問題については、封建的大貴族の土地所有と隷農などとの歴史的に根深い関係が根底にあるとは想像できたが、それ以上に特別の探究はしなかった。正しくは、その機会がなかった。

そうそう、山地部の集落立地に関する問題については、本文でもこの疑問を提起しているので、その結果をここに記しておこう。

私が一九八二年の秋に帰国してから間もない時期に、経済地理学会の席で、一橋大学の竹内啓一教授にお訊ねしたところ、「あれは谷間の湿地には疫病が多いからで、それを避けるためなのだ」と教えられた。この「疫病」が何であるかまでは訊ねなかった。私見では、おそらくマラリアであろう。

もう一つ。タラントにおける巨大製鉄所の建設、あるいは造船所などは単なる工場としてではなく、現在では「産業観光」の資源となりうる。もっとも、企業機密の保全という問題を除いての話である。

第四に、実はこれに苦労したのだが、私は、地名をはじめ、博物館や美術館でのイタリア語による表記を全てローマ字風に読んだことである。だから、私の日本語によるカタカナ表記では、多くの誤記・誤読があると思う。だが、地名については、バリ、メッシナ、シラクサは一九八〇年代における日本の地図にはそのように表記されていた。だが、最近では、バーリ、メッシーナ、シラクーサとなっている。私はそれを変更していない。日本語による表記は難しい。もし、それを間違いとするなら、その非は私にある。

第五に、私の絵画、彫刻、陶磁器類、建築などの歴史に関する勉強不足である。いわゆる建築様式などについても、パレルモの「ノルマン王宮」とあっても、どこがノルマン的なのか、明確には指摘できなかった。私の浅学をみずから恥じるしかない。

第六に、二〇二一年一二月の段階でも判らないことがある。それはローマで宿泊したトレ・アピの宿泊料を一日分多く払ったのではないかという疑問、ナポリ駅には、中央駅とガリバルディ駅があるのではないかという疑問、何故べスビオに登らなかったのかという疑問、「シチリア海」がどこかという疑問などである。

第七に、私の記憶が途切れている場面もある。あれはナポリの中央駅（ガリバルディ駅）のことであった。駅のコンコースにある長椅子に腰掛けていたところ、数人の悪ガキ連中が通りかかった。そのうちの一人が私に目を付けて「オィ、あそこにカモがいるぞ」と仲間に呼びかけた。もとより、私には、言葉は聞こえても、その内容は判らない。おそらく、そのような内容だったろうと推測する。悪ガキどもの視線が一斉に、私のほうに注がれる。

私は「ハハァーン眼《がん》を付けやがったな。連中はどんな方法でやってくるかな、新聞紙かダンボールか、あるいは別の方法かな」と身構える。ガキの数は五人ほど。そう、一〇メートルも近づいたであろうか。その時、ポリスが飛び出してきた。慌てたガキ連中は、一目散に逃げ出した。それは、まさしく「蜘蛛の子を散らすように」という表現がピッタリの状況であった。ポリスはガキ連中の動きをずっと監視していたのだろう。

そんな事態があったのに、それがいつだったか、多分、二月の一一日かその翌日だと記憶するのだが、それが思い出せない。時刻も昼間だったと思うが確かではない。

第八としては、なぜエジプトからリビアを経由してチュニジアへのルートにしなかったのかという問題がある。出来れば、私もそうしたかった。そのため、アテネのリビア大使館を二度も訪れたのだが、入国ビザを取得出来なかった。その結果として、やむを得ず、カイロからローマへとフライトし、船便でチュニジアへ入国する羽目になったのである。このように本書が持っている問題点を数えてくると、限りがない。要するに、南イタリアを初めて旅するには、事前学習の不足、したがって予備知識の欠落が私にあったということである。

その後の経緯について簡単に紹介しておこう。マグレブ三国を旅したのち、私はイベリア半島を巡り、南フランスを経て、北イタリアに入ったのは四月になってからである。このときは、ジェノバ、ピサ、フィレンツェ、ボローニア、ベネチア、ミラノ、トリノを巡り歩いた。

それから先は、フランス、西ドイツ、デンマーク、北欧三国（ヨーロッパ最北端のノール・カップを含む）よりベネルックス三国、そして再びフランスを経由してイギリス、アメリカ（ハワイを経由）、大阪へ帰着という世界一周の旅を無事に終えた。

話は変わるが、二〇〇六年八月になって、ローマを含むヨーロッパを女房と二人で旅した。これは

「まえがき」でも述べたように、『ヨーロッパ浪漫紀行』（前出）と題して刊行している。

話を元へ戻そう。最近になって知ったことだが、ローマから発するアッピア街道の終点は、バリより南東で、タラントの東に位置するブリンディジで、その地にはアッピア街道の終点という石碑があるらしい。蒸気機関車や航空機が発達するまでは、ここがオリエントやアジア方面に向けた連絡船の出発地点であった。もし、旅行当時、わたしがそれを知っていたなら、無理をしてでも、バリから足を伸ばしたであろう。

また、ローマの外港であった古代遺跡（オスティア）には、商店街の路上にモザイク画があり、これは一見の値打ちがあるようだ。さらに、ローマの北に位置する天空の古城（チヴィタ・ディ・バニョレージョ）なども珍しく、私の心を強く惹きつける魅力がある。

このように、現在でも南イタリアは観光財や観光資源の集中地域であり、その中心がローマであることは言うまでもない。

なお、本文でも断っておいたが、サンタルチアというのは聖女ルチア（ルシア）のことである。目を抉られた殉教者で、盲人の守護神である。なぜか同時にナポリの守護神でもある。聖女はシチリア島メッシナの生まれで、遺体はミイラとなって、今もベニスのある教会に安置、保存されている。なお、「ルチア」というイタリア語は、「光」「光明」、ひいては「未来への期待」という意味があるらしい。因みに、ベニスの鉄道駅名はベニス・サンタルチア駅である。

このように、今から考えれば、本書は数多くの難点をもっている。それにもかかわらず、本書を私が刊行したのは、次の理由からである。

私の世界旅行に関する紀行文は、横浜から出発して、ソ連、東欧、エジプト、（南イタリア）、マグレブのモロッコに至るまでの、およそ七カ月半（二三〇日）という連続する旅日記としてこれまで刊行してきた。本書はそれを完成させ、一〇冊目の書物として出版したということである。四〇五日間にわたる世界旅行の達成と合わせて、この一連の紀行文刊行だけは自讃しても良いであろう。

最後になったが、出発前には、次のような出来事があった。私のような世界旅行は、海外留学としては如何かという疑義が大学協議会で出された。その折りに、谷岡武雄立命館総長は歴史地理学の立場から、「経済地理学の場合には、この巡検は至当である」とする発言を行い、大学協議会も容認する結果となった。また、経済学部教授会の皆さん方には、留学期間中に、多くのご迷惑を掛けた。これらに対して、心底から謝意を表したい。

また世界の各地から発送した絵葉書を受け取り、かつ保存していてくれた立命館大学経済学部共同研究室の片山由紀子さんをはじめ、これまでに数々の世界紀行を出版して戴いた、文理閣の黒川美富子代表、山下信編集長には今回もお世話になった。共に、厚く感謝の意を表したい。

忘れてならないのは、私の世界旅行中、三人の幼き娘たちを養育しながら、妻トクヱは留守中の家庭を守ってくれた。妻だけではない。今更という感じもするが、亡き母をはじめ、餞別を頂戴した方々、送別会を開いてくれた方々、京都駅や横浜の埠頭まで見送ってくれた皆さん、関西国際空港まで出迎えてくれた方々や娘家族の皆さんに、ここに記して、心よりの御礼を申し上げたい。

二〇二一年一二月九日

補記

「あとがき」を書きながら、中川浩一著『観光の文化史』（筑摩書房、一九八五年）を読んだ。そこで得た見識は、第一に、航空路が発達する以前はプリンディジがヨーロッパからエジプトや中東、アジアに向けて船出する港であった（二四三ページ）ということ、第二に、「フニクリ・フニクラ」が民謡ではなく、「コマーシャルソング第一号であると音楽史には記されていた」ということ、第三に、一九四四年にベスビオが大爆発し、フニクラは壊滅し、のち途中まではバス、それより先は「チェア・リフト」となったが、リフトの終点には悪質ガイドが多いと記している（三〇ページ）。山好きの私がベスビオ登山に興味を示さなかったのは、そんな事情があったからかもしれない。

第一の件は、本文に記して修正したが、第二の件は「フニクリ・フニクラ」を私は「民謡」と記している。これは、一九八二年当時の私はそのように思っていたからである。ここに記して修正しておく。ついでながら、「サンタルチア」「思い出のカプリ」「帰れソレントへ」の三曲についても、民謡であるかどうか疑問となってきた。だが、それらの真偽について、私は確認していない。

さらに補記しておくことがある。二〇二二年二月六日に放映されたＮＨＫのテレビ番組「よみがえれポンペイ」では、二〇一八年にポンペイを発掘した際に出土した四〇〜四五歳の男性遺体を紹介している。この男性は火砕流に呑み込まれ、遺体部分が空洞化した。テレビは、その空洞に石膏を流して復元したものと併せて、同時に出土した青銅製の秤（五〇〇グラムの錘をもつ）、ピンセット、指輪などを紹介していた。それだけではない。一八〜一九世紀末のブルボン王朝時代に盗掘されたとされるフレスコ画の数々、例えばオリオン神とコブラやキマイラ（ギリシア神話の動物）、フリアポス（豊穣の神）、美少年アドリスも紹介された。

なお、このテレビ放映で重要なことは、ポンペイの災害は火砕流や火山弾だけでなく、巨大な津波があったということ、そして噴火があったのは、七九年八月二四日ではなく、一〇月二四日ではなかったかという新説を提起していることである。

最後になるが、この旅行で思い残したことがある。それはシチリア島の西部にあるアグリジェント（世界遺産）、さらに西方のセリヌンテとセジェスタという二つの遺蹟群とその観光化に関する知見を得られなかったことである。他日にそれを期したい。

二〇二二年二月二〇日　補記

【著者紹介】
杉野　圀明　（すぎの　くにあき）
1936年　門司港生まれ
1958年　九州大学経済学部卒業
現　在　立命館大学名誉教授
日本地域経済学会顧問（元会長）
著　書　『現代沖縄経済論』（編著、法律文化社）
『関西学研都市の研究』（編著、有斐閣）
『交通経済学講義要綱』（サイテック）
『観光京都研究叙説』（文理閣）
『旧軍用地転用史論　上・下』（文理閣）
『ツタンカーメンが微笑む』（文理閣）
『オリンポスの神々が笑う』（文理閣）
『イスタンブールはガラタ橋』（文理閣）
『サハラに紅いバラが咲く』（窓映社）
『ビバ・メヒコ　上・下』（文理閣）
『シルクロード旅遊　上・下』（文理閣）
『バイカル号は夢をのせて』（窓映社）
『マチュピチュ晴嵐』（文理閣）
『ヨーロッパ浪漫紀行』（文理閣）
『江湖と高楼』（文理閣）
『風雨橋と古鎮』（文理閣）
『懐かしのウンター・デン・リンデン』（窓映社）
『クラスナャ・ストレーラ（赤い矢）』（窓映社）
『ドナウを超えてバルカンへ』（窓映舎）
『守護神レシナの街』（窓映舎）

回想のローマ、ナポリ、シチリア
―南イタリア観光紀行―

2023年１月20日　第１刷発行

著　者　杉野圀明

発行者　黒川美富子

発行所　図書出版　文理閣
京都市下京区七条河原町西南角　〒600－8146
TEL（075）351－7553　FAX（075）351－7560
http://www.bunrikaku.com

印刷所　亜細亜印刷株式会社

ISBN978－4－89259－925－5